建筑项目施工现场技术资料实用手册

严　芳　主编

中国建材工业出版社

图书在版编目（CIP）数据

建筑项目施工现场技术资料实用手册/严芳主编．
—北京：中国建材工业出版社，2011.4
ISBN 978-7-80227-871-4

Ⅰ.①建… Ⅱ.①严… Ⅲ.①建设工程—施工现场
—技术档案—档案管理—手册 Ⅳ.①G275.3-62

中国版本图书馆 CIP 数据核字（2010）第 202615 号

内 容 简 介

本书以最新的国家和地方的项目技术管理要求为依据，结合多年的技术资料管理实践经验，全面介绍了建筑项目技术资料管理的内容与方法，反映了最新国家和地方技术资料的动态。全书共分九章，主要内容包括管理规定、建设资料、监理资料、施工资料、城建档案馆要求、竣工图等。

本书可作为建筑技术资料员的培训教材，也可供广大管理人员和技术人员参考。

建筑项目施工现场技术资料实用手册
严 芳 主编

出版发行：中国建材工业出版社
地 址：北京市西城区车公庄大街 6 号
邮 编：100044
经 销：全国各地新华书店
印 刷：北京鑫正大印刷有限公司
开 本：787mm×1092mm 1/16
印 张：21.5
字 数：549 千字
版 次：2011 年 4 月第 1 版
印 次：2011 年 4 月第 1 次
书 号：ISBN 978-7-80227-871-4
定 价：45.00 元

本社网址：www.jccbs.com.cn
本书如出现印装质量问题，由我社发行部负责调换。联系电话：(010)88386906

编委会

主　任　王树旗

主　编　严　芳　尚秀君

副主编　苏清才　温向阳

编　委　沈　佳　李　维　吴炳义　王　彦

陈广忠　翟　勇

前　言

随着我国现代化工程建设管理日趋规范化、科学化，不少单位实现了质量体系的标准化管理，施工项目管理也走向全过程管理和全面管理。工程建设各方通过各种形式的文件记录工程建设的全过程，从而形成了工程资料。

施工项目工程资料是工程项目管理的重要组成部分，它贯穿工程建设全过程，存在多方的协作、约束、供求等多重关系，需要相关单位和部门的共同协作和配合，是工程参建各方标准化管理水平的综合体现。

建筑施工项目工程资料是工程实体技术质量情况、项目管理情况的真实记录，体现了施工项目对建设工程法律、法规、标准、规范的执行情况，而且是工程验收和工程评优的必备条件，对工程验收具有一票否决权。工程资料为项目竣工后和使用过程中的检查、维修、管理、改扩建提供依据。

为提高建筑工程项目资料管理水平，结合新版 DB11/T 695—2009《建筑工程资料管理规程》和行业标准《建筑工程资料管理规程》JGJ/T 185—2009 及总结我们多年项目施工资料管理经验，编定本手册供广大技术人员和资料人员参考。

本书在编写过程中得到了相关单位和专家的大力支持和帮助，在此向他们致以诚挚的谢意！

编者

2011 年 3 月

目 录

第一章　建设工程各参建方的资料规定

1.1 基 本 规 定

（1）工程资料的形成应符合国家相关的法律、法规、施工质量验收标准和规范、工程合同与设计文件等规定。

（2）工程资料应真实反映工程质量的实际情况，并与工程进度同步形成、收集和整理。

（3）工程资料应字迹清晰并有相关人员及单位的签字盖章。

（4）工程参建各单位应确保各自资料的真实有效、完整齐全，严禁伪造或故意撤换。

（5）工程资料应为原件。当为复印件时，应加盖复印件提供单位的公章，注明复印日期，并有经手人签字。

（6）工程参建各单位应及时对工程资料进行确认、签字。

（7）工程参建各单位应在合同中对工程资料的编制、套数、费用和移交期限等提出明确要求。合同中对工程资料的技术要求不应低于两套的规定。

（8）工程竣工图应由建设单位组织编制，也可委托施工、监理或设计单位编制。

（9）工程参建各单位应对本单位形成的工程资料负责管理，并保证工程资料的可追溯性。由多方共同形成的工程资料，各自承担相应的管理责任。

（10）由建设单位发包的专业承包施工工程，分包单位应按《建筑工程资料管理规程》的要求，将形成的施工资料直接交建设单位；由总包单位发包的专业承包施工工程，分包单位应按《建筑工程资料管理规程》的要求，将形成的施工资料交总包单位，总包单位汇总后交建设单位。

（11）工程资料的收集、整理应有专人负责管理，资料管理人员应经过相应的培训。

（12）工程资料的形成、收集和整理应采用计算机管理。计算机管理软件所采用的数据格式应符合相关要求。

1.2 建设单位管理规定

（1）应负责工程准备阶段文件的管理工作，并设专人对文件进行收集、整理和归档。

（2）在工程招标及与参建各方签订合同或协议时，应对工程资料和工程档案的编制责任、套数、费用、质量和移交期限等提出明确要求。

（3）必须向参与工程建设的勘察、设计、施工、监理等单位提供与工程建设有关的资料。

（4）由建设单位采购供应的建筑材料、构配件和设备，建设单位应保证建筑材料、构配件和设备符合设计文件和合同要求，并提供相应的质量证明文件。

（5）负责签认建设单位应签署的工程资料意见。

（6）应负责组织竣工图的绘制工作，也可委托施工单位、监理单位或设计单位，并按相关文件规定承担相应费用。

(7) 应负责监督和检查各参建单位工程资料的形成、积累和组卷工作，也可委托监理单位检查工程资料的形成、积累和立卷工作。

(8) 列入城建档案管理部门接收范围的工程档案，建设单位应在工程竣工验收前，依法提请城建档案管理部门对工程档案进行预验收，取得《建设工程竣工档案预验收意见》，否则不得组织工程竣工验收。

(9) 建设单位应在工程竣工验收后六个月内，将工程档案移交城建档案馆。

1.3 勘察、设计单位管理规定

(1) 应按合同和规范要求提供勘察、设计文件。

(2) 对勘察、设计单位签认的工程资料应签署意见。

(3) 工程竣工验收，应出具工程质量检查报告。

1.4 监理单位管理规定

(1) 应负责监理资料的管理工作，并设专人对监理资料进行收集、整理和归档。

(2) 应按照合同约定，在工程准备阶段，对勘察、设计文件的形成、积累、组卷、归档进行监督、检查；在施工阶段，应对施工资料的形成、积累、组卷和归档进行监督、检查，使施工资料的完整性、准确性符合有关要求。

(3) 列入城建档案馆接收范围的监理资料，监理单位应在工程竣工验收后两个月内移交建设单位。

1.5 施工单位管理规定

(1) 应负责施工资料的管理工作，实行技术负责人负责制，逐级建立健全施工资料岗位责任制。

(2) 应负责汇总总包单位分包的各分包单位编制的施工资料，分包单位应负责其分包范围内施工资料的收集和整理，并对施工资料的真实性、完整性和有效性负责。

(3) 应在工程竣工验收前，将工程的施工资料整理完毕，汇总完成。

第二章　工程资料的分类与管理

2.1　工程资料的分类

工程资料按照其特性和形成、收集、整理的单位不同分为：基建文件、监理资料、施工资料和竣工图。工程资料分类见图 2-1。

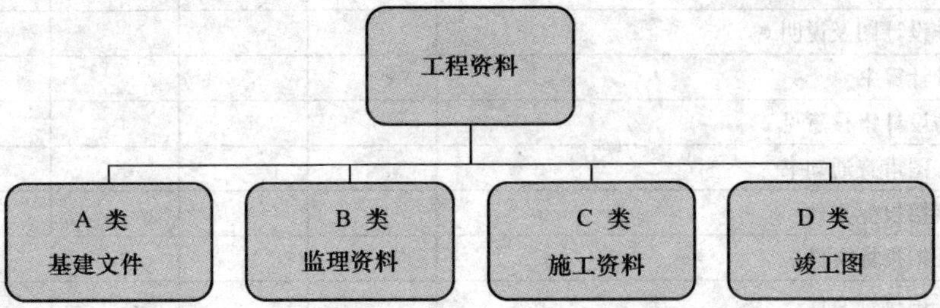

图 2-1　工程资料的分类

2.2　基建文件的分类与管理

2.2.1　基建文件的分类见图 2-2。

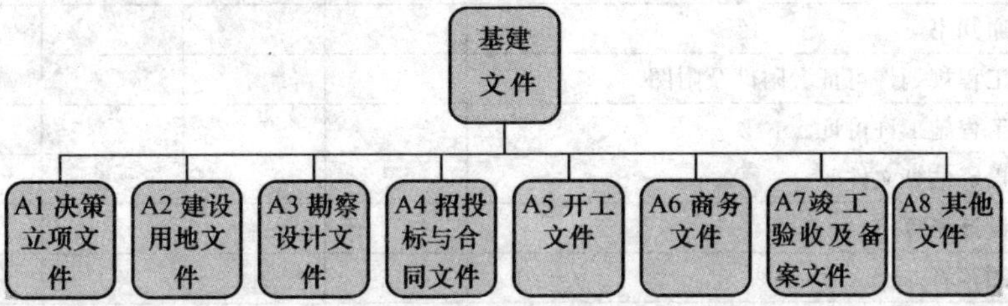

图 2-2　基建文件的分类

2.2.2　基建文件分类表见表 2-1。

表 2-1　基建文件分类表

类别编号	工程资料名称	表格编号	归档保存单位			
			施工	监理	建设	档案馆
A类	基　建　文　件					
A1 决策立项文件	项目建议书（代可行性研究报告）				●	●
	项目建议书（代可行性研究报告）的批复文件				●	●
	关于立项的会议纪要、领导批示				●	●
	专家对项目的有关建议文件				●	●
	项目评估研究资料				●	●

续表

类别编号	工程资料名称	表格编号	归档保存单位			
			施工	监理	建设	档案馆
A2 建设用地文件	规划意见书及附图				●	●
	建设用地规划许可证、许可证附件及附图				●	●
	国有土地使用证				●	●
	北京市城镇建设用地批准书				●	●
A3 勘察设计文件	工程地质勘察报告			○	●	●
	建筑用地钉桩通知单			○	●	●
	验线合格文件			○	●	●
	设计方案审查意见				●	●
	初步设计图及说明				●	
	设计计算书				●	
	消防设计审核意见				●	●
	施工图审查通知书				●	●
A4 招投标与合同文件	勘察招投标文件				●	
	设计招投标文件				●	
	施工招投标文件			○	●	
	监理招投标文件				●	
	勘察合同				●	
	设计合同				●	
	施工合同			○	●	
	监理合同				●	
	中标通知书				●	
A5 开工文件	建设工程规划许可证、附件及附图			○	●	●
	建设工程施工许可证			○	●	●
A6 商务文件	工程投资估算文件				●	
	工程设计概算				●	
	施工图预算			○	●	
	施工预算			○	●	
	工程结算			○	●	●
A7 竣工验收及备案文件	建设工程竣工验收备案表			●	●	●
	工程竣工验收报告			○	●	●
	建设工程档案预验收意见				●	●
	《房屋建筑工程质量保修书》			○	●	
	《住宅质量保证书》、《住宅使用说明书》				●	
	建设工程规划、消防等部门的验收合格文件				●	●
A8 其他文件	工程未开工前的原貌、竣工新貌照片				●	●
	工程开工、施工、竣工的录音录像资料				●	●
	工程竣工测量资料				●	●
	建设工程概况	表 A8-1		○	●	●

注：“●”为归档保存资料；

“○”为过程控制保存资料，可根据需要保存。

2.3 监理资料的分类与管理

监理资料分类表见表 2-2。

表 2-2 监理资料分类表

类别编号	工程资料名称	表格编号	归档保存单位			
			施工	监理	建设	档案馆
B类	监理资料					
	监理规划			●	●	
	监理实施细则			●		
	监理月报			●	●	
	监理会议纪要		○	●	●	
	监理工作日志			●		
	监理工作总结（专题、阶段和竣工总结）			●	●	
	见证资料			●		
	监理通知	表 B1	○	●	○	
	监理抽检记录	表 B2		●		
	不合格项处置记录	表 B3		●		
	工程暂停令	表 B4	○	●	●	
	工程延期审批表	表 B5	○	●	●	
	费用索赔审批表	表 B6	○	●	●	
	工程款支付证书	表 B7		●	●	
	旁站监理记录	表 B8		●		
	质量事故报告及处理资料			●	●	●
	竣工移交证书	表 B9		●	●	●
	工程质量评估报告			●	●	●
	工作联系单	表 B10	○	●	○	
	工程变更单	表 B11	○	●	●	●

注：“●”为归档保存资料；

“○”为过程控制保存资料，可根据需要保存。

2.4 施工资料的分类与管理

2.4.1 施工资料的分类见图 2-3。

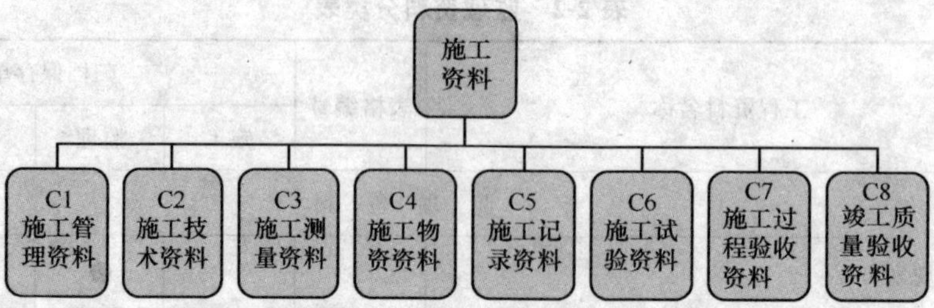

图 2-3 施工资料的分类

2.4.2 施工资料分类表见表 2-3。

表 2-3 施工资料分类表

类别编号	工程资料名称	表格编号	归档保存单位			
			施工	监理	建设	档案馆
C类	施 工 资 料					
C1 施工管理资料	施工现场质量管理检查记录	表 C1-1	●	●		
	施工日志	表 C1-2	●			
	工程技术文件报审表	表 C1-3	●	●		
	施工进度计划报审表	表 C1-4	○	●	○	
	工程动工报审表	表 C1-5	●	●	○	
	分包单位资质报审表	表 C1-6	○	●		
	（ ）月工、料、机动态表	表 C1-7	○	●		
	工程复工报审表	表 C1-8	○	●		
	（ ）月工程进度款报审表	表 C1-9	●	●	●	
	工程变更费用报审表	表 C1-10	●	●	●	
	费用索赔申请表	表 C1-11	●	●	●	
	工程款支付申请表	表 C1-12	●	●	●	
	工程延期申请表	表 C1-13	●	●	●	
	监理通知回复单	表 C1-14	○	●		
	建设工程质量事故调（勘）查笔录	表 C1-15	●	●	●	●
	建设工程质量事故报告书	表 C1-16	●	●	●	●
	试验计划		●	○		
	专业承包单位资质证书及相关专业人员岗位证书		○	○		
	见证记录		●	●	●	
C2 施工技术资料	施工组织设计及施工方案		●	○		
	技术交底记录	表 C2-1	●	○		
	图纸会审记录	表 C2-2	●	●	●	●
	设计变更通知单	表 C2-3	●	●	●	●
	工程变更洽商记录	表 C2-4	●	●	●	●

续表

类别编号	工程资料名称	表格编号	归档保存单位			
			施工	监理	建设	档案馆
C3 施工测量记录	工程定位测量记录	表 C3-1	●	○	●	●
	基槽平面及标高实测记录	表 C3-2	●	○	●	
	楼层平面放线及标高实测记录	表 C3-3	●	○	●	
	楼层平面标高抄测记录	表 C3-4	●	○	●	
	建筑物垂直度、标高测量记录	表 C3-5	●	○	●	
C4 施工物资资料	半成品钢筋出厂合格证	表 C4-1	●	○	○	
	预制混凝土构件出厂合格证	表 C4-2	●	○	○	
	钢构件出厂合格证	表 C4-3	●	○	○	
	预拌混凝土出厂合格证	表 C4-4	●	○	○	
	预拌混凝土运输单	表 C4-5	●	○		
	混凝土碱总量计算书		○	○	○	
	砂石碱活性检测报告		○	○	○	
	煤、水、电等计量设备检定证书		○	○	○	
	CCC 认证证书（国家规定的认证产品）		○	○	○	
	主要设备（仪器仪表）安装使用说明书		●	○	●	
	安全阀、减压阀等的定压证明文件		○	○	○	
	成品补偿器的预拉伸证明		○	○	○	
	气体灭火系统、泡沫灭火系统相关组件符合市场准入制度要求的有效证明文件		○	○	○	
	智能建筑工程软件资料、程序结构说明、安装调试说明、使用和维护说明书		●	○	●	
	智能建筑工程主要设备安装、测试、运行技术文件		○	○	○	
	智能建筑工程安全技术防范产品的国家或行业授权的认证机构（或检测机构）认证（检测）合格认证证书		○	○	○	
	建筑工程中使用的各种产品应提供产品质量合格证					
	钢材性能检测报告		○	○	○	
	水泥性能检测报告		○	○	○	
	外加剂性能检测报告		○	○	○	
	防水材料性能检测报告		○	○	○	
	砖（砌块）性能检测报告		○	○	○	
	建筑外窗应有三性检测报告		○	○	○	
	吊顶材料性能检测报告		○	○	○	
	饰面板材性能检测报告		○	○	○	
	饰面石材性能检测报告		○	○	○	

续表

类别编号	工程资料名称	表格编号	归档保存单位			
			施工	监理	建设	档案馆
C4 施工物资资料	饰面砖性能检测报告		○	○	○	
	涂料性能检测报告		○	○	○	
	玻璃性能检测报告		○	○	○	
	壁纸、墙布防火、阻燃性能检测报告		○	○	○	
	装修用粘结剂性能检测报告		○	○	○	
	防火涂料性能检测报告		○	○	○	
	隔声/隔热/阻燃/防潮材料特殊性能检测报告		○	○	○	
	钢结构用焊接材料检测报告		○	○	○	
	高强度大六角头螺栓连接副扭矩系数检测报告		○	○	○	
	扭剪型高强螺栓连接副预拉力检测报告		○	○	○	
	幕墙性能检测报告（三性试验）		○	○	○	
	幕墙用硅酮结构胶检测报告		○	○	○	
	幕墙用玻璃性能检测报告		○	○	○	
	幕墙用石材性能检测报告		○	○	○	
	幕墙用金属板性能检测报告		○	○	○	
	材料污染物含量检测报告（执行 GB 50325—2001）		○	○	○	
	给水管道材料卫生检测报告		○	○	○	
	卫生洁具环保检测报告		○	○	○	
	承压设备的焊缝无损探伤检测报告		○	○	○	
	自动喷水灭火系统的主要组件的国家消防产品质量监督检验中心检测报告		○	○	○	
	消防用风机、防火阀、排烟阀、排烟口的相应国家消防产品质量监督检验中心的检测报告		○	○	○	
	建筑工程使用的主要产品应提供产品的性能检测报告					
	钢材试验报告	表 C4-6	●	○	●	
	水泥试验报告	表 C4-7	●	○	●	
	砂试验报告	表 C4-8	●	○	●	
	碎（卵）石试验报告	表 C4-9	●	○	●	
	外加剂试验报告	表 C4-10	●	○	●	
	掺合料试验报告	表 C4-11	●	○	●	
	防水涂料试验报告	表 C4-12	●	○	●	
	防水卷材试验报告	表 C4-13	●	○	●	
	砖（砌块）试验报告	表 C4-14	●	○	●	
	轻集料试验报告	表 C4-15	●	○	●	
	其他材料试验报告	表 C4-16	●	○	●	
	预应力筋复试报告		●	○	●	

续表

类别编号	工程资料名称	表格编号	归档保存单位			
			施工	监理	建设	档案馆
C4 施工物资资料	预应力锚具、夹具和连接器复试报告		●	○	●	
	装饰装修用门窗复试报告		●	○	●	
	装饰装修用人造木板复试报告		●	○	●	
	装饰装修用花岗石复试报告		●	○	●	
	装饰装修用安全玻璃复试报告		●	○	●	
	装饰装修用外墙面砖复试报告		●	○	●	
	钢结构用钢材复试报告		●	○	●	
	钢结构用焊接材料复试报告		●	○	●	
	钢结构防火涂料复试报告		●	○	●	
	钢结构用高强度大六角头螺栓连接副复试报告		●	○	●	
	钢结构用扭剪型高强螺栓连接副复试报告		●	○	●	
	幕墙用铝塑板复试报告		●	○	●	
	幕墙用石材复试报告		●	○	●	
	幕墙用安全玻璃复试报告		●	○	●	
	幕墙用结构胶复试报告		●	○	●	
	国家规范标准中对物资进场有复试要求的均应有复试报告					
	材料、构配件进场检验记录	表 C4-17	●	○	●	
	设备开箱检验记录（机电通用）	表 C4-18	●	○	●	
	设备及管道附件试验记录（机电通用）	表 C4-19	●	○	●	
C5 施工记录	隐蔽工程检查记录	表 C5-1	●	○	●	
	交接检查记录	表 C5-2	●	○	●	
	地基验槽检查记录	表 C5-3	●	○	●	●
	地基处理记录	表 C5-4	●	○	●	●
	地基钎探记录（应附图）	表 C5-5	●	○	●	●
	混凝土浇灌申请书	表 C5-6	●	○	○	
	混凝土拆模申请单	表 C5-7	●	○	○	
	混凝土搅拌测温记录	表 C5-8	●	○	○	
	混凝土养护测温记录（应附图）	表 C5-9	●	○	○	
	大体积混凝土养护测温记录（应附图）	表 C5-10	●	○	○	
	构件吊装记录	表 C5-11	●	○	○	
	焊接材料烘焙记录	表 C5-12	●	○	○	
	地下工程防水效果检查记录	表 C5-13	●	○	●	
	防水工程试水检查记录	表 C5-14	●	○	●	
	通风（烟）道检查记录	表 C5-15	●	○	●	
	预应力筋张拉记录（一）、（二）	表 C5-16	●	○	●	
	有粘结预应力结构灌浆记录	表 C5-17	●	○	●	

续表

类别编号	工程资料名称	表格编号	归档保存单位			
			施工	监理	建设	档案馆
C5 施工记录	智能建筑工程安装质量检查记录	表 C5-18	●	○	●	
	施工检查记录	表 C5-19	●	○	●	
	幕墙注胶检查记录		●	○	●	
	基坑支护变形监测记录		●	○	●	
	桩（地）基施工记录		●	○	●	
	网架（索膜）施工记录		●	○	●	
	钢结构施工记录		●	○	●	
C6 施工试验资料	土工击实试验报告	表 C6-1	●	○	●	
	回填土试验报告（应附图）	表 C6-2	●	○	●	
	钢筋连接试验报告	表 C6-3	●	○	●	
	砂浆配合比申请单、通知单	表 C6-4	●	○	○	
	砂浆抗压强度试验报告	表 C6-5	●	○	●	
	砌筑砂浆试块强度统计、评定记录	表 C6-6	●	○	●	
	混凝土配合比申请单、通知单	表 C6-7	●	○	○	
	混凝土抗压强度试验报告	表 C6-8	●	○	●	
	混凝土试块强度统计、评定记录	表 C6-9	●	○	●	
	混凝土抗渗试验报告	表 C6-10	●	○	●	
	饰面砖粘结强度试验报告	表 C6-11	●	○	●	
	超声波探伤报告	表 C6-12	●	○	●	
	超声波探伤记录	表 C6-13	●	○	●	
	钢构件射线探伤报告	表 C6-14	●	○	●	
	钢筋连接工艺检验（评定）报告		●	○	○	
	锚杆、土钉锁定力（抗拔力）试验报告		●	○	○	
	地基承载力检验报告		●	○	●	●
	桩基检测报告		●	○	●	●
	钢筋机械连接型式检验报告		●	○	●	
	后置埋件拉拔试验报告		●	○	●	
	磁粉探伤报告		●	○	●	
	高强螺栓抗滑移系数检测报告		●	○	●	
	钢结构焊接工艺评定		●	○	●	
	网架节点承载力试验报告		●	○	●	
	钢结构涂料厚度检测报告		●	○	●	
	保温板与基层粘接性能检验报告		●	○	●	
	幕墙双组分硅酮结构胶混匀性及拉断试验报告		●	○	●	
	灌（满）水试验记录	表 C6-15	●	○	●	
	强度严密性试验记录	表 C6-16	●	○	●	

续表

类别编号	工程资料名称	表格编号	归档保存单位			
			施工	监理	建设	档案馆
C6 施工试验资料	通水试验记录	表 C6-17	●	○	●	
	吹（冲）洗试验记录	表 C6-18	●	○	●	
	通球试验记录	表 C6-19	●	○	●	
	补偿器安装记录	表 C6-20	●	○	●	
	消火栓试射记录	表 C6-21	●	○	●	
	自动喷水灭火系统质量验收缺陷项目判定记录	表 C6-22	●	○	●	
	电气接地电阻测试记录	表 C6-23	●	○	●	
	电气防雷接地装置隐检与平面示意图	表 C6-24	●	○	●	
	电气绝缘电阻测试记录	表 C6-25	●	○	●	
	电气器具通电安全检查记录	表 C6-26	●	○	●	
	电气设备空载试运行记录	表 C6-27	●	○	●	
	建筑物照明通电试运行记录	表 C6-28	●	○	●	
	大型照明灯具承载试验记录	表 C6-29	●	○	●	
	高压部分试验记录	表 C6-30	●	○	●	
	漏电开关模拟试验记录	表 C6-30	●	○	●	
	大容量电气线路结点测温记录	表 C6-31	●	○	●	
	避雷带支架拉力测试记录	表 C6-32	●	○	●	
	逆变应急电源测试试验记录	表 C6-33	●	○	●	
	柴油发电机测试试验记录	表 C6-34	●	○	●	
	低压配电电源质量测试记录	表 C6-35	●	○	●	
	监测与控制节能工程检查记录	表 C6-36	●	○	●	
	智能建筑工程设备性能测试记录	表 C6-37	●	○	●	
	综合布线系统工程电气性能测试记录	表 C6-38	●	○	●	
	建筑物照明系统照度测试记录	表 C6-39	●	○	●	
	通信网络系统程控电话交换系统自检测记录	表 C6-40	●	○	●	
	通信网络系统公共广播与紧急广播系统自检测记录	表 C6-41	●	○	●	
	通信网络系统会议电视系统自检测记录	表 C6-42	●	○	●	
	通信网络系统接入网设备安装工程自检测记录	表 C6-43	●	○	●	
	通信网络系统卫星数字电视系统自检测记录	表 C6-44	●	○	●	
	通信网络系统有线电视系统自检测记录	表 C6-45	●	○	●	
	信息网络系统计算机网络系统自检测记录	表 C6-46	●	○	●	
	信息网络系统网络安全系统自检测记录	表 C6-47	●	○	●	
	信息网络系统应用软件系统自检测记录	表 C6-48	●	○	●	
	建筑设备监控系统变配电系统自检测记录	表 C6-49	●	○	●	
	建筑设备监控系统电梯和自动扶梯系统自检测记录	表 C6-50	●	○	●	

续表

类别编号	工程资料名称	表格编号	归档保存单位			
			施工	监理	建设	档案馆
C6 施工试验资料	建筑设备监控系统给排水系统自检测记录	表 C6-51	●	○	●	
	建筑设备监控系统公共照明系统自检测记录	表 C6-52	●	○	●	
	建筑设备监控系统空调与通风系统自检测记录	表 C6-53	●	○	●	
	建筑设备监控系统冷冻和冷却水系统自检测记录	表 C6-54	●	○	●	
	建筑设备监控系统热源和热交换系统自检测记录	表 C6-55	●	○	●	
	建筑设备监控系统数据通信接口系统自检测记录	表 C6-56	●	○	●	
	建筑设备监控系统系统实时性、可维护性、可靠性自检测记录	表 C6-57	●	○	●	
	建筑设备监控系统中央管理工作站及操作分站自检测记录	表 C6-58	●	○	●	
	火灾自动报警及消防联动系统自检测记录	表 C6-59	●	○	●	
	安全防范系统安全防范综合管理系统自检测记录	表 C6-60	●	○	●	
	安全防范系统出入口控制（门禁）系统自检测记录	表 C6-61	●	○	●	
	安全防范系统入侵报警系统自检测记录	表 C6-62	●	○	●	
	安全防范系统视频安防监控系统自检测记录	表 C6-63	●	○	●	
	安全防范系统停车场（库）管理系统自检测记录	表 C6-64	●	○	●	
	安全防范系统巡更管理系统自检测记录	表 C6-65	●	○	●	
	安全防范系统综合防范功能自检测记录	表 C6-66	●	○	●	
	综合布线系统性能自检测记录	表 C6-67	●	○	●	
	智能化系统集成系统集成可维护性和安全性自检测记录	表 C6-68	●	○	●	
	智能化系统集成系统集成网络连接自检测记录	表 C6-69	●	○	●	
	智能化系统集成系统集成综合管理及冗余功能自检测记录	表 C6-70	●	○	●	
	智能化系统集成系统数据集成及整体协调自检测记录	表 C6-71	●	○	●	
	电源与接地防雷与接地系统自检测记录	表 C6-72	●	○	●	
	电源与接地智能建筑电源自检测记录	表 C6-73	●	○	●	
	环境自检测记录	表 C6-74	●	○	●	
	住宅（小区）智能化系统火灾自动报警及消防联动系统自检测记录	表 C6-75	●	○	●	

续表

类别编号	工程资料名称	表格编号	归档保存单位			
			施工	监理	建设	档案馆
C6 施工试验资料	住宅（小区）智能化系统安全防范系统自检测记录	表 C6-76	●	○	●	
	住宅（小区）智能化系统室外设备及管网自检测记录	表 C6-77	●	○	●	
	住宅（小区）智能化系统物业管理系统自检测记录	表 C6-78	●	○	●	
	住宅（小区）智能化系统智能家庭信息平台自检测记录	表 C6-79	●	○	●	
	智能系统试运行记录	表 C6-80	●	○	●	
	智能建筑工程分项工程质量检测记录表		●	○	●	
	智能建筑工程子系统检测记录表		●	○	●	
	智能建筑工程强制措施条文检测记录		●	○	●	
	智能建筑工程系统（分部工程）检测汇总表		●	○	●	
	风管漏光检测记录	表 C6-81	●	○	●	
	风管漏风检测记录	表 C6-82	●	○	●	
	现场组装除尘器、空调机漏风检测记录	表 C6-83	●	○	●	
	各房间室内风量温度测量记录	表 C6-84	●	○	●	
	管网风量平衡记录	表 C6-85	●	○	●	
	空调系统试运转调试记录	表 C6-86	●	○	●	
	空调水系统试运转调试记录	表 C6-87	●	○	●	
	制冷系统气密性试验记录	表 C6-88	●	○	●	
	净化空调系统测试记录	表 C6-89	●	○	●	
	防排烟系统联合试运行记录	表 C6-90	●	○	●	
	设备单机试运转记录（机电通用）	表 C6-91	●	○	●	
	系统试运转调试记录（机电通用）	表 C6-92	●	○	●	
	施工试验记录（通用）	表 C6-93	●	○	●	
	国家规范标准中规定的试验项目应有试验报告					
C7 过程验收资料	结构实体混凝土强度验收记录	表 C7-1	●	●	●	
	结构实体钢筋保护层厚度验收记录	表 C7-2	●	●	●	
	钢筋保护层厚度试验记录	表 C7-3	●	●	●	
	检验批质量验收记录表	表 C7-4	●	○	●	
	分项工程质量验收记录表	表 C7-5	●	○	●	
	分部（子分部）工程验收记录表	表 C7-6	●	●	●	●
C8 竣工质量验收资料	单位（子单位）工程质量竣工验收记录	表 C8-1	●	●	●	●
	单位（子单位）工程质量控制资料核查记录	表 C8-2	●	●	●	●
	单位（子单位）工程安全和功能检查资料核查及主要功能抽查记录	表 C8-3	●	●	●	●

续表

类别编号	工程资料名称	表格编号	归档保存单位			
			施工	监理	建设	档案馆
C8 竣工质量验收资料	单位（子单位）工程观感质量检查记录	表 C8-4	●	●	●	●
	单位工程竣工预验收报验表	表 C8-5	●	●		
	室内环境检测报告		●	●	●	●
	工程竣工质量报告		●	●	●	●
	节能工程现场实体检验报告		●	●	●	●
	智能建筑工程资料审查		●	●	●	
	智能建筑工程竣工验收结论汇总		●	●	●	
	工程概况表	表 C8-6	●	●	●	●

注：1. 表中“●”为归档保存资料；“○”为过程控制保存资料，可根据需要归档保存。

2. 建议施工物资资料中“○”的，施工单位也要归档保存。

2.5 工程资料的填写、编制、审核及审批

（1）基建文件（工程准备阶段文件和工程竣工文件）的填写、编制、审核及审批应符合国家有关部门现行有关标准的规定。

（2）监理资料的填写、编制、审核及审批应符合现行国家标准《建设工程监理规范》GB 50319 的有关规定；未规定的，可自行确定。

（3）施工资料的填写、编制、审核及审批应符合国家规范和行业有关标准的规定；施工资料用表宜见表 2-3 的规定；未规定的，施工单位根据需要可自行确定。

第三章　工程资料的编号

3.1 编号原则

3.1.1　基建文件（工程准备阶段文件、工程竣工文件）可按文件形成时间的先后顺序和类别，由建设单位确定编号原则。

3.1.2　监理资料可按第二章表 2-2 中规定的类别和资料形成时间先后顺序编号。

3.1.3　施工资料应按以下形式编号：

$$\underset{1}{\underline{\times\times}}-\underset{2}{\underline{\times\times}}-\underset{3}{\underline{\times\times}}-\underset{4}{\underline{\times\times\times\times}}$$

注：1—分部工程代号（2 位），按表 3-1 建筑工程分部（子分部）工程划分与代号表规定的代号填写；

2—子分部工程代号（2 位），按表 3-1 建筑工程分部（子分部）工程划分与代号表规定的代号填写；

3—资料的类别编号（2 位），按第二章施工资料分类表（2-3）规定的类别编号填写；

4—顺序号，按资料形成时间的先后顺序从 0001 开始逐张编号。

3.1.3.1　分部工程中每个子分部工程，应根据资料属性不同按资料形成的先后顺序分别编号；使用表格相同但检查项目不同时应按资料形成的先后顺序分别编号。

3.1.3.2　对按单位工程管理，不属于某个分部、子分部工程的施工资料，其编号中分部、子分部工程代号用“00”代替。

3.1.3.3　同一厂家、同一品种、同一批物资用在两个以上分部、子分部工程中时，其资料编号中的分部、子分部工程代号按主要使用部位的分部、子分部工程代号填写。

3.1.3.4　资料编号应填写在资料专用表格右上角的资料编号栏中；无专用表格的资料，应在资料右上角的适当位置注明资料编号。

3.1.3.5　由施工单位形成的资料，其编号应与资料的形成同步编写；由施工单位收集的资料，其编号应在收集的同时进行编写。

3.1.3.6　类别及属性相同的施工资料，数量较多时宜建立资料管理目录。管理目录分为通用管理目录和专项管理目录。格式见本书附录 C。

3.1.3.7　资料管理目录的填写要求：

(1) 工程名称：单位或子单位（单体）工程名称；

(2) 资料类别：资料项目名称，如工程洽商记录、钢筋连接技术交底等；

(3) 序号：按时间形成的先后顺序用阿拉伯数字从 1 开始依次编写；

(4) 内容摘要：用精炼的语言提示资料内容；

(5) 编制单位：资料形成单位名称（具有法人资格的单位）；

(6) 日期：资料形成的时间；

(7) 资料编号：施工资料右上角资料编号中的顺序号；

（8）备注：填写需要说明的其他问题。

3.1.3.4 竣工图宜按专业类别和形成时间顺序编号。

3.1.3.5 工程资料的编号应及时填写，专用表格的编号应填写在表格右上角的编号栏中；非专用表格应在资料右上角的适当位置注明资料编号。

3.2 分部工程划分及代号规定

3.2.1 分部工程划分是按 GB 50300—2001 的划分原则，其中节能分部未纳入此次分部中，待国家验收统一规范修订后再调整。目前节能分部可单独组卷，与其他分部相关资料可注明。

3.2.2 建筑工程分部（子分部）工程划分与代号（表 3-1）。

表 3-1 建筑工程分部（子分部）工程划分与代号

分部工程代号	分部工程名称	子分部工程代号	子分部工程名称	分项工程名称	备 注
01	地基与基础	01	无支护土方	土方开挖、土方回填	
		02	有支护土方	排桩、降水、排水、地下连续墙、锚杆、土钉墙、水泥土桩、沉井与沉箱、钢及混凝土支撑	
		03	地基及基础处理	灰土地基、砂和砂石地基、碎砖三合土地基、土工合成材料地基、粉煤灰地基、重锤夯实地基、强夯地基、振冲地基、砂桩地基、预压地基、高压喷射注浆地基、土和灰土挤密桩地基、注浆地基、水泥粉煤灰碎石桩地基、夯实水泥土桩地基	
		04	桩基	锚杆静压桩及静力压桩、预应力离心管桩、钢筋混凝土预制桩、钢桩、混凝土灌注桩（成孔、钢筋笼、清孔、水下混凝土灌注）	
		05	地下防水	防水混凝土、水泥砂浆防水层、卷材防水层、涂料防水层、金属板防水层、塑料板防水层、细部构造、喷锚支护、复合式衬砌、地下连续墙、盾构法隧道；渗排水、盲沟排水，隧道、坑道排水；预注浆、后注浆，衬砌裂缝注浆	
		06	混凝土基础	模板、钢筋、混凝土，后浇带混凝土，混凝土结构缝处理	
		07	砌体基础	砖砌体，混凝土砌块砌体，配筋砌体，石砌体	
		08	劲钢(管)混凝土	劲钢（管）焊接、劲钢（管）与钢筋的连接，混凝土	
		09	钢结构	焊接钢结构、栓接钢结构，钢结构制作，钢结构安装，钢结构涂装	

续表

分部工程代号	分部工程名称	子分部工程代号	子分部工程名称	分项工程名称	备注
02	主体结构	01	混凝土结构	模板、钢筋、混凝土，预应力、现浇结构、装配式结构	
		02	劲钢（管）混凝土结构	劲钢（管）焊接、螺栓连接、劲钢（管）与钢筋的连接，劲钢（管）制作、安装，混凝土	
		03	砌体结构	砖砌体，混凝土小型空心砌块砌体，石砌体，填充墙砌体，配筋砖砌体	
		04	钢结构	钢结构焊接，紧固件连接，钢零部件加工，单层钢结构安装，多层及高层钢结构安装，钢结构涂装、钢构件组装，钢构件预拼装，钢网架结构安装，压型金属板	
		05	木结构	方木和原木结构、胶合木结构、轻型木结构、木构件防护	
		06	网架和索膜结构	网架制作、网架安装、索膜安装、网架防火、防腐涂料	
03	建筑装饰装修	01	地面	整体面层：基层、水泥混凝土面层、水泥砂浆面层、水磨石面层、防油渗面层、水泥钢（铁）屑面层、不发火（防爆的）面层；板块面层：基层、砖面层（陶瓷锦砖、缸砖、陶瓷地砖和水泥花砖面层）、大理石面层和花岗岩面层、预制板块面层（预制水泥混凝土、水磨石板块面层）、料石面层（条石、块石面层）、塑料板面层、活动地板面层、地毯面层；木竹面层：基层、实木地板面层（条材、块材面层）、实木复合地板面层（条材、块材面层）、中密度（强化）复合地板面层（条材面层）、竹地板面层	
		02	抹灰	一般抹灰，装饰抹灰，清水砌体勾缝	
		03	门窗	木门窗制作与安装、金属门窗安装、塑料门窗安装、特种门安装、门窗玻璃安装	
		04	吊顶	暗龙骨吊顶、明龙骨吊顶	
		05	轻质隔墙	板材隔墙、骨架隔墙、活动隔墙、玻璃隔墙	
		06	饰面板（砖）	饰面板安装、饰面砖粘贴	
		07	幕墙	玻璃幕墙、金属幕墙、石材幕墙	
		08	涂饰	水性涂料涂饰、溶剂型涂料涂饰、美术涂饰	
		09	裱糊与软包	裱糊、软包	
		10	细部	橱柜制作与安装，窗帘盒、窗台板和暖气罩制作与安装，门窗套制作与安装，护栏和扶手制作与安装，花饰制作与安装	

续表

分部工程代号	分部工程名称	子分部工程代号	子分部工程名称	分项工程名称	备注
04	建筑屋面	01	卷材防水屋面	保温层，找平层，卷材防水层，细部构造	
		02	涂膜防水屋面	保温层，找平层，涂膜防水层，细部构造	
		03	刚性防水屋面	细石混凝土防水，密封材料嵌缝、细部构造	
		04	瓦屋面	平瓦屋面，油毡瓦屋面，金属板屋面，细部构造	
		05	隔热屋面	架空屋面，蓄水屋面，种植屋面	
05	建筑给水、排水及采暖	01	室内给水系统	给水管道及配件安装、室内消火栓系统、给水设备安装、管道防腐、绝热	
		02	室内排水系统	排水管道及配件安装、雨水管道及配件安装	
		03	室内热水供应系统	管道及配件安装、辅助设备安装、防腐、绝热	
		04	卫生器具安装	卫生器具安装、卫生器具给水配件安装、卫生器具排水管道安装	
		05	室内采暖系统	管道及配件安装、辅助设备及散热器安装、金属辐射板安装、低温热水地板辐射采暖系统安装、系统水压试验及调试、防腐、绝热	
		06	室外给水管网	给水管道安装、消防水泵接合器及室外消火栓安装、管沟及井室	
		07	室外排水管网	排水管道安装、排水管沟与井池	
		08	室外供热管网	管道及配件安装、系统水压试验及调试、防腐、绝热	
		09	建筑中水系统及游泳池系统	建筑中水系统管道及辅助设备安装、游泳池水系统安装	
		10	供热锅炉及辅助设备安装	锅炉安装、辅助设备及管道安装、安全附件安装、烘炉、煮炉和试运行、换热站安装、防腐、绝热	
		11	自动喷水灭火系统	消防水泵和稳压泵安装、消防水箱安装和消防水池施工、消防气压给水设备安装、消防水泵接合器安装、管网安装、喷头安装、报警阀组安装、其他组件安装、系统水压试验、压试验、冲洗、水源测试、消防水泵调试、稳压泵调试、报警阀组调试、排水装置调试、联动试验	
		12	气体灭火系统	灭火剂储存装置的安装、选择阀及信号反馈装置安装、阀驱动装置安装、灭火剂输送管道安装、喷嘴安装、预制灭火系统安装、控制组件安装、系统调试	
		13	泡沫灭火系统	消防泵的安装、泡沫液储罐的安装、泡沫比例混合器的安装、管道阀门和泡沫消火栓的安装、泡沫产生装置的安装、系统调试	
		14	固定水炮灭火系统	管道及配件安装、设备安装、系统水压试验、系统调试	

续表

分部工程代号	分部工程名称	子分部工程代号	子分部工程名称	分项工程名称	备注
06	建筑电气	01	室外电气	架空线路及杆上电气设备安装，变压器、箱式变电所安装，成套配电柜、控制柜（屏、台）和动力、照明配电箱（盘）及控制柜安装，电线、电缆导管和线槽敷设，电线、电缆穿管和线槽敷设，电缆头制作、导线连接和线路电气试验，建筑物外部装饰灯具、航空障碍标志灯和庭院路灯安装，建筑照明通电试运行，接地装置安装	
		02	变配电室	变压器、箱式变电所安装，成套配电柜、控制柜（屏、台）和动力、照明配电箱（盘）安装，裸母线、封闭母线、插接式母线安装，电缆沟内和电缆竖井内电缆敷设，电缆头制作、导线连接和线路电气试验，接地装置安装，避雷引下线和变配电室接地干线敷设	
		03	供电干线	裸母线、封闭母线、插接式母线安装，桥架安装和桥架内电缆敷设，电缆沟内和电缆竖井内电缆敷设，电线、电缆导管和线槽敷设，电线、电缆穿管和线槽敷线，电缆头制作、导线连接和线路电气试验	
		04	电气动力	成套配电柜、控制柜（屏、台）和动力、照明配电箱（盘）及安装，低压电动机、电加热器及电动执行机构检查、接线，低压电气动力设备检测、试验和空载试运行，桥架安装和桥架内电缆敷设，电线、电缆导管和线槽敷设，电线、电缆穿管和线槽敷线，电缆头制作、导线连接和线路电气试验，插座、开关、风扇安装	
		05	电气照明安装	成套配电柜、控制柜（屏、台）和动力、照明配电箱（盘）安装，电线、电缆导管和线槽敷设，电线、电缆导管和线槽敷线，槽板配线，钢索配线，电缆头制作、导线连接和线路电气试验，普通灯具安装，专用灯具安装，插座、开关、风扇安装，建筑照明通电试运行	
		06	备用和不间断电源安装	成套配电柜、控制柜（屏、台）和动力、照明配电箱（盘）安装，柴油发电机组安装，不间断电源的其他功能单元安装，裸母线、封闭母线、插接式母线安装，电线、电缆导管和线槽敷设，电线、电缆导管和线槽敷线，电缆头制作、导线连接和线路电气试验，接地装置安装	
		07	防雷及接地安装	接地装置安装，避雷引下线和变配电室接地干线敷设，建筑物等电位连接，接闪器安装	

续表

分部工程代号	分部工程名称	子分部工程代号	子分部工程名称	分项工程名称	备 注
07	智能建筑	01	通信网络系统	通信系统、卫星及有线电视系统、公共广播系统	
		02	办公自动化系统	计算机网络系统、信息平台及办公自动化应用软件、网络安全系统	
		03	建筑设备监控系统	空调与通风系统、变配电系统、照明系统、给排水系统、热源和热交换系统、冷冻和冷却系统、电梯和自动扶梯系统、中央管理工作站与操作分站、子系统通信接口	
		04	火灾报警及消防联动系统	火灾和可燃气体探测系统、火灾报警控制系统、消防联动系统	
		05	安全防范系统	电视监控系统、入侵报警系统、巡更系统、出入口控制（门禁）系统、停车管理系统	
		06	综合布线系统	缆线敷设和终接、机柜、机架、配线架的安装、信息插座和光缆芯线终端的安装	
		07	智能化集成系统	集成系统网络、实时数据库、信息安全、功能接口	
		08	电源与接地	智能建筑电源、防雷及接地	
		09	环境	空间环境、室内空调环境、视觉照明环境、电磁环境	
		10	住宅（小区）智能化系统	火灾自动报警及消防联动系统、安全防范系统（含电视监控系统、入侵报警系统、巡更系统、门禁系统、楼宇对讲系统、住户对讲呼救系统、停车管理系统）、物业管理系统（多表现场计量及与远程传输系统、建筑设备监控系统、公共广播系统、小区网络及信息服务系统、物业办公自动化系统）、智能家庭信息平台	

续表

分部工程代号	分部工程名称	子分部工程代号	子分部工程名称	分项工程名称	备注
08	通风与空调	01	送排风系统	风管与配件制作；部件制作；风管系统安装；空气处理设备安装；消声设备制作与安装，风管与设备防腐；风机安装；系统调试	
		02	防排烟系统	风管与配件制作；部件制作；风管系统安装；防排烟风口、常闭正压风口与设备安装；风管与设备防腐；风机安装；系统调试	
		03	除尘系统	风管与配件制作；部件制作；风管系统安装；除尘器与排污设备安装；风管与设备防腐；风机安装；系统调试	
		04	空调风系统	风管与配件制作；部件制作；风管系统安装；空气处理设备安装；消声设备制作与安装，风管与设备防腐；风机安装；风管与设备绝热；系统调试	
		05	净化空调系统	风管与配件制作；部件制作；风管系统安装；空气处理设备安装；消声设备制作与安装；风管与设备防腐；风机安装；风管与设备绝热；高效过滤器安装；系统调试	
		06	制冷设备系统	制冷机组安装；制冷剂管道及配件安装；制冷附属设备安装；管道及设备的防腐与绝热；系统调试	
		07	空调水系统	管道冷热（媒）水系统安装；冷却水系统安装；冷凝水系统安装；阀门及部件安装；冷却塔安装；水泵及附属设备安装；管道与设备的防腐与绝热；系统调试	
09	电梯	01	电力驱动的曳引式或强制式电梯安装工程	设备进场验收，土建交接检验，驱动主机，导轨，门系统，轿厢，对重（平衡重），安全部件，悬挂装置，随行电缆，补偿装置，电气装置，整机安装验收	
		02	液压电梯安装工程	设备进场验收，土建交接检验，液压系统，导轨，门系统，轿厢，平衡重，安全部件，悬挂装置，随行电缆，电气装置，整机安装验收	
		03	自动扶梯自动人行道安装工程	设备进场验收，土建交接检验，整机安装验收	

第四章　工程资料的收集、整理与组卷

4.1　工程资料的收集、整理与组卷

工程资料的收集、整理与组卷应符合下列规定：

4.1.1　基建文件（工程准备阶段文件和工程竣工文件）应由建设单位负责收集、整理与组卷。

4.1.2　监理资料应由监理单位负责收集、整理与组卷。

4.1.3　施工资料应由施工单位负责收集、整理与组卷。

4.1.4　竣工图应由建设单位负责组织，也可委托其他单位。

工程资料的组卷除应执行上述规定外，还应符合下列规定：

4.1.5　工程资料组卷应遵循自然形成规律，保持卷内文件、资料内在联系。工程资料可根据数量多少组成一卷或多卷。

4.1.6　基建文件可按建设项目或单位工程进行组卷。

4.1.7　监理资料应按建设项目或单位工程进行组卷。

4.1.8　施工资料应按单位工程组卷，并应符合下列规定：

(1) 专业承包工程形成的施工资料应由专业承包单位负责，并应单独组卷；

(2) 建筑节能工程现场实体检验资料应单独组卷；

(3) 室外工程应按室外建筑环境、室外安装工程单独组卷；

(4) 当施工资料中部分内容不能按一个单位工程分类组卷时，可按建设项目组卷；

(5) 施工资料目录应与其对应的施工资料一起组卷。

4.1.9　竣工图应按专业分类组卷。

4.1.10　工程资料组卷内容宜符合《建筑工程资料管理规程》附录 A 中表的规定。

4.1.11　工程资料组卷应编制封面、卷内目录及备考表，其格式及填写要求可按现行国家标准《建设工程文件归档整理规范》GB/T 50328 的有关规定执行。

4.2　工程资料移交与归档

4.2.1　工程资料移交归档应符合国家现行有关法规和标准的规定；当无规定时应按合同约定移交归档。

4.2.2　工程资料移交应符合下列规定：

(1) 施工单位应向建设单位移交施工资料。

(2) 建设单位直接分包的专业承包单位向建设单位直接移交施工资料。

(3) 总承包分包的各专业承包单位应向施工总承包单位移交施工资料。

(4) 监理单位应向建设单位移交监理资料。

(5) 工程资料移交时应及时办理相关移交手续，填写工程资料移交书、移交目录。

(6) 建设单位应按国家有关法规和标准的规定向城建档案管理部门移交工程档案，并办理相关手续。有条件时，向城建档案管理部门移交的工程档案应为原件。

4.2.3　工程资料归档应符合下列规定：

(1) 工程参建各方宜按本书第二章表 2-1、表 2-2、表 2-3 中规定的内容将工程资料归档保存。

(2) 归档保存的工程资料，其保存期限应符合下列规定：

1) 工程资料归档保存期限应符合国家现行有关标准的规定；当无规定时，不宜少于 5 年。

2) 建设单位工程资料归档保存期限应满足工程维护、修缮、改造、加固的需要。

3) 施工单位工程资料归档保存期限应满足工程质量保修及质量追溯的需要。

第五章　基建文件的内容与要求

5.1　基建文件

基建文件是建设单位从立项申请并依法进行项目申报、审批、开工、竣工及备案全过程所形成的全部资料。按其性质可分为：立项决策、建设用地、勘察设计、招投标及合同、开工、商务、竣工验收及其他备案文件。

5.2　基建文件的形成流程

基建文件可按图 5-1 流程形成。

5.3　基建文件的内容与要求

5.3.1　立项决策文件包括：项目建议书（代可行性研究报告）及其批复、有关立项的会议纪要及相关批示、项目评估研究资料及专家建议等。根据项目大小、投资主体的不同，项目建议书的批复文件分别由国家、行业或北京市相关政府管理部门审批。

5.3.2　建设用地文件包括：征占用地的批准文件、国有土地使用证、国有土地使用权出让交易文件、规划意见书、建设用地规划许可证等。建设用地文件分别由国有土地管理部门和规划部门审批形成。

5.3.3　勘察设计文件包括：工程地质勘察报告、土壤氡浓度检测报告、建筑用地钉桩通知单、验线合格文件、设计审查意见、设计图纸及设计计算书、施工图设计文件审查通知书等。建筑用地钉桩通知单、验线合格文件、审定设计方案通知书由规划部门审批形成。

5.3.4　招投标及合同文件包括：工程建设招标文件、投标文件、中标通知书及相关合同文件。

5.3.5　开工文件包括：建设工程规划许可证、建设工程施工许可证等。工程开工文件分别由规划部门和建设行政管理部门审批形成。

5.3.6　商务文件包括：工程投资估算、工程设计概算、施工图预算、施工预算、工程结算等。

5.3.7　其他文件包括：工程未开工前的原貌及竣工新貌照片、工程开工、施工、竣工的音像资料、工程竣工测量资料和建设工程概况表等。

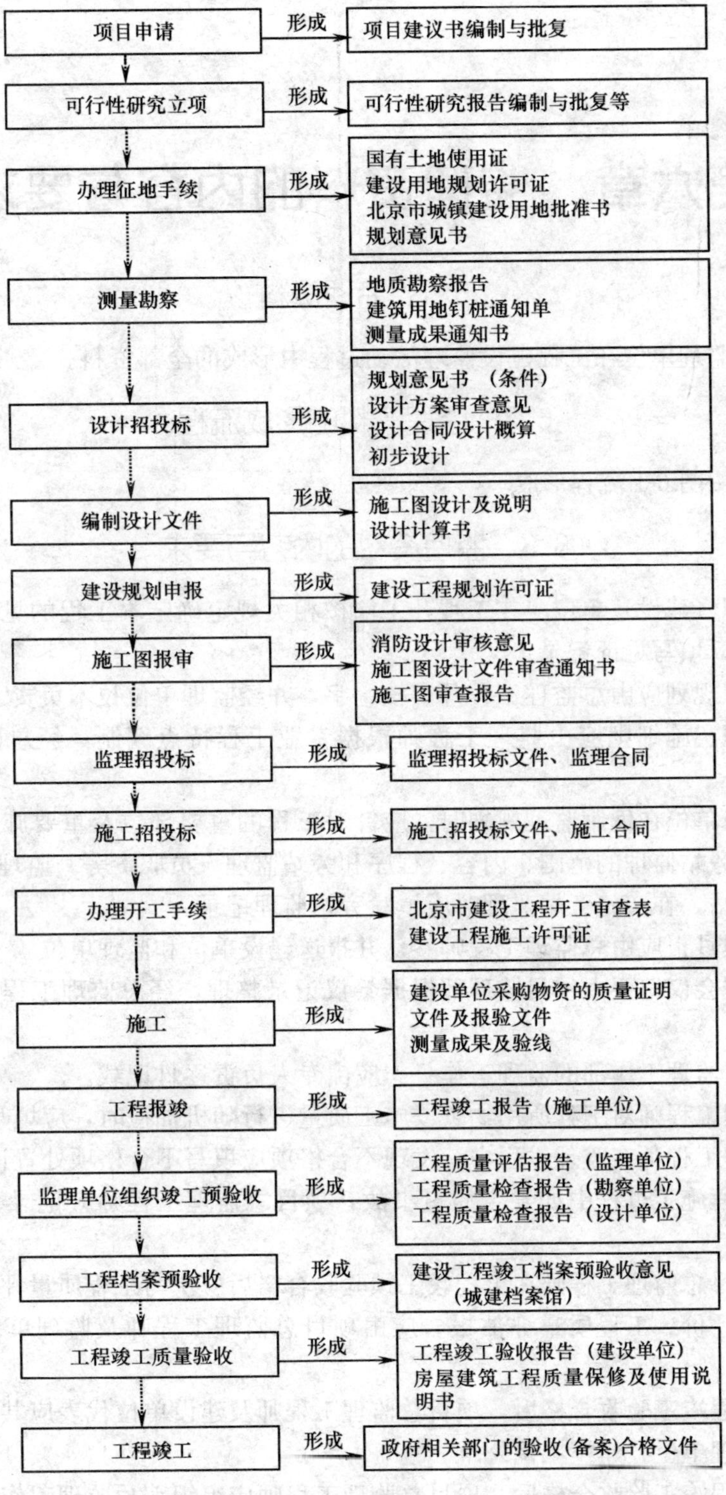

图 5-1　基建文件的形成流程

第六章　监理资料的内容与要求

6.1　监理资料

监理资料是监理单位在工程建设监理活动过程中形成的全部资料。

6.2　监理资料的形成流程

监理资料可按图 6-1 流程形成。

6.3　监理资料的内容与要求

6.3.1　监理（建设）单位应在工程开工前按相关规定确定本工程的见证人员。见证人应履行见证职责，填写见证记录。

6.3.2　监理规划应由总监理工程师审核签字，并经监理单位技术负责人批准。

6.3.3　监理实施细则应由监理工程师根据专业工程特点编制，经总监理工程师审核批准。

6.3.4　监理单位在编制监理规划时，应针对工程的重要部位及重要施工工序制定旁站监理方案，明确旁站监理的范围、内容、程序和旁站监理人员职责等。监理人员应根据旁站监理方案实施旁站，在实施旁站监理时应填写旁站监理记录。

6.3.5　监理月报应由总监理工程师签认并报送建设单位和监理单位。

6.3.6　监理会议纪要由项目监理部根据会议记录整理，经总监理工程师审阅，由与会各方代表会签。

6.3.7　项目监理工作部的监理工作日志应由专人负责逐日记载。

6.3.8　监理工程师对工程所用物资或施工质量进行随机抽检时，应填写监理抽检记录。

6.3.9　监理工程师在监理过程中，发现不合格项应填写不合格项处置记录。

6.3.10　工程施工过程中如发生质量事故，项目总监理工程师应记录事故情况并书面上报。

6.3.11　项目总监理工程师在工程竣工预验收合格后应撰写工程质量评估报告对工程建设质量做出综合评价。工程质量评估报告应由项目总监理工程师及监理单位技术负责人签认，并加盖公章。

6.3.12　工程竣工验收合格后，项目总监理工程师及建设单位代表应共同签署竣工移交证书，并加盖监理单位、建设单位公章。

6.3.13　工程竣工验收合格后，项目总监理工程师应组织编写监理工作总结并提交建设单位。

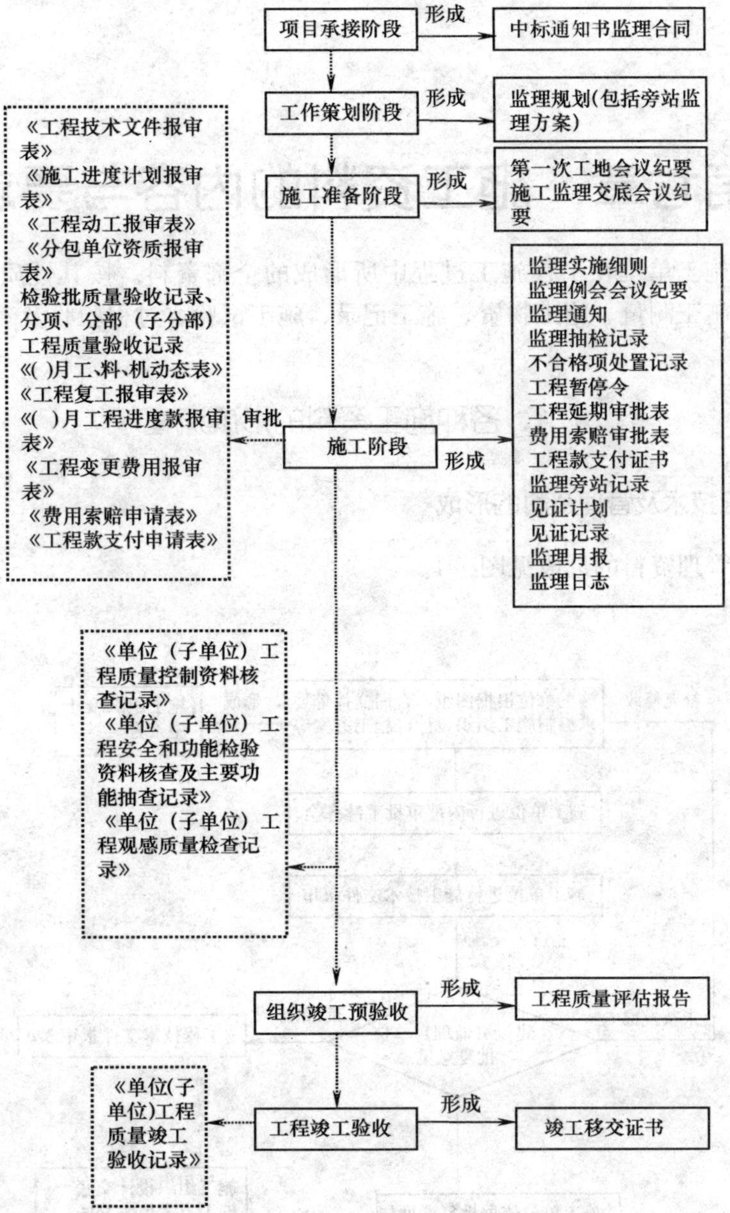

图 6-1　监理资料的形成流程

第七章　施工资料的内容与要求

施工资料是施工单位在工程施工过程中所形成的全部资料。按其性质可分为：施工管理、施工技术、施工测量、施工物资、施工记录、施工试验、过程验收及工程竣工质量验收资料。

7.1　各种施工资料的形成流程

7.1.1　施工技术及管理资料的形成

施工技术及管理资料的形成见图 7-1。

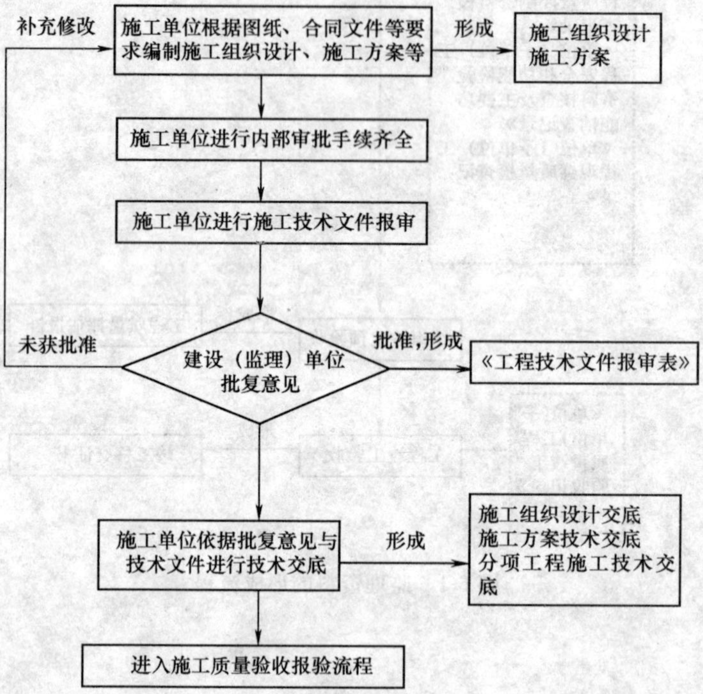

图 7-1　施工技术及管理资料的形成

7.1.2　施工物资及管理资料的形成

施工物资及管理资料的形成见图 7-2。

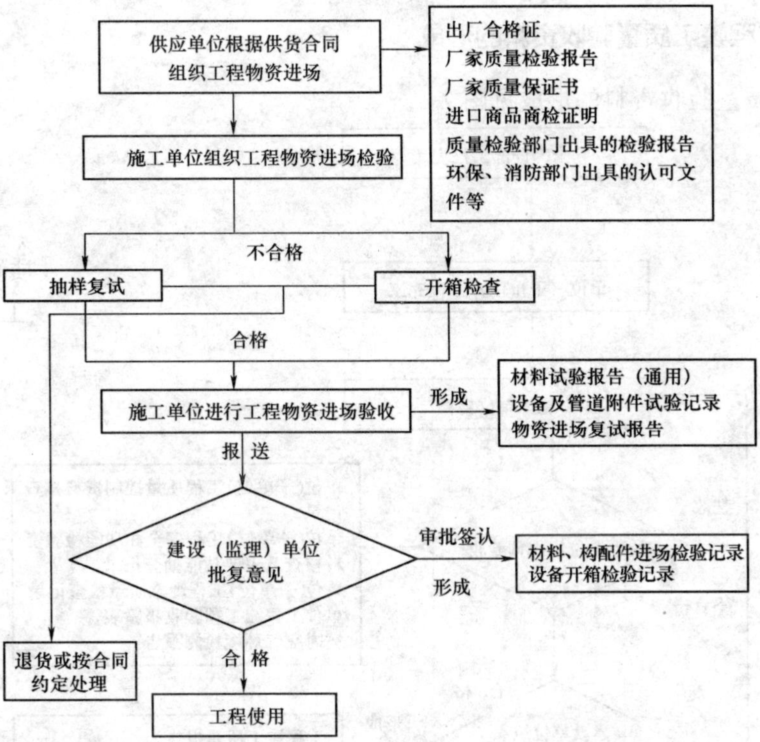

图 7-2　施工物资及管理资料的形成

7.1.3　施工测量、施工记录、施工试验、过程验收及管理资料的形成

施工测量、施工记录、施工试验、过程验收及管理资料的形成见图 7-3。

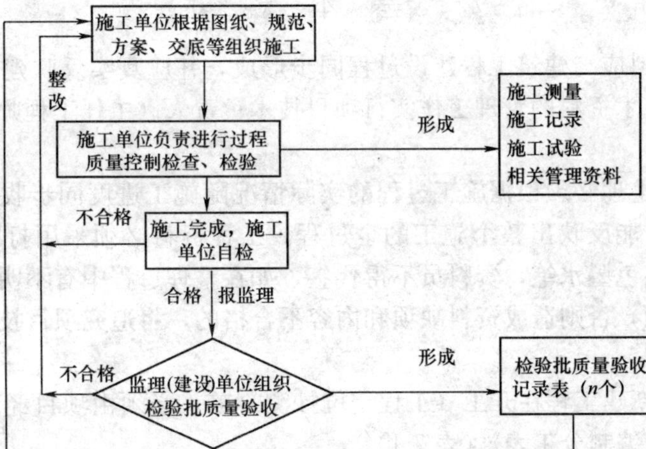

图 7-3　施工测量、施工记录、施工试验、过程验收及管理资料的形成

7.1.4 工程竣工质量验收资料的形成

工程竣工质量验收资料的形成见图 7-4。

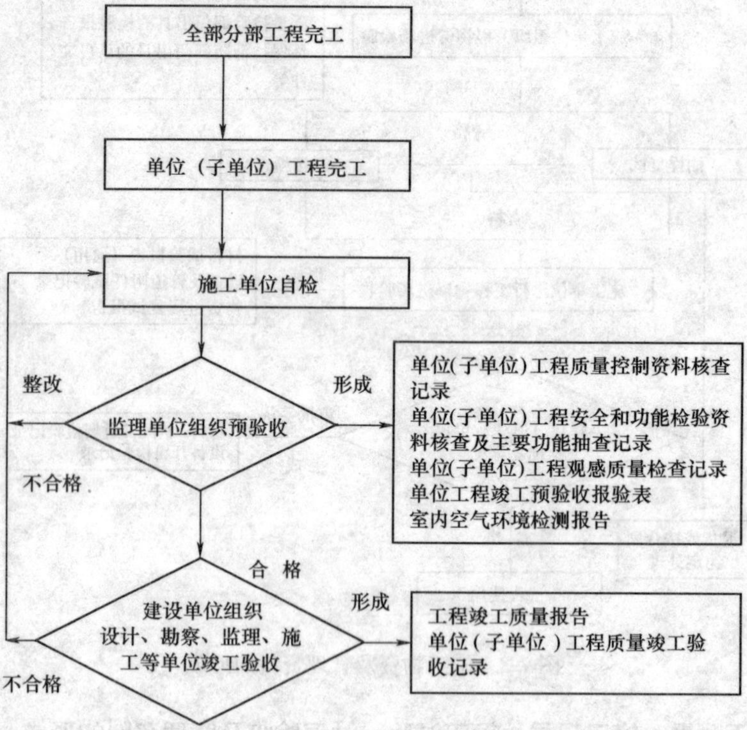

图 7-4 工程竣工质量验收资料的形成

7.2 基 本 规 定

7.2.1 工程资料应与建筑工程建设过程同步形成，并应真实反映建筑工程的建设情况和实体质量。施工技术资料的管理工作实行项目技术负责人（主任工程师）负责制，建立健全岗位责任制。

7.2.2 资料的整理必须根据施工过程的实际情况随施工进度同步收集、整理。做到真实可靠、子目齐全，能反映出整个施工的全过程。工程资料必须采用打印的形式并手工签字，签字必须采用黑色墨水笔，资料员不得代签，如在整理过程中有不明之处，应及时向公司技术质量部门咨询，否则造成资料缺项和内容不合格的，将追究项目技术负责人和资料员责任。

7.2.3 每一项新建工程在开工（工程定位抄测）前，必须由项目经理组织编制《项目经理部施工技术资料编制分工表》（表 7-1）。

7.2.4 资料员负责表 7-1 内容以外的所有施工技术资料的编写，并保证存入档案的资料签字齐全。负责报验监理所需资料以及整套施工技术资料的收集、整理、归档和移交等工作。

7.2.5 主编技术资料人员必须结合工程进度和各分项（分部）工程实际质量情况，保证真实齐全，资料内容必须符合图纸及规范要求。

7.2.6　在结构工程或装修工程施工的最初，项目经理必须要求材料员配合资料员将工程应涉及的材料质量证明文件以资料传递签收记录表（表 7-2）和材料员或项目经理办理手续，双方签字认可。

表 7-1　项目经理部施工技术资料编制分工表

签字及协调		×××	职务	项目经理
施工组织设计及各种分项方案编制		×××	职务	技术经理
负责各种物资资料的收集		×××	职务	材料员
各种检验试验报告		×××	职务	试验员
负责资料的收集、整理、归档和对外报验		×××	职务	资料员
工程定位测量记录编制人		×××	职务	测量员
基槽验线记录主编人		×××	职务	测量员
楼层放线记录主编人		×××	职务	测量员
地基钎探记录主编人		×××	职务	工长
隐蔽工程检查记录主编人	土建	×××	职务	质检员
	电　气	×××		
	水暖卫	×××		
预检工程检查记录主编人	土　建	×××	职　务	工长
	电　气	×××		
	水暖卫	×××		
质量验收记录主编人	土　建	×××	职务	质检员
	电　气	×××		
	水暖卫	×××		
电气相关试验记录人		×××	职务	电气工长
水暖卫相关试验记录人		×××	职务	水暖工长
技术交底主编人	土　建	×××	职务	工长
	电　气	×××		
	水暖卫	×××		

项目经理签字	×××	公司技术生产签字	×××
公司技术部门意见： 审批日期：			

表 7-2 材料证件传递签收记录

序号	材料证件名称	生产厂家	规格型号	数量	交件人	接收人	交接日期	检验报告是否齐全
1	钢筋原材	××	Φ16	135T	材料员	资料员	×年×月×日	齐全
2	钢筋原材	××	Φ28	160T	材料员	资料员	×年×月×日	齐全
3	防水卷材	××××	SBSⅠ (3mm)	5000m^2	材料员	资料员	×年×月×日	齐全

注：本表在使用时，资料员、材料员必须各持一份。

7.2.7 在工程地基钎探前必须准备好做试件或试验用的工具，例如：坍落度筒、试模、抹子、环刀、温湿度计、天平、烘干稠度仪等。所有器具（设备）应按规范规定进行检定，检定合格方能使用。

7.2.8 项目部工程技术资料在基础、主体结构和竣工验收前，必须提前5～7天，由专职资料员把已发生的资料和图纸上报公司或邀请公司技术质量部门人员去工地检查，经公司确认合格后方可报有关部门查验。

7.2.9 各主编资料人员，应将资料编写手稿原件签字后转交资料员，双方做好签收手续（表7-3）。资料员应根据各主编人交来的资料手稿原件进行打印，并将手稿原件保存，不得随意涂改。

表 7-3 资料传递签收记录

序号	资料名称	施工部位	页数	交件人	接收人	交接日期	检验报告是否齐全
1	钢筋隐检记录	二层二段	1	质检员	资料员	×年×月×日	齐全
2	技术交底	主体钢筋	5	工长	资料员	×年×月×日	齐全
3	商品混凝土小票	二层二段	2	工长	资料员	×年×月×日	齐全

注：本表在使用时，资料员、主编人员必须各持一份。

7.2.10 工程开工伊始，资料员必须明确资料收集填写的时间、权限、内容。由技术负责人审核，项目经理审批后下发至项目部各有关人员（包括材料员、试验员、质检员、水电工长等相关人员）签字认可。

7.2.11 在收集整理各类证件时（如检验报告、合格证等）必须将盖有红章的存放在同一套资料内，复印件注明原件存放处、抄件人、日期等。

7.2.12 资料盒内每一册资料都要有自己的分目录，即从第一份资料产生开始，附上一份空白目录，每来一份材料，目录内容就增加一条，并用铅笔在右上角标明页码，以便查阅。待竣工后资料整理装订成册前再按整册顺序重新编页（把原铅笔的涂掉）。编页时要注意目录中的页次要与实际页码相符，正、反两面有内容的，两面都要编页，分目录不编页。

7.2.13　在资料盒盖背面贴上卷内总目录，将规程中要求的共八项内容全部填上，并在本盒存有的项目前用“★”注明，并将本盒所存具体资料名称逐一写明。见表 7-4。

表 7-4　卷　内　目　录

<table>
<tr><th>编号</th><th>资　料　名　称</th><th>编号</th><th>资　料　名　称</th></tr>
<tr><td>C1</td><td>施工管理资料</td><td rowspan="8">C6
施
工
试
验
记
录</td><td rowspan="8">C6-3 土建专用施工试验记录
C6-3-1 钢筋连接试验报告
（1）钢筋闪光对焊上岗证及焊接试验报告
（2）钢筋电渣压力焊上岗证及焊接试验报告
C6-2 回填土干密度试验报告
C6-1 土工击实试验报告
★C6-8 混凝土抗压强度试验报告
（1）混凝土标养抗压强度试验报告
（2）结构实体检验用同条件养护试件试压报告
（3）混凝土受冻临界强度试块报告
（4）同条件转标养双 28 天试块报告
★C6-10 混凝土抗渗试验报告
★C6-9 混凝土强度统计评定记录</td></tr>
<tr><td>C2</td><td>施工技术资料</td></tr>
<tr><td>C3</td><td>施工测量记录</td></tr>
<tr><td>C4</td><td>施工物资资料</td></tr>
<tr><td>C5</td><td>施　工　记　录</td></tr>
<tr><td>C6</td><td>施工试验记录</td></tr>
<tr><td>C7</td><td>施工过程验收资料</td></tr>
<tr><td>C8</td><td>竣工质量验收资料</td></tr>
</table>

注：带“★”的资料在本盒内存。

7.2.14　单位工程资料不少于两套（需要时可增加），其中一套移交建设（甲）方，一套施工单位（分公司）存档。资料移交时必须填写竣工资料移交目录。见表 7-5。

表 7-5　竣工资料移交目录

工程名称：　　　　　　　　　　　　　　　　　　项目部：

序　号	资料名称	编制日期	页　数
1	C2 技术资料	200×年 4 月—200×年 11 月	4000
2	C4 施工物资资料	200×年 4 月—200×年 9 月	16000

共　　册

移交人：　　　　　　　　　　　　　　　　　　公司接收人：

日期：

7.2.15　工程资料归档套数还应满足合同中建设（甲）方和本企业要求。按公司要求，荣获省市及以上级别优质工程（长城杯奖）、鲁班奖和国家优质工程奖项目，还应报公司档案室 1 套存档。

7.2.16　工程资料是动态资料，应根据国家规范、行业标准和地方规程的变化而变化。

7.3　建筑与结构施工资料的填写及整理要点

7.3.1　施工管理资料 C1

施工管理资料是在施工过程中形成的反映施工组织及监理审批等情况资料的统称。主要内容有：施工现场质量管理检查记录、施工过程中报监理审批的各种报验报审表、施工试验计划及施工日志等。

7.3.1.1　施工现场质量管理检查记录表（表 C1-1）

（1）施工单位进场后就应填写此表，报项目总监理工程师（或建设单位项目负责人）审查，并做出结论。质量责任制栏应将“项目部管理制度”附上；主要专业工种操作人员上岗证书栏要将证书复印件附上，并加盖红章；地质勘察资料栏将地质勘察报告写上；施工组织设计、施工方案及审批栏将施组方案、审批等复印一份附上，其他的按要求进行填写，及时报监理审批。

（2）企业资质及相关人员岗位证书，进场后应将其所有复印件（加盖红章）报监理单位审核。

（3）进场后应先协同甲方、监理办理有见证备案书，单位工程涉及承重结构和安全的有见证取样和送检次数为试验总数的 100％。

7.3.1.2　试验计划编制要求

单位工程施工前，施工单位应科学、合理地编制施工试验计划并报送监理单位。

（1）《试验计划》由技术员在开工之前，根据施工试验有关规定及施组、方案中的流水段划分，计算出各种材料的用量和试验数量，并按要求编制本工程的《试验计划》。编制的内容包括：工程概况、目的、编制依据、结构设计概况、工程平面图及流水段划分图、原材料及试件试验计划表。

（2）试验计划中必须明确见证试验的项目及次数。2009 年 6 月 15 日后新开工工程，涉及承重结构和安全的 100％的见证。试验均匀分布于整个过程中，避免产生见证试验在某一品种或某一时段、某一层（段）过于集中，没有代表性的现象。见证试验室只能选取一家单位，见证试验单必须盖有见证试验章、试验室对外试验专用章（此印章为钢印）。

见证试验项目（建筑工程共 12 项）：

1）用于承重结构的混凝土试块；

2）用于承重墙体的砌筑砂浆试块；

3）用于承重结构的钢筋及连接接头试件；

4）用于承重墙的砖和混凝土小型砌块；

5）用于拌制混凝土和砌筑砂浆的水泥；

6）用于承重结构的混凝土中使用的掺合料和外加剂；

7）用于地下、屋面、厕浴间的防水材料；

8）预应力钢绞线、锚夹具；

9）建筑节能工程用保温材料、绝热材料、粘结材料、增强网、幕墙玻璃、隔热型材、散热器、风机盘管机组、低压配电系统选择的电缆、电线等；

10）建筑外窗；

11）钢结构工程用钢材及焊接材料、高强度螺栓预拉力、扭矩系数、摩擦面抗滑移系数和网架节点承载力试验；

12）国家及地方标准、规范规定的其他见证检验项目。如用于结构实体检验的混凝土同条件试块。

道路工程见证取样和送检项目：

1）石灰、粉煤灰、砂砾（碎石或矿渣）无机结合稳定材料。

2）沥青混合料（含磨耗层、上面层、下面层）。抽样频率：每 6000/m^2 或每三个工作班抽取一组；必试项目：马歇尔流值和稳定度。

7.3.1.3　施工日志（表 C1-2）

施工日志应以单位工程为记载，从工程开工至工程竣工止，按专业指定专人负责逐日记载，保证内容真实、连续和完整。

7.3.1.4　工程技术文件报审表（表 C1-3）

施工中所编制的技术文件，经公司内部审批后，报监理单位审批并签署意见，未经审批的技术文件，一律不能指导施工。

试验计划（样本）

一、工程概况（注：与之相关的摘要即可）

二、目的

为了提高工程试验管理水平，体现工程试验管理为工程质量管理的重要组成部分，确保工程质量符合国家规范、规程并做到真实、有效、准确、完整、及时，使工程竣工、验收具有可靠的试验资料及为试验人员在施工过程中提供工作依据。

三、编制依据

1.《中华人民共和国建筑法》国家颁布有关的检验、试验的规范、标准及住房和城乡建设部、地方建委下发的有关标准和规定。

2.《北京市建筑安装工程资料管理规程》、《建筑工程检测试验技术管理规范》（JGJ 190—2010）、《建筑工程监理规程》、《北京城市建筑档案管理规定》及有关结构工程验评标准和见证取样的规程和规定。

3. 本工程施工图纸。

四、工程平面图及流水段划分图

五、试验计划

1. 施工物资试验计划表（包括工程全部物资）

钢筋、水泥、砂、石、外加剂、防水卷材等按实际进场数量确定，将在本工程所用钢筋的规格，水泥所使用的品种填入下表：

材料名称	规格	数量	见证试验组数
钢筋	Φ8		按 100%见证
水泥	P·O 42.5		按 100%见证

2. 施工试验土建工程计划表

（1）钢筋连接试验计划

材料名称	施工部位		规格	工程量	试验组数	备　注
钢筋焊接接头	一层……	1段墙体	Φ16	250个	1	见证
			Φ20	300个	1	见证
			Φ28	150个	1	见证
		2段墙体				
	二层……	1段墙体				
		2段墙体				

（2）混凝土试块抗压强度试验

材料名称	部　　位	强度等级	工程量（m^3）	试验组数	备　注
混凝土抗渗试块	基础底板	C30 P8	500	1	见证1组
	地下二层1段外墙	C30 P8	60	1	见证1组
	…	…	…	…	…
混凝土标养试块	基础底板	C30	500	5	见证2组
	地下二层1段外墙	C30	60	1	见证1组
	地下二层2段外墙	C30	65	1	见证1组
	…	…	…	…	…
混凝土结构实体检测试块	基础底板	C30	500	1	见证1组
	地下二层1段外墙	C30	60	1	见证1组
	地下二层1段顶板	C25	40	1	见证1组
	…	…	…	…	…
混凝土顶板拆模试块	地下二层1段顶板	C25	40	1	
	地下二层2段顶板	C25	45	1	
	…	…	…	…	…
混凝土墙体外挂架试块	首层1段外墙	C30	58	1	
	二层1段外墙	C30	57	1	
	…	…	…	…	…
冬施临界强度试块	八层1段墙体	C30	55	1	
	八层2段墙体	C30	54	1	
	…	…	…	…	…
同条件28d+标养28d（双28d试块）	八层1段墙体	C30	47	1	
	八层2段墙体	C30	45	1	
	…	…	…	…	…

7.3.2　施工技术资料C2

施工技术资料是在施工过程中形成的，用以指导正确、规范、科学施工的技术文件及反映工程变更情况的各种资料的总称。主要内容有：施工组织设计及施工方案、技术交底记录、图纸会审记录、设计变更通知单、工程变更洽商记录等。应及时收集整理施组、方案、技术交底、图纸会审、洽商记录等。

7.3.2.1　施工组织设计、施工方案和技术交底的编制宜参见编制标准和相关内容（《建筑施工组织设计规范》（GB/T 50502）进行编写，创优工程应参照优质标准编制。施工组织设计由施工单位编制完成，经企业技术负责人审批并填写工程技术文件报审表报监理单位批准实施。

(1) 工程正式开工前，必须由项目经理和技术负责人组织编制单位工程施工组织设计，上报公司技术部门1份，经各职能部门会审后，报总工审核修改后，再报企业技术部门备案，总工审批后方可报监理或甲方审批，经审批合格后方可施工。

(2) 如工程图纸不全，可分阶段（地上/地下）编制，分别报批，图纸齐全后再编制单位工程施工组织设计。

(3) 群体工程（3个以上单位工程）施工时，则应在单位工程施工组织设计的基础上，还应编制施工组织总设计。

7.3.2.2　施工方案编制内容应齐全有针对性，可根据工程规模大小、技术复杂程度、施工重点部位及施工季节变化等情况分别编制。测量、钢筋、模板、混凝土（其中：混凝土包括大体积混凝土、防水混凝土及泵送混凝土）方案，水暖卫、电气必须单独编写施工方案，基坑支护、桩基施工、土方、建筑节能与保温、绿色文明施工均应编制专项施工方案，深基坑支护等危险性较大、冬（雨）季施工项目还应经公司技术部门审批后方可填写工程技术文件报审表报请监理单位批准实施。

7.3.2.3　技术交底（表C2-1）。包括施工组织设计交底、专项方案交底、分项交底、设计变更交底和“四新技术”交底。各项交底应有文字记录并有交底双方人员的签字。一般情况下，交底应分以下层次：

(1) 重点和大型工程施组交底由公司总工向项目管理人员交底，其他一般工程由项目技术负责人向项目管理人员交底；

(2) 专项方案由项目专业技术负责人向专业工长交底；

(3) 分项交底由各工长在各专业施工前，应将相关的技术交底写好，下发给各施工队，并让施工队签字认可，交资料员存档一份。

(4)“四新技术”交底由项目技术负责人组织编制，并向相关人员交底。

7.3.2.4　设计变更通知单（表C2-3）及工程变更洽商记录（表C2-4）。技术人员应及时将设计变更记录收集整理，交底给相关专业工长，并下发各相关的施工队。

7.3.2.5　图纸会审及设计交底（表C2-2）。工程开工前必须由项目经理组织以技术负责人为首的管理人员图纸会审，将图纸的可疑问题分别记录，由技术负责人归纳，及早约定甲方、监理、设计单位进行全方位设计交底，施工单位负责将设计交底内容按专业汇总、整理形成图纸会审及设计交底记录，有关各方签字确认。

7.3.3　施工测量记录C3

施工测量记录是在施工过程中形成的确保建筑物位置、尺寸、标高和变形量等满足设计要求和规范规定的各种测量成果记录的统称。主要内容有：工程定位测量记录、基槽平面标高测量记录、楼层平面放线及标高抄测记录、建筑物垂直度及标高测量记录、变形观测记录等。

7.3.3.1 工程定位测量记录（表C3-1）。

施工单位应依据由建设单位提供的有相应测绘资质等级部门出具的测绘成果、单位工程楼座桩及场地控制网（或建筑物控制网），测定建筑物平面位置、主控轴线及建筑物±0.000标高的绝对高程，填写工程定位测量记录。

(1) 定位抄测示意图要求：

1) 示意图要标注指北针；

2) 建筑物轮廓要用轴线示意，并标出尺寸；

3) 坐标、高程依据要标注引出的位置，并标出它与建筑物的关系，若坐标高程依据按比例画超出表格范围，可将其控制点用虚线相连，只标出相对位置；

4) 特殊情况下，可不按比例，只画示意图，但要标出主轴线尺寸，同时必须注明±0.000绝对高程。

(2) 复测结果一栏必须填写具体数字及各坐标点的具体数值。

7.3.3.2 基槽平面及标高实测记录（表C3-2）。

施工单位在基础垫层未做防水前，应依据主控轴线和基底平面图，对建筑物基底外轮廓线、集水坑、电梯井坑、垫层标高（高程）、基槽断面尺寸和坡度等进行抄测并填写基槽平面及标高实测记录。

(1) 验线依据及内容是指由建设单位或测绘院提供的坐标、高程控制点或工程测量定位控制桩、高程点等。

(2) 基槽平、剖面简图内容：指北针、基槽的四边轮廓线，建筑物的外轮廓线及主轴线尺寸、断面尺寸、边坡系数、基底标高。

7.3.3.3 楼层平面放线及标高记录（表C3-3）。

(1) 放线内容包括：依据主控轴线和基础平面图在基础垫层防水保护层上进行墙柱轴线及边线、集水坑、电梯井边线的测量放线及标高实测；在结构楼层上进行墙柱轴线及边线、门窗洞口线等测量放线，实测楼层标高及建筑物各大角双向垂直度偏差。填写楼层平面及标高实测记录。

(2) 放线部位一定要分层、分轴线或分施工流水段填写，不能笼统填写，若建筑面积小没有划分施工流水段的应按轴线填写（如三层1-5/A-G轴墙体、门窗洞口）。

(3) 放线依据是指具体使用的定位控制桩、高程点及相关图纸。

(4) 放线平面简图内容：指北针、主轴线尺寸，说明墙（柱）断面尺寸、门窗口位置尺寸、轴线控制线和墙柱边线尺寸。若是外墙、门窗洞口放线要画剖面简图并注明放线的标高、尺寸。

7.3.3.4 楼层平面标高抄测记录（表C3-4）。

施工单位应在本层结构实体完成后应抄测本楼层+0.500m（或+1.000m）标高线。填写楼层标高抄测记录。

(1) 抄测部位应注明具体的层、段。

(2) 抄测内容：0.5m线或1m线。

(3) 抄测依据：根据测绘院给出的高程点或绝对高程、施工图等。

(4) 抄测简图：抄测部位的剖面图，注明楼层标高 0.5m 线或 1m 线的标高（将 0.5m 线或 1.0m 线写上）。

(5) 标注标高时应统一为相对标高，后面加括号再注明绝对标高。

(6) 标注楼层标高时，应注意地面的预留高度。

7.3.3.5　建筑物垂直度、标高测量记录（表 C3-5）。

(1) 施工单位应在结构工程完成后和工程竣工时，对建筑物外轮廓垂直度和全高进行实测，填写建筑物外轮廓垂直度及标高测量记录。

(2) 观测说明中应将使用仪器类型、观测点的布置、观测时间等写清。

(3) 按实际建筑物轮廓画出示意图，并标注观测点位置。

(4) 最后将观测数值填在表中。

7.3.3.6　沉降观测记录。

(1) 设计和规范有要求的或施工需进行变形观测的工程，应由建设单位委托有资质的测量单位进行施工过程中及竣工后的沉降观测工作，并应有施工过程中及竣工后的变形观测记录，记录的内容包括：变形观测点布置图、变形量、时间荷载关系曲线图并形成报告。

(2) 测量单位应按设计要求和规范规定，或经批准的观测方案，设置沉降观测点，并绘制布置图，定期进行沉降观测记录，并附沉降观测点的沉降量与时间、荷载关系曲线图和沉降观测技术报告。

7.3.3.7　施工单位应在完成各种施工测量成果的同时，应报监理单位查验并签字。

7.3.4　施工物资资料 C4

施工物资资料是指反映工程施工所用物资质量和性能是否满足设计和使用要求的各种质量证明文件及相关配套文件（如使用说明书、安装维修文件等）的统称。主要内容有：各种质量证明文件、材料及构配件进场检验记录、设备开箱检验记录、设备及管道附件试验记录、设备安装使用说明书、各种材料的进场复试报告、预拌混凝土（砂浆）运输单等。

7.3.4.1　基本规定

(1) 质量证明文件：产品质量合格证、型式检验报告、性能检测报告、生产许可证、商检证明、中国强制认证（CCC）证书、计量设备检定证书等均属质量证明文件。

资料管理专项目录（质量证明文件）									
工程名称					资料类别				
序号	物资（资料）名称	厂名	品种规格型号	产品质量证明编号	数量	进场日期	使用部位	资料编号	备注
1	水泥	×××	P·O 42.5	002036（见质量证明单上编号）	200t	200×年×月×日	二层 a-b 轴墙体	02-01-C4-021	

续表

序号	物资（资料）名称	厂名	品种规格型号	产品质量证明编号	数量（ ）	进场日期	使用部位	资料编号	备注
2	卷材	×××	SBS I（3mm）	20090105	5000m²	200×年×月×日	地下底板和外墙	01-05-C4-012	

(2) 涉及消防、电力、卫生、环保等有关物资，须经行政管理部门认可的，应有相应的认可文件。

(3) 进口材料和设备应有中文安装使用说明书及性能检测报告。

(4) 国家规定须经强制认证的产品应有认证标志（CCC），生产厂家应提供认证证书复印件，认证证书应在有效期内。土建上需 3C 认证的有两种：一种是安全玻璃，另一种是溶剂型木器涂料、瓷砖和混凝土防冻剂。

7.3.4.2　施工物资资料要求

(1) 施工过程中，各种原材的检测报告、合格证、复试报告应一证一试作为一份材料，不得分开装订。待竣工组卷时，再按类别分开装订。

资料管理专项目录（材料复验报告）										
工程名称						资料类别				
序号	材料名称	厂名	品种规格型号	代表数量（吨）	产品合格证编号 试件编号	试验日期	试验结果	使用部位	资料编号	备注
1	防水卷材	×××	SBS I（3mm）	5000m²	20090103 20090401	200×年×月×日	合格	地下底板和外墙	01-05-C4-001	

(2) 施工资料物资实行分级管理。各单位应对各自范围内工程资料的汇集、整理结果负责，并保证工程资料的可追溯性。供应单位或加工单位负责收集、整理和保存所供物资原材料的质量证明文件，施工单位则需收集、整理和保存供应单位或加工单位提供的质量证明文件和进场后进行的检（试）验报告。

(3) 各种原材料的合格证、试（检）验报告或记录的抄件（复印件）必须与原件一致，并注明原件存放单位、进场数量、进场日期、抄件（复印）人、抄件（复印）单位的签字和盖章、抄件（复印）日期，可专门制作如下图所示图章规范填写。

原件存放处		使用部位	
进场数量		进场日期	
抄件人		抄件日期	

注：抄件人为复印件提供者。

7.3.4.3　各种原材料基本要求

（1）预拌混凝土。

1）用预拌混凝土前必须由项目经理或技术负责人组织签订预拌混凝土供货合同单（应有相应技术要求）和预拌混凝土配合比申请（表 C6-7）、混凝土开盘鉴定——商品混凝土厂家单独存放备查。

2）预拌混凝土技术资料收集内容：

①预拌混凝土运输单（表 C4-5）：运输单应按浇筑顺序整理，归类至 C4 施工物资资料。(应在小票中注明四个时间及对混凝土的评价结论；小票汇总时应标明该批混凝土是否符合与搅拌站签定的技术合同)

②预拌混凝土出厂合格证（表 C4-4）：32 天内提供。

③用于潮湿环境时，需每一种强度等级混凝土的碱总量和氯化物含量计算书。归类至 C4 施工物资资料。

④如用于地下结构潮湿环境时，应向混凝土厂家及时索取砂石的碱活性检测报告。

⑤预拌混凝土进场时应填写混凝土坍落度检测和混凝土浇灌记录（表 7-6 和表 7-7）。

表 7-6　混凝土坍落度检测记录

工程名称：×××工程　　　　第　1　页

序号	混凝土浇注部位	测试时间		坍落度（mm）		车号	测试人	备注
		月、日	时：分	要求值	实测值			
1	地下底板 A-B 轴	4 月 2 日	17：00	120～140	130	3	×××	
2	地下底板 A-B 轴	4 月 2 日	17：05	120～140	125	4	×××	

表 7-7　工程混凝土浇灌记录

浇灌部位：　　　　搅拌单位名称：　　　　配合比编号：

强度等级：　　　　初凝时间：

序号	车号	进场时间	出站时间	开始浇灌时间	浇灌完时间	运输时间	等待时间	浇灌时间	总耗用时间	接槎时间	出站间隔	选用地泵	实测坍落度	结论
1	3	16：55	16：15	17：05	17：25	40	0	20					130	
2	4	17：05	16：30	17：25	17：45	35	0	20		70	15		125	

工长：　　　　质检员：　　　　技术：　　　　年　月　日

注：1. 接槎时间为前车出站至后车开始浇灌时间；出站间隔为前后两车出站时间间隔。

（2）预制混凝土构件。应有出厂合格证（表 C4-2）、厂家的资质证书。进场后需进行外观检查（数量不少于 5%）。外地进京构件还必须按层抽检做结构性能检验，如外地进京预制圆孔板，在使用前就应先做载力试验，合格后方可使用，并填写进场检查记录。

（3）焊条、焊剂。应有出厂合格证，钢筋焊接所用的焊条（低氢型碱性焊条和酸性焊条）受潮时，应进行烘焙后方可使用。焊剂（如 HJ431 焊剂）在使用前必须进行烘焙，烘焙温度 250～300℃，烘焙时间 2 个小时，并做相应的烘焙记录。

（4）水泥（表 C4-7）。应有《北京市建筑材料供应备案书》、性能检测报告、出厂试验报告（3d 和 28d 补报单，28d 补报单的报告日期最多不能超 32d）、合格证、复试报告（其中的出厂日期和代表数量必须与出厂试验报告相符）。用于承重结构的应 100%做见证。钢筋混凝土结构、预应力混凝土结构中，严禁使用含氯化物的水泥，水泥出厂检验报告应有氯化物含量测试项目。

注：这里所说的氯化物成分，是指“功能性”成分，不是少量的“杂质性”成分。按规范要求的是这些材料不得含有对混凝土性能起到影响的所谓“功能性”氯化物成分。无论外加剂还是水泥中有少量“杂质类”氯离子是不可避免的，也是允许的，但是总量应符合规范要求。例如：对预应力混凝土不得超过水泥总量 0.06%的限制。

（5）钢筋原材（表 C4-6）。

1）钢筋原材复试报告中的代表数量应按实际进场吨数填写，但质量证明上的吨数必须大于或等于复试报告中的吨数。

2）钢筋复试报告中应写清钢筋的主要使用部位，如一层至三层墙体、顶板、梁等。

3）钢筋应按批检查和验收，每批重量不大于 60t 时，分别取两个拉伸和弯曲试件，超过 60t 时，每增加 40t，分别增加一组试件。每批应由同一牌号、同一炉罐号、同一规格的钢筋组成。

4）热轧带肋钢筋：允许由同一牌号、同一冶炼方法、同一浇筑方法的不同炉罐号组成混合批，但各炉罐号含碳量之差不大于 0.02%，含锰量之差不大于 0.15%。

5）热轧光圆钢筋：允许由同一牌号、同一冶炼方法、同一浇筑方法的不同炉罐号组成混合批，但每批不应多于 6 个炉罐号，各炉间 C、Mn 值同上条要求。

6）余热处理钢筋：允许由同一牌号、同一冶炼方法、同一浇筑方法的不同炉罐号组成混合批，但每批不大于 60t，不应多于 6 个炉罐号，各炉间 C、Mn 值同上条要求。

7）低碳钢热轧圆盘条：允许由同一牌号的 A 级钢（含 Q195）和 B 级钢，同一冶炼和浇筑方法，不同炉批（罐）号的钢轧成的盘条组成混合批，但每批不得多于 6 个炉罐号，各炉间含碳（C）量之差不得大于 0.02%，含锰（Mn）量之差不得大于 0.15%。

8）钢筋进场后按规定进行检验，并收集各种规格钢筋的标牌（小铁牌），复印后（可直接印在材质证明的反面）归档。铁牌上的规格、炉批（罐）号必须与材质证明上保持一致，当材质证明书上超过 2 个（含 2 个）炉批（罐）号时，应在对应炉批（罐）号前画（√）标识。

（6）砖（表 C4-14）。施工用砖必须有检测报告（有效期内）、出厂合格证，复试报告等，部位必须写清该批砖的具体使用部位（如一层墙体），用于承重结构的应做见证试验。并符合绿色施工的相关要求。

（7）外加剂（表 C4-10）。主要包括减水剂、早强剂、缓凝剂、泵送剂、防水剂、防冻剂、膨胀剂、引气剂和速凝剂等。

1）必须具备的资料：备案书、检测报告、合格证、产品使用和性能说明书。

2）检测报告应有氯含量和碱含量，当含有氯化物时应做氯化物总含量检测，用于承重部位应做见证，复试报告中的代表数量应按实际用量填写。

注：用于预应力混凝土结构严禁使用含氯化物的外加剂，钢筋混凝土结构使用含氯化物外加剂时，混凝土中氯化物的总量应符合《混凝土质量控制标准》GB 50164 的要求。

（8）掺合料（表 C4-11）。主要包括粉煤灰、粒化高炉矿渣粉和复合掺合料等。必须有相应的出厂证明文件，并按规定进行复试。

（9）水、砂、石（表 C4-8 和表 C4-9）。

1）砂、石使用前按规定进行复试，并有供货单位提供砂、石碱活性集料检验报告，如供应单位没有，就必须自己做，工地设置搅拌站时，用水若采用河水或井水时，第一次搅拌前应做水质试验。

2）所用的砂、石，应有碱活性集料测试报告，并对混凝土的碱含量作出评估报告。

3）DBJ01—95—2005《预防混凝土结构工程碱集料反应规程》规定：

①按砂浆棒长度膨胀法试验，根据膨胀率分为四类：

A 类：非碱活性集料，膨胀率≤0.02％；

B 类：低碱活性集料，0.02％≤膨胀率≤0.06％；

C 类：碱活性集料，0.06％≤膨胀率≤0.10％；

D 类：高碱活性集料，膨胀率≥0.10％。

②环境分为三类：

Ⅰ类工程：处于干燥环境，不直接接触水、相对湿度长期低于 80％的工业与民用建筑工程。如居室、办公室、处于非潮湿条件下的工业厂房、仓库等建筑。

Ⅱ类工程：处于潮湿环境或干湿交替环境，直接与水或潮湿土壤接触的混凝土工程。如水处理工程、水坝、水池、桥墩、护坡；混凝土道路、桥梁、飞机跑道、铁道轨枕；地铁工程、隧道、地下构筑物；建筑物桩基础、底板、地下室等。

Ⅲ类工程：有外部碱源，并处于潮湿环境的混凝土结构工程。如处于高含盐碱地区的混凝土工程、接触化冰雪盐的城市混凝土道路、桥梁、下水管道，以及处于盐碱化学工业污染范围内的工程。

③预防措施：

A. Ⅰ类工程可不采取预防碱集料反应措施，但混凝土结构外露部分需采取有效防水措施。如采用防水涂料、面砖等，确保雨水不渗进混凝土结构，否则需采取Ⅱ类工程的预防措施。

B. Ⅱ类工程混凝土碱含量不得超过 5kg/m^3，且不得采用具有高碱活性的集料配制混凝土。Ⅱ类工程应采取下列措施预防碱集料反应：

a. 用非碱活性集料配制混凝土，对混凝土碱含量无须进行控制。

b. 用低碱活性集料配制混凝土时，混凝土碱含量控制在 3kg/m^3 以内，或混凝土碱含量控制在 5kg/m^3 以内，并应同时采取矿物掺合料抑制措施（见 DBJ 01—95—2005 第 4.3 条）。

c. 用碱活性集料配制混凝土时，混凝土碱含量控制在 3kg/m^3 以内。

C. Ⅲ类工程除采取Ⅱ类工程措施外，还要采取混凝土隔离措施，防止环境中盐碱渗入混凝土结构。否则必须使用非碱活性集料或用低碱活性集料，并控制混凝土碱含量在 $3kg/m^3$ 以内，并应同时采取矿物掺合料抑制措施配制混凝土（见 DBJ 01—95—2005 第 4.3 条）。

注：地下防水混凝土不得使用碱活性骨料。

（10）防水材料（表 C-12 和表 C4-13）。

1）防水材料有防水涂料、防水卷材、止水带、各种接缝密封材料等，使用前均应复试。注意新防水规范中有很多新材料。

2）必须具备产品备案书、产品质量认可证书、生产许可证、检测报告、合格证、产品性能和使用说明书。

3）有施工单位施工许可证、资质证书、操作人员的上岗证。

4）防水材料以同一生产厂的同一品种、同一等级为单位，每 100 卷以内抽样 2 卷，100～499卷抽样 3 卷，500～1000 卷抽样 4 卷，大于 1000 卷抽样 5 卷，进行规格和外观质量检验，并填写防水卷材外观检查记录（表 7-8），同时取样进行复试，按规定进行见证，合格后方可使用。

表 7-8　防水卷材外观检查记录

<table>
<tr><td colspan="3">编　号</td><td colspan="3"></td></tr>
<tr><td colspan="2">工程名称及使用部位</td><td colspan="4"></td></tr>
<tr><td colspan="2">卷材名称及规格</td><td></td><td>卷材种类</td><td colspan="2"></td></tr>
<tr><td colspan="2">进场数量</td><td></td><td>进场时间</td><td colspan="2"></td></tr>
<tr><td colspan="2">抽检数量</td><td></td><td>抽检时间</td><td colspan="2"></td></tr>
<tr><td>卷材种类</td><td>序号</td><td>检查项目</td><td>外观质量要求</td><td>检查结论</td><td>备注</td></tr>
<tr><td rowspan="5">高聚物改性沥青防水卷材</td><td>1</td><td>孔洞、缺边、裂口</td><td></td><td></td><td rowspan="10"></td></tr>
<tr><td>2</td><td>边缘不整齐</td><td></td><td></td></tr>
<tr><td>3</td><td>胎体露白、未浸透</td><td></td><td></td></tr>
<tr><td>4</td><td>撒布材料粒度、颜色</td><td></td><td></td></tr>
<tr><td>5</td><td>每卷卷材的接头</td><td></td><td></td></tr>
<tr><td rowspan="5">合成高分子防水卷材</td><td>1</td><td>折痕</td><td></td><td></td></tr>
<tr><td>2</td><td>杂质</td><td></td><td></td></tr>
<tr><td>3</td><td>胶块</td><td></td><td></td></tr>
<tr><td>4</td><td>凹痕</td><td></td><td></td></tr>
<tr><td>5</td><td>每卷卷材的接头</td><td></td><td></td></tr>
<tr><td rowspan="3">签字</td><td colspan="2">施工单位</td><td colspan="3"></td></tr>
<tr><td colspan="2">技术负责人</td><td>材料负责人</td><td colspan="2">检查人</td></tr>
<tr><td colspan="2"></td><td></td><td colspan="2"></td></tr>
</table>

（11）钢构件进场时应提供的资料。

1）钢构件出厂合格证（表 C4-3）；

2）施工图和设计变更文件、设计变更的内容应在施工图中相应部位加以注明；

3）制作中对技术问题处理的协议文件；

4）钢材连接材料和涂装材料的质量证明书和试验报告；

5）焊接工艺报告；

6）有预拼装要求时，钢构件验收应具备预拼装记录。

（12）轻集料（表 C4-15）。必须有质量证明文件，并按规定取样复试，有复试报告。从 2008 年 1 月 1 日起黏土和页岩制品在墙体中限制使用。

（13）装饰、装修物资。主要包括抹灰材料、地面材料、门窗材料、吊顶材料、轻质隔墙材料、饰面板（砖）、涂料、软包和细部工程材料等。

1）轻质隔墙工程：

①对人造板的甲醛含量进行复验；

②对有隔声、隔热、阻燃、防潮要求的工程其材料应进行复验；

③钢化玻璃进行复验。

2）饰面板（砖）工程：

①室内用花岗石的放射性进行复验；

②对水泥进行凝结时间、安定性复验；

③外墙陶瓷面砖的吸水率进行复验；

④寒冷地区外墙陶瓷面砖的抗冻性进行复验；

⑤面砖粘结强度试验；

⑥后置埋件进行现场拉拔实验。

3）软包工程：

①对人造木板的甲醛含量进行复验；

②花岗石的放射性进行复验；

③钢化玻璃进行复验（北京市等地的特殊要求）。

4）门窗：

①必须有全国工业产品生产许可证、检测报告、合格证（在备案范围内的应有备案书，如各种空腹制门窗含彩色涂层钢板门窗，各种铝合金门窗及塑料门窗和各种复合型材料门窗、铝合金幕墙等）。

②外窗进行复试的项目：主要包括抗风压、气密性、雨水渗透性三项性能试验。

③外窗取样要求：单位工程建筑面积在 $5000m^2$ 以下，同一生产厂家、同一等级的外窗抽检 1 组（3 樘/组），$5000m^2$ 以上且为同一生产厂家、同一等级的外窗抽检 2 组。

5）幕墙工程：

①后置埋件进行现场拉拔试验；

②幕墙“四性”检测试验（抗风压性能、空气渗透性能、雨水渗透性能及平面变形性能）；

③铝塑复合板的剥离强度进行复验；

④石材的弯曲强度；寒冷地区石材的耐冻融性；室内用花岗石的放射性进行复验；

⑤玻璃幕墙用结构胶的邵氏硬度、标准条件拉伸粘结强度、相融性试验、石材用结构胶的粘结强度、石材用密封胶的污染性进行复验；

⑥钢化玻璃进行复验。

6）《民用建筑工程室内环境污染控制规范》（GB 50325—2010）中第6.0.2条规定，应有建筑材料及装修材料污染物含量检测报告、材料进场检验记录、复试报告。

（14）室内环境污染控制。

1）民用建筑工程施工前，资料员应及时向甲方收集《土壤氡浓度的检测报告》，当内照射指数（I_{Ra}）大于1.0和外照射指数（I_r）大于1.3时，工程地点土壤不得作为工程回填土使用；

2）GB 50325—2010中第6.0.4条规定，民用建筑工程验收时，必须进行室内环境污染物浓度检测，包括氡、游离甲醛、苯、氨、TVOC的检测。

施工物资进场后施工单位应报监理单位查验并签字。

7.3.5 施工记录C5

施工记录是施工单位在施工过程中形成的，为保证工程质量和安全的各种内部检查记录的统称。主要内容有：隐蔽工程验收记录、交接检查记录、地基验槽检查记录、地基处理记录、桩施工记录、混凝土浇灌申请书、混凝土养护测温记录、构件吊装记录、预应力筋张拉记录等。

7.3.5.1 隐蔽工程检查记录

按国家规范标准要求规定隐蔽工程检查项目的应做隐蔽工程检查验收并填写隐蔽工程检查记录，涉及结构安全的重要部位在监理见证下拍摄不少于1张的影像资料，标注拍摄时刻、拍摄人、拍摄地点及对应的工程部位和检验批。

（1）基础与主体隐检

内容：土方工程、钢筋绑扎工程、钢筋焊接或机械连接工程（焊接和机械连接需分开写）、地下防水做法、地下室施工缝隐检。

要求：a. 隐检记录必须根据实际情况如实填写，对于发生的问题进行认真整改，复查合格后方可进行下道工序。b. 隐检内容填写时根据实际工程做法进行文字描述或画图示意。

1）地基验槽记录（表C5-3）

单位（子单位）工程的土方开挖分项工程完工后应进行地基验槽，地基验槽应由建设、勘察、设计、监理和施工单位共同进行，并填写地基验槽检查记录表。检查内容包括基坑位置、平面尺寸、持力层核查、基底绝对高程和相对标高、基坑土质及地下水位等，有桩支护、桩基的工程还应进行桩的检查。地基需处理时，应由勘察、设计单位提出处理意见。

①应写清勘察报告编号、图纸号，基槽标高，土质情况断面尺寸等，必要时可附图（应有主要剖面图、槽深、槽口）；

②地基需处理时，应请相关方在验槽记录中写出具体位置及处理方法，或者出洽商记录，地基验槽记录需各验槽单位（建设、监理、勘察、设计、施工）盖章、签字。

③经处理的基槽还需再办理一次地基验槽记录，在内容栏要将注明地基处理的洽商编号，基底的处理方式描述要清楚，并应画图注明标高、位置、厚度及方向。

2）地基处理记录（表 C5-4）

应在地基处理方式栏写清处理的方法，在处理部位及深度栏写清处理的轴号位置、标高，需处理的尺寸及深度，另需附图加以说明。地基处理相关的试验有：土工击实及回填土干密度试验。

3）地基钎探记录（表 C5-5）

勘察设计要求对基槽浅层土质的均匀性和承载力进行钎探的，钎探前应绘制钎探点平面布置图，确定钎探点布置及顺序编号，按照钎探图及有关规定进行钎探并填写地基钎探记录表。

①钎探记录的原始记录应保存好，附在打印件之后。

②钎探图上的点位布置应与实际基槽（坑）相一致，应标出指北针及基槽（坑）各主轴线、绘图比例、图签。图签范例：

工程名称		图名	
施工单位		绘图比例	
绘图人		审核人	
绘图日期		审图日期	

③图上各点应沿槽轴方向按顺序编号，并注在图上。基槽（坑）需局部处理，应将处理范围用红蓝铅笔在钎探点平面布置图中标注清楚，并注明软弱硬土情况、面积大小及深浅尺寸（并注明处理依据和措施）。

④土方工程隐检：基础挖完槽经验槽合格后（打混凝土垫层前或基槽房心回填前），应办理隐检记录，内容包括基底的标高、槽底的土质中氡的含量或回填土中氡的含量（甲方提供）、基底的清理情况，基底的轮廓尺寸等。依据应注明施工图号、地质勘测报告编号等。勘察设计单位要求对地基进行处理的，地基处理完后应填写地基处理记录表，报请勘察、设计、监理单位复查。

4）地下工程防水效果检查记录（表 C5-13）

地下工程验收时，应对地下工程有无渗漏现象进行检查，并填写地下防水工程检查记录表，检查内容包括底板及外墙的裂缝、渗水部位、渗漏情况及处理意见，必须按实际情况绘制地下工程“背水内表面的结构工程展开图，”并作为地下防水工程验收必备文件。

①防水层检查的内容包括：

a. 采用防水材料的品种、规格、复试报告的编号；

b. 找平层表面平整、无空鼓、开裂，冷底子油涂刷均匀，无漏刷和麻点；

c. 施工铺设方法（按技术交底写）；

d. 卷材的搭接长度，长边搭接为与短边搭接均为 100mm。铺第二层时与第一层接缝错开 500mm，阴阳角处做 250mm（附加层按交底）；

e. 防水层与基层粘结牢固、无空鼓、翘边、皱折和封口不严等缺陷（必要时可附剖面简图）。防水保护层应写隐检，检查其使用的材料及做法等。

②检查方法及内容栏：检查人员用干手触摸混凝土墙面或用吸墨纸（报纸）贴附背水墙

面检查墙体的湿渍面积，有无裂缝和渗水现象。

检查结果栏：经检查地下一层背水内表面的混凝土墙面无湿渍及渗水现象。符合《地下防水工程质量验收规范》GB 50208 的要求，可以进行下道工序施工。

5）地下室的外墙施工缝

①外墙的具体轴号，施工缝的留置形式（如橡胶止水条施工缝，规格为 BW-91　20×30）；

②设置的部位，安装标高、粘结处的清理及搭接长度、固定方法、间距；

③附留置位置的剖面简图。

6）后浇带

①后浇带的具体位置、宽度；

②后浇带的混凝土剔凿情况、钢筋的规格和间距。

7）全现浇结构钢筋绑扎注意事项（填写钢筋隐蔽检查记录时，可按《建筑工程资料管理规程》(DB11/T 695—2009 的表格进行填写）

①应按墙、柱、梁、板、楼梯等分类说明。

②钢筋包括受力筋、箍筋、定位筋。

③说明内容包括钢筋的试验编号、型号、间距、保护层厚度保护和垫块种类和间距、钢筋的搭接长度、搭接区的三个绑扣要求和通过三个水平筋的要求、钢筋的锚固长度、钢筋接头的错开距离、纵横向筋的起步筋位置、绑丝要求、梁柱箍筋的加密区范围、墙洞口加筋要求、定位筋（梯子筋、柱头钢筋定框、卡具、双 F 卡、马凳等）的数量、尺寸和放置要求。

④起步筋要求：a. 暗柱边第一根墙体竖向筋距暗柱边的距离为 50mm；b. 墙第一根水平筋距板面 50mm；c. 暗柱第一根箍筋距板面 30mm（宜与水平筋错开）；d. 过梁距暗柱边缘箍筋起步 50mm；e. 过梁第一道箍筋入暗柱 50mm（中间层）；f. 楼板筋第一根筋距墙边起步 50mm；g. 钢筋污染清理情况。

8）钢筋连接隐检（焊接、机械连接应分开填写和分册装订）

①钢筋连接的试验编号。

②暗柱采用的连接方法：Φ≥16 采用直螺纹连接，Φ<16 采用电渣压力焊，焊剂种类，接头的规格、数量（如Φ 20 为 250 个，Φ 25 为 300 个）。

③焊接接头应相互错开，均按 50%错开，第一步接头距地面尺寸，第二步接头距地面尺寸，以及取样后的处理。

④钢筋同心对肋，轴线位移不大于 $0.1d$ 且不大于 2mm，焊包均匀，凸出钢筋表面大于 4mm，电极与钢筋接触处无明显烧伤缺陷，接头处弯折角度小于 3 度，焊接处焊渣清理干净。

9）砖混结构隐检记录

①墙、柱内预埋件隐检应写清预埋件的位置、规格、数量、防腐处理等；

②砌体中预埋的钢筋、拉结筋、网片及配筋带隐检应写清钢筋的规格、数量、保护层等；

③构造柱、芯柱孔内钢筋规格、数量、搭接头位置、搭接长度、保护层厚度等。

钢筋绑扎隐蔽工程检查记录内容（填写样本）

1. 钢筋规格及试验编号：Φ 6.5 为 200×-747、Φ 8.8 为 200×-1294、Φ 14 为 200×-666、Φ 12 为 200×-750、Φ 14 为 200×-751、Φ 16 为 200×-752、Φ 20 为 200×-2617、Φ 22 为 200×-664、Φ 25 为 200×-753、Φ 32 为 200×-670。

2. 墙体配筋：外墙 300mm 厚的配筋为竖向筋Φ 16@200，水平筋为Φ 14@200，双排单向。内墙 200mm、300mm 厚的配筋为Φ 12@200，双排双向。绑扎接头按 50%错开，搭接长度 41d（即Φ 12 为 492mm、Φ 14 为 574mm、Φ 16 为 656mm）、锚固长度 35d（即Φ 12 为 420mm、Φ 14 为 490mm、Φ 16 为 560mm）。梯子筋用比墙体竖向筋大一号的钢筋代替，即Φ 18、Φ 14。顶模筋长度为墙厚减 2mm，即 298mm、198mm 规格为Φ 18，端头刷防锈漆。墙体第一根水平筋距混凝土板面 50mm，距暗柱边墙体的第一根竖向筋距柱边 50mm，墙体拉结筋均为Φ 6.5@400，呈梅花型布置。

3. 暗柱配筋：外墙 90°角处及内墙丁字墙处暗柱配筋为 12 Φ 20，外墙洞口边及内墙 90°角处暗柱配筋 8 Φ 20，内墙丁字墙处暗柱配筋为 8 Φ 20，内墙洞边为 6 Φ 20，箍筋均为Φ 8@150，第一根箍筋距混凝土板面 30mm，箍筋开口分别设在四个角上。

4. 洞口连梁配筋：墙厚≤200 时，用于洞口＜1500mm 时连梁配筋上下主筋各 3 Φ 22，用于洞口≥1500mm 时的连梁配筋上下主筋各 3 Φ 25；墙厚＞200 时，用于洞口＜1500mm 的配筋为上下各 3 Φ 25，用于洞口≥1500mm 的上下各 4 Φ 25，连梁箍筋均为Φ 8.8@8.80，边梁距柱边缘箍筋 50mm 起步，第一道箍筋入柱 50mm，箍筋开口设在上部两处。

5. 箍筋弯钩角度为 135°，平直长度 10d（d 为箍筋直径），绑丝为双铅丝，每个相交点呈“八”字扣，绑扎丝头朝向混凝土内部。

6. 保护层采用水泥砂浆垫块（墙为 15mm，柱为 30mm），呈梅花型布置，垫块间距 600×600。

7. 墙体、暗柱根部钢筋上的水泥浆已清理干净，表面无锈蚀。

（2）装修期间的隐蔽工程检查记录

1）地面工程

检查各基层（包括垫层、找平层、隔离层）使用的材料品种、规格、铺设厚度、铺设方式、坡度、标高、表面情况、节点密封处理等情况。

①地面基层清理隐检内容

a. 地面基层表面光滑处已凿毛处理，基层表面干净无杂物、无浮浆等；

b. 管根部及阴阳角已将浮浆剔除，与大面基层标高相同；

c. 全部地面均洒水湿润。

②厨厕间防水找平层隐检内容

a. 找平层所使用的材料，抹灰厚度以及阴阳角、地漏、套管根部抹成半圆弧形；

b. 找平层表面平整、无空鼓、开裂起砂等缺陷，含水率小于 9%。

③厨厕间防水层隐检内容

a. 防水层使用的材料及复试报告编号；

b. 基层表面均匀涂刷冷底子油，地漏、套管、阴阳角处做 2mm 附加层；

c. 防水卷材的接茬按顺流水方向搭接，搭接宽度 100mm，防水层从地面伸延至墙面，高出地面 300mm，防水层与基层粘结牢固，接缝严密，无损伤、空鼓、翘边、皱折等缺陷。

2）抹灰工程

对具有加强措施的必须填写隐检内容，包括：

①使用的材料规格、铺设的位置；

②固定方法、固定点的间距、搭接长度。

3）门窗工程

检查预埋件和锚固件、螺栓等的规格数量、位置、间距埋设方式与框的连接方式、防腐处理、缝隙嵌填的密封材料等。

4）建筑屋面工程

①屋面细部（包括屋面基层、找平层、保温层）。填写要求：屋面细部隐检记录中要注明施工图纸编号、洽商号、屋面基层清理情况；找平层所用的材料、做法、坡度、表面情况；保温层材料的厚度、规格、尺寸等。

②屋面防水层。填写要求：屋面防水层要注明施工图纸编号、洽商号、防水材料复试报告编号、防水材料的品种、规格、型号、防水卷材搭接长度、上下层错开搭接尺寸等，附加层、细部及密封部位的处理等（可参照厨厕间防水层）。

7.3.5.2　预检记录

预检内容是施工单位按规范规定的主要内容并结合工程具体填写清楚并检查到位；验收内容在现实情况下应是有符合、有存在一些主要问题，并实事求是填写，经过认真改进、不留隐患。工程从开始至终清一色一点问题都没有，则失去指导意义。预检记录无专用表格，可采用施工检查记录，也可项目部自行设计。

预检项目：模板工程、皮数杆、节点做法（指对屋架大型吊顶的节点大样预检）、预制构件安装、施工缝、钢筋加工等项目。

（1）模板预检内容

1）模板的表面清理、脱模剂的种类及涂刷情况。

2）模板使用的材料及门窗洞口、电梯井模板的选型、楼梯模板、墙体角模与大模的连接固定、轴线位置、标高（板底标高）、预埋件、预留孔位置、梁及墙的截面尺寸（具体尺寸）。

3）模板的支撑情况，应描述清楚包括支撑类型、支撑使用的材料、支撑间距，上下层支撑点的位置、垫木的尺寸、模板与模板接缝处和墙体与模板接缝处所使用的材料（如海绵条、双面胶等）及粘贴情况（顶板、梁、楼梯，墙、柱、电梯井均要分开描述清楚；应写明大模与阴角模的连接固定方法）。

4）模板清扫口的留置位置及模内清理情况。

5）顶板跨度大于 4m 时（宜写具体跨度尺寸）顶板模板中间起拱 1‰的具体比值（宜写起拱具体高度如：1‰～3‰、8mm、12mm 等）。注：悬挑构件起拱宜选偏大值（模板起拱后的跨中断面不应减少，起拱后应保证梁的高度和板的厚度，此条不出现在预检中）。

6）检查模板的表面平整度及相邻两板高低差。

7）冬施时大模板所用的保温材料。

注：节点细部做法能画图的尽量附图，并标注实际尺寸。

（2）施工缝预检内容

包括墙体竖向、顶板施工缝的留置（包括楼梯间休息平台板和梁），墙体水平、竖向和顶板施工缝接槎处理。

1）施工缝留置内容

①施工缝留置的具体位置（顶板时包括楼梯间休息平台和梁的）。

②施工缝的留置方法。

2）施工缝接槎处理内容

①施工缝位置。

②施工缝的处理方法及清扫情况（墙体的水平施工缝和竖向施工缝应分开描述），如水平施工缝剔除软弱层，露出石子，竖向施工缝剔除钢丝网，松动石子、松散混凝土露出混凝土密实部位，均清扫干净、湿润。

③钢筋半成品加工含垫块预检内容：检查半成品加工中的箍筋、马凳、水平及竖向梯子筋、框架柱和暗柱、双 F 卡、砂浆或塑料保护层垫块等（应将梯子筋规格、马凳高度等具体化）。

（3）砖混结构中主要预检内容

1）皮数杆内容包括：皮数杆的位置、标高、数量；皮数杆上标识的各竖向构件位置线等。

2）构造柱、芯柱孔内、根部的软弱层剔凿及舌头灰、垃圾等的清理情况。

3）构造柱、过梁板、模板安装的质量和圈梁硬架支模情况，以及断面尺寸、堵缝、湿润等。

4）预留孔洞、门窗洞口位置、数量、尺寸等。

5）预制构件安装预检，包括阳台栏板、过梁、预制楼梯、沟盖板、楼板等；检查内容包括：应写明构件的规格、型号、外观质量；预埋件的位置、尺寸、构件与之焊接的情况；构件搁置的具体位置、搁置长度及锚固情况，搁置的具体标高。

7.3.5.3　专业交接检查记录（表 C5-2）

同一单位（子单位）工程，相关专业工程和不同专业施工单位之间应进行工程交接检查并填写交接检查记录。移交单位、接收单位共同对移交工程进行验收，并对质量情况、遗留问题、工序要求、注意事项、成品保护等进行记录。

（1）专业交接检查记录。

专业交接检查记录有下列几种情况：

1）某一工序完成后移交下道工序时，如地下防水工程完成后移交给土建施工单位继续施工，总承包单位完成粗装修后移交精装修单位施工。

2）某一分项（分部）工程完成后，由一个施工单位向另一个施工单位进行移交。如支护与桩基分项工程完成移交土建施工单位进行结构施工，土建结构分部工程施工完成后移交幕墙施工单位进行幕墙施工。

3）工程施工未完施工单位变换，则前任施工单位要向后任施工单位办理交接检查。

（2）移交单位、接收单位和见证单位共同对移交工程进行验收，并对质量、工序要求、遗留问题、成品保护注意事项等情况进行记录。

（3）交接内容由移交单位填写，检查结果由接收单位填写，复查意见由见证单位填写。

7.3.5.4　施工记录

（1）混凝土浇灌申请书（表C5-6）。

混凝土正式浇筑前，应检查各项准备工作（如钢筋、模板、水电预埋、设备材料准备情况等），自检合格填写混凝土浇灌申请书，并告知监理单位。

每一台班都应填写，表中各项都应根据实际填写，浇筑混凝土时应填写混凝土工程施工检查记录。

（2）混凝土开盘鉴定。

1）用于承重结构及抗渗防水工程使用的混凝土，采用预拌混凝土的，是指第一次使用的配合比，在混凝土出厂前由混凝土供应单位自行组织相关人员进行开盘鉴定（并且应有相应的混凝土配合比原材料检验批）；

现场搅拌的由施工单位组织建设（监理）单位及搅拌机组、混凝土试配单位进行开盘鉴定。用于承重结构的混凝土在第一次使用和变季时期（如雨季、常温转冬施等）应有相应的开盘鉴定。（注：对混凝土结构（基础）开盘鉴定表中宜反应碱含量和氯化物的含量值，符合要求时方能开盘。）

2）表中各项都应根据实际情况填写清楚，要有明确的鉴定结论，要求坍落度与设计坍落度应为一个范围值。坍落度允许偏差：

坍落度（mm）	允许偏差值（mm）
≤40	±10
50～90	±15
≥100	±20

3）混凝土试配配合比应换算为实际使用配合比。根据现场砂、石含水率换算出实际单方混凝土加水量，砂、石用量，现场搅拌前必须及时测出砂、石含水率，调整每盘用料，当遇雨天或含水率明显变化时，应增加含水率检测次数，并及时调整水和骨料的用量。配合比标牌见表7-9、表7-10、表7-11，计算方法如下：

实际加水量＝配合比中的用水量－砂用量×砂含水率－石用量×石含水率

砂实际用量＝配合比中砂用量×（1＋砂含水率）

石实际用量＝配合比中石用量×（1＋石含水率）

表 7-9　混凝土搅拌配合比标牌（用于电子秤）

浇筑部位：		浇筑日期：				浇筑总量：　m³	
强度等级：		配合比编号：				初凝时间：	
水泥品种：		砂子规格：				石子规格：	
外加剂品种：		掺合料品种：				坍落度：	
设计配比	材料名称	水泥	水	砂子	石子	外加剂	掺合料
	配合比比例						
	每 1m³ 用量（kg/m³）						
	每盘用量（kg）						
调整后施工配合比	砂、石含水率						
	砂、石含泥量						
	每盘实际用量（kg）						
	设定数						
	显示数						
	加水装置每秒流量（kg/s）				每盘加水时间		
工程技术负责人： 施工配合比调控负责人： 搅拌操作人：			开盘鉴定人： 含水率测试人：				

表 7-10　混凝土搅拌配合比标牌（用于地秤）

浇筑部位：		浇筑日期：				浇筑总量：　m³	
强度等级：		配合比编号：				初凝时间：	
水泥品种： 外加剂品种：		砂子规格： 掺合料品种：				石子规格： 坍落度：	
设计配比	材料名称	水泥	水	砂子	石子	外加剂	掺合料
	配合比比例						
	每 1m³ 用量（kg）						
	每盘用量（kg）						
调整后施工配合比	砂、石含水率						
	砂、石含泥量						
	每盘实际用量（kg）						
	车皮重量						
	每盘总重（含皮重）						
	加水装置每秒流量（kg/s）				每盘加水时间		
工程技术负责人： 施工配合比调控负责人： 搅拌操作人：					开盘鉴定人： 含水率测试人：		

表 7-11　砌筑砂浆配合比标牌

<table>
<tr><td colspan="2">砌筑部位：</td><td colspan="2">预拌量：</td><td colspan="2">砂浆稠度：</td><td>强度等级：</td></tr>
<tr><td colspan="2">配合比编号：</td><td colspan="2">水泥品种：</td><td colspan="2">砂规格：</td><td>搅拌时间：</td></tr>
<tr><td rowspan="3">设计配比</td><td>材料名称</td><td>水泥</td><td>砂子</td><td>灰膏</td><td>掺合料</td><td>外加剂</td></tr>
<tr><td>每 1m³ 用量（kg）</td><td></td><td></td><td></td><td></td><td></td></tr>
<tr><td>配合比</td><td></td><td></td><td></td><td></td><td></td></tr>
<tr><td rowspan="6">调整后配比</td><td>砂含水率</td><td></td><td></td><td></td><td></td><td></td></tr>
<tr><td>每 1m³ 用量（kg）</td><td></td><td></td><td></td><td></td><td></td></tr>
<tr><td>配合比</td><td></td><td></td><td></td><td></td><td></td></tr>
<tr><td>每盘料重（kg）</td><td></td><td></td><td></td><td></td><td></td></tr>
<tr><td>皮重（kg）</td><td></td><td></td><td></td><td></td><td></td></tr>
<tr><td>每盘总重（kg）</td><td></td><td></td><td></td><td></td><td></td></tr>
<tr><td colspan="2">配合比计算：</td><td colspan="2">含水率测试：</td><td colspan="2">审核：</td><td>批准：</td></tr>
</table>

4）混凝土试块试压后应将强度值填入表中的混凝土试块抗压强度栏。

（3）混凝土拆模申请（表 C5-7）。

拆除现浇混凝土结构板、梁、悬臂构件等底模及冬季施工的柱、墙侧模前，应填写混凝土拆模申请单，混凝土强度达到规范规定后方可拆模，报项目专业技术负责人审批，通过后方可拆模。

1）在拆除现浇混凝土结构板、梁、悬臂构件等底模和墙柱侧模前，应填写该记录；

2）梁、板、悬臂构件等底模拆除时，必须段段有同条件试块报告，段段有拆模申请；

3）整理时应一份拆模申请附一份同条件试块报告，墙、柱一层附一张同条件试块报告。

（4）混凝土搅拌测温记录（表 C5-8）。

测温项目：大气测温、（冬施）混凝土养护测温、大体积混凝土养护测温。

1）大气测温

①混凝土结构工程开工后，应在现场设置百叶箱，内置最高、最低温度计，并计算出日平均温度，为结构实体检测试块累计 600℃・d 提供依据。

②根据工程的施工进度计划，如需要进行冬施时，则应根据大气情况在 11 月初开始按冬施要求进行大气测温，即每昼夜测温不少于 4 次（2：00、8：00、14：00、20：00），同时还需要测出每天的最高及最低气温，以计算出平均温度，从而确定进入及解除冬施的具体时间。

注：①冬施的开始日期为室外平均气温连续 5d＜5℃后的第一天或最低温度低于 0℃，结束日期：室外平均气温连续 5d＞5℃的最后一天；

②对砖砌体结构工程，冬期以外，当日最低气温低于0℃时也按冬施规定执行（注：对混凝土小型空心砌块工程，当日最低气温低于−3℃时也按冬施计）。

2）大体积混凝土养护测温（表C5-10）（附测温点布置图）

①最小断面尺寸大于等于1m的混凝土构件，或预计会因水泥水化热引起混凝土内外温差过大而导致裂缝的，按大体积混凝土施工。

②应绘制大体积混凝土施工测温平面布置图，附测温孔的剖面图并标出孔深。

③大体积混凝土测温孔的布置原则：每一点应设三孔，深度分别为10～15cm用于测表面温度，混凝土厚度的1/2处用于测中间温度，混凝土厚度2/3处用于测底部温度。

④测温时间：在混凝土温度上升阶段，每2～4h测温一次，温度下降阶段每8h测温一次，同时应测大气温度，浇筑体表面与大气温差不超过20℃，浇筑体内外温差不能大于25℃，超过时应向技术负责人报告，以便采取相应措施。

3）冬施测温（表C5-9）

①冬期施工现场测温项目和次数（见下表）：

测温项目	测温次数
搅拌机棚温度	每一工作班不少于4次
水泥、水、砂、石	每一工作班不少于4次
混凝土出罐及入模温度	每一工作班不少于4次

②根据测温孔的布置测出混凝土内部温度，掺加防冻剂的混凝土在达到受冻临界强度前，每隔2h测一次，达到受冻临界强度后，每隔6h测一次，在拆除保温前如低于0℃，应向技术负责人报告，增加保温措施。

③测温方法及时间：混凝土测温时采取与外界隔离措施，测温计留置在测温孔内3～5min。

④混凝土测温孔的布置：绘制测温平面图时，应把测温孔编号，再以下部位留孔深宜为10～15cm，也可为板、墙、柱的1/2，墙、柱留置时应与墙柱面成30°倾斜角。

a. 代表性构件（墙、梁、板、柱）；

b. 温度变化处（外墙迎风面）；

c. 易受冻部位（施工缝、外阳台板）。

⑤混凝土养护测温记录中应进行成熟度计算，以此来确定达到受冻临界强度的理论值。计算程序参照《建筑工程冬期施工规程》（JGJ 104）有关规定。

（5）防水工程试水检查记录（表C5-14）。

有防水要求的房间和屋面工程完工后应按标准规定进行蓄水或淋水防水性能试验，填写防水工程试水检查记录表。

1）防水工程试水检查记录表填写时，应将防水所用材料、试水房间数及隐蔽检查结果填写清楚。

2）有女儿墙的平屋面防水工程能做蓄水试验的宜作蓄水试验，不宜的应做淋水试验。

①蓄水试验应在防水层施工完成验收后进行；

②将水落口用球塞堵严密，且不影响试水；

③蓄水深度最浅处不应小于20mm；

④蓄水时间不少于 24h；

⑤观察不渗不漏为合格，并做好记录（监理确认）。

3）屋面淋水试验方法及要求。屋面工程应对细部构造（屋面天沟、檐沟、檐口、泛水、水落口、变形缝、伸出屋面管道等）重点检查。高出屋面的烟（风）道、出气管、女儿墙、出入孔根部防水层上口应做淋水试验，坡屋面及没有女儿墙的平屋面应做淋水试验，时间不少于 2h。

4）雨季观察记录。冬季施工的工程应在来年雨季之前补做淋水、蓄水试验或做好雨季观察记录（记录包括降雨级数、次数、降雨时间、检查结果、检查日期及检查人）。

5）对于不具备全部屋面进行蓄水和淋水试验条件的屋面防水工程，除做好雨季观察记录外，对屋面细部、节点的防水进行局部蓄水（如天沟）和淋水试验（如女儿墙、出屋面管道、烟风道防水卷材上卷部位），时间 2h。

6）厨厕间有防水要求的必须有一次、二次蓄水记录、卫生洁具安装完后做 100％的二次蓄水试验，时间不少于 24h，最浅水位不低于 20mm。

（6）通风（烟）道检查记录（表 C5-15）。

建筑通风道（烟道）应全数做通（抽）风和漏风、串风试验，并填写通风（烟）道检查记录表。检查部位按轴线记录（如一层 4—7/C—F 轴厨房、一层 5—6/C—G 卫生间），应做通（抽）风和漏风、串风试验，要 100％检查并记录，合格画√，不合格画×。

（7）构件吊装记录（表 C5-11）。

大型混凝土构件、钢构件安装时应填写构件吊装记录。填写构件吊装记录时应写清构件的名称、型号、安装位置，应写清具体的轴线，搁置与搭接尺寸应写明具体的尺寸，接头（点）处理应写明是喷砂或混凝土灌缝，固定方法应写明是焊接或高强度螺栓，标高检查应写明构件的具体安装标高。

（8）桩基施工应按规定做桩施工记录，检查内容包括孔位、孔径、孔深、桩体垂直度、桩顶标高、桩位偏差、桩顶完整性和接桩质量等。

（9）预应力工程施加预应力时应填写预应力筋张拉记录表（表 C5-16）；孔道灌浆时应填写有粘结预应力结构灌浆记录表（表 C5-17）。

（10）钢结构（网架结构）在主体结构形成空间刚度单元并连接固定后，应检查整体垂直度、挠度值变形值及安装偏差，并做施工记录。

（11）按照规范和工艺文件等规定须烘焙的焊接材料应进行烘焙，并填写焊接材料烘焙记录表。

（12）幕墙工程施工应有幕墙注胶检查记录和幕墙淋水检查记录。幕墙注胶应记录内容包括宽度、厚度、连续性、均匀性、密实度和饱满度等；淋水检查应在易渗漏部位进行并填写《防水工程试水检查记录》。

（13）智能建筑工程应对设备安装工程质量及观感质量进行检查，并做智能建筑工程安装质量检查记录。

（14）国家规范标准要求或施工需要对施工过程进行记录时应留有施工记录，没有专用记录表格的可使用施工检查通用记录表。

7.3.6　施工试验记录 C6

施工试验记录是指按照设计及国家规范标准的要求，在施工过程中所进行的各种检测及测试资料的统称。主要内容有：土工、基桩性能、钢筋连接、埋件（植筋）拉拔、混凝土（砂浆）性能、施工工艺参数、饰面砖拉拔、钢结构焊缝质量检测及水暖、机电系统运转测试报告或测试记录。

7.3.6.1　回填土、灰土、砂和砂石（表 C6-2）

土方回填工程应进行土工击实试验，测定回填土质的最大干密度和最佳含水量，按规范要求分段、分层（步）回填，并取样对回填质量进行检验。

(1) 回填土回填前必须要做土工击实试验，求出最大干密度和最佳含水率及最低干密度；如果设计对压实系数有要求，应按设计要求，无要求时按规范规定；《民用建筑工程室内环境污染控制规范》(GB 50325—2010) 第 5.3.2 条规定，Ⅰ类民用建筑采用异地土作为回填土时，该回填土应进行镭－226、钍－232、钾－40 的比活度检测。当内照指数 (I_{Ra}) 不大于 1.0 和外照指数 (I_r) 不大于 1.3 时，方可使用。

(2) 回填土的种类为：素土、灰土（即 2∶8 或 3∶7）、砂、级配砂石。土质分为：粉土、粉质黏土、黏土。

(3) 采用环刀法检验回填土的施工质量时，取样点应位于每层厚度的 2/3 深度处，取点数量，对大基坑每 50～100m² 不应少于一点；对基槽每 10～20m 不应少于一个点；每个独立柱基不应少于一点。采用贯入仪或动力触探检验回填质量时，每分层检验点的间距应小于 4m。

(4) 回填土试验报告应写明部位（如基槽回填或房心回填），并附有平面布点示意图，试验室如果另有要求就按试验室要求，如果没有就按一份试验报告附一份图；必须在平面图中把每一步、每一点标清。如果有两种回填土，在平面图中要分别注明，但两种回填土在平面图标注取点步数必须分两张标注，并分别注明回填宽度，在剖面图上要注明回填土的起始标高，并且要把每一步夯实后的标高标注清楚，在图的右下角画上图签，还要标注出主轴线、尺寸、指北针及图的比例。

(5) 点数和步数的计算：

基槽点数＝周长÷（10～20m）＝点数

基槽步数＝（底标高－顶标高）÷夯实厚度＝步数

注：采用蛙式打夯机夯填时，每步虚铺厚度≤250mm，人工夯填时≤200mm，机械夯压时≤300mm。

(6) 干密度计算方法：

湿密度＝湿土重量÷环刀体积（200cm²）

含水率＝（湿土重量－烘干后重量）÷烘干后重量

干密度＝湿密度÷（1＋含水率）

7.3.6.2　钢筋连接试验（表 C6-3）

资料管理专项目录（钢筋连接试验报告）									
工程名称		×××工程			资料类别		C6		
序号	施工部位	接头类型	品种规格	试件编号	代表数量（头）	试验日期	试验结果	资料编号	备注
1	地下底板	机械连接	H400Φ18	001	350	200×年×月×日	合格	001	
2	地下底板	机械连接	H400Φ22	002	300	200×年×月×日	合格	002	

钢筋连接应有满足钢筋焊接、机械连接相关技术规程要求的力学性能试验报告。

（1）钢筋焊接：当钢筋变换批量或换了操作人员应重新做每台班钢筋焊接前宜先制作班前焊试件，确定焊接工艺参数。工厂和施工现场集中加工的焊接钢筋应有加工单位提供的焊接试验报告。

（2）钢筋机械连接必须由厂家提供型式检验报告。机械连接工程开始前及施工过程中，应对每批进场钢筋，在现场条件下进行工艺检验，工艺检验合格后方可进行机械连接的施工。

（3）正式连接必须按流水段划分，在填写试验委托单时，必须将部位写清（如首层1—3/A—B轴暗柱），代表数量按实际数量填写，检验形式栏应写明是班前焊、工艺检验、现场检验，操作人必须与上岗证相符合，将上岗证（有效期两年）存入资料并加盖公章。

（4）现场检验连续10个验收批抽样试件抗拉强度试验，1次合格率为100%，验收批接头数量可以扩大1倍，但须跟监理协商，经监理同意后再实施此方法（机械连接接头必须在现场取样，取样后根据余下的接头长度，分别采取绑扎或焊接方法进行复位）。

（5）在钢筋连接试验报告目录中，如为工艺检验或是班前焊试验时，应在对应的备注栏中注明。

（6）现场挤压接头应填写外观检查记录，钢筋机械接头应填写质量检查记录及加工检验记录（放入施工记录）。

7.3.6.3　砌筑砂浆

（1）砌筑砂浆应有配合比申请单和试验室签发的砂浆配合比申请单、通知单（表C6-4）（现场搅拌时）；并有按规定留置的龄期为28d标养试块的抗压强度试验报告（表C6-5）。单位工程应有砌筑砂浆试块抗压强度统计、评定记录（表C6-6）。

1）砂浆配合比与原材料及抗压强度试验要相符，当原材料发生重大变化时需重新申请配合比。

2）砌筑砂浆试块（砂浆试块抗压强度报告目录见附表）：

①砂浆试块应在搅拌机出料随机抽样，每一楼层（基础可按一楼层计）或 $250m^3$ 砌体中的各种强度等级的砂浆，每台搅拌机应至少抽查一次，每次至少制作一组试块。

②按《砌体工程施工质量验收规程》（DBJ01—81—2003）的规定，同强度等级、同一气候条件下，每层留置一组 1MPa 同条件试块，当砌筑砂浆强度大于 1MPa 时，方可浇筑芯柱混凝土，但每一层的芯柱必须在一天内浇灌完成。

③按 DBJ01—81—2003 的规定，冬期砂浆试块的留置，除按常温规定外，尚应增加不少于 2 组与砌体同条件养护的试块。未掺外加剂的砂浆：1 组测试检验临界强度；1 组检测转常温标养 28d 强度。掺外加剂的砂浆：1 组测试检验临界强度，另外 1 组同条件养护 28d 的立刻转标养室，待标养 28d 后测试检验强度。

（2）砂浆强度统计评定（表 C6-6）。砂浆试块强度分别以地基基础和主体分部工程的同品种、同强度等级砂浆为同一验收批。

$$f_{2,m} \geqslant f_2$$

$$f_{2,min} \geqslant 0.75 f_2$$

式中　$f_{2,m}$——同一验收批中砂浆试块抗压强度平均值，MPa；

f_2——砂浆试块标准抗压强度值，MPa；

$f_{2,min}$——同一验收批中砂浆试块抗压强度最小值，MPa。

7.3.6.4　混凝土

混凝土应有配合比申请单和试验室签发的混凝土配合比通知单（现场搅拌时）；有按规定留的 28d 标养、同条件养护、拆摸强度、受冻临界强度、预应力张拉强度等试件的抗压强度试验报告及抗渗、抗冻性能试验报告。单位工程应有混凝土试块抗压强度统计、评定记录。

（1）配合比申请单、通知单（表 C6-7）。

不同强度（抗渗）等级的混凝土应分别申请试配单，原材料发生变化重大变化、常温转冬施或冬施转常温施工时应重新申请配合比。

（2）混凝土坍落度检测。

申请配合比时应按使用需要填写坍落度（如 15±2cm），对于现场搅拌混凝土其坍落度检测应为每台班不少于 4 次；对于预拌混凝土，应车车检测坍落度，混凝土的坍落度检测与混凝土试块的制作，均应在该车交接验收之前完成，取样在交货地点进行。

（3）混凝土试块抗压强度试验（表 C6-8）。

资料管理专项目录（混凝土、砂浆抗压强度试验报告）									
工程名称	×××工程					资料类别			C6
序号	施工部位	试件编号	成型日期	设计强度等级	龄期（d）	实际抗压强度（MPa）	达到设计强度（%）	资料编号	备注
1	首层Ⅰ段①—⑨轴墙体	001	200×年×月×日	C25	28	33.9	135	0035	标养

1）填写委托单时应注意将石子的规格、砂的细度模数填上，试件编号应按试块制作记录上的编号填写在委托单上。

2）混凝土试块的取样：现场搅拌混凝土时可在搅拌地点（注：应在浇筑地点）经搅拌后第三盘至结束前 30min 之间取样制作试块；预拌混凝土应在混凝土运送到施工现场 15min 取样制作。

3）普通混凝土留置原则：

①同一强度等级、同一配合比、相同生产工艺每 $100m^3$，每一工作台班、每一流水段为一个取样单位，留置不少于 1 组；施工现场不允许留标养 28d 备用试块。

②根据《预拌混凝土规程》（GB 14902—94）规定，对于预拌混凝土，当连续供应相同配合比的混凝土量大于 $1000m^3$，取样单位为每 $200m^3$ 留置一组试块。

③混凝土试块拆模后，应在试块上写明编号、制模日期、强度等级，必须与试块制作记录相符。

4）同条件试块的留置原则：在施工过程中除留置标养试块外，还必须留置影响和指导实际施工进度的同条件试块。

注意：同条件养护指试块养护必须在拆模后，放置在靠近相应结构构件或结构部位的适当位置，并采取与结构相同的养护措施。

①墙体同条件拆模试块：墙体混凝土的拆模强度以拆模时不损坏墙体棱角、不粘模、不裂缝为准，依据《高层建筑混凝土结构技术规程》（JGJ 3—2002）第 13.3.5 条规定，墙体同条件混凝土试块的拆模强度标准不得低于 1.0MPa，该试块可隔层留设一组，结合施工经验进行。

②全现浇多层或高层住宅外墙大模板如采用外挂三角架方式固定时，则外挂架部位混凝土的同条件试块强度值必须达到 7.5MPa 以上，方可进行外挂架安装；该试块可每层墙体留设一组，结合实际施工经验进行。

③根据《高层建筑混凝土结构技术规程》（JGJ 3—2002）第 13.3.5 条规定，常温施工时柱子脱模强度不得低于 1.5MPa（保证不粘模、不损坏棱角、不裂缝）。

④梁、板底模的拆除时间必须根据同条件混凝土试块的试压结果确定，每段顶板均需留设一组，其抗压强度不得低于表 7-12 规定。

表 7-12

结构类型	结构跨度（m）	按设计的混凝土强度标准值的百分率计（%）
板	≤2	50
	≥2，≤8	75
	>8	100
梁	≤8	75
	>8	100

注：悬挑构件或上述情况需继续承重时，混凝土强度标准值必须不低于 100%

5）结构实体检验试块：混凝土结构实体检测试块目录见表 7-13。

表 7-13　混凝土结构实体检测试块抗压强度报告目录表

单位工程名称：　　　　　　　　　　　　　　　　　　　　　　　　　　　　共　页　　第　页

序号	试件编号	试验编号	制作日期	施工部位	强度等级	龄期(d)	配比编号	混凝土配合比	水泥厂家及品种、强度	掺合料	外加剂	实际抗压强度(MPa)	达到设计强度%	页次	累计(℃·d)
1	01	09-5	200×年×月×日	首层Ⅰ段①—⑨轴墙体	C30	28	09-8	1：0.39：1.8：2.3	××厂P·O42.5	粉煤灰Ⅰ级	CON-3减水剂	33.7	133	1	600

注：结构实体检测试块全部进行见证。

①同条件养护试件所对应的结构或结构部位，应由监理（建设）、施工等各方共同选定。

②对于混凝土结构工程中 C20 及以上的各种混凝土强度等级，均应留置同条件养护试件。

③同一强度等级的混凝土，根据混凝土量多少确定，留置组数一般不应少于 3 组，不宜少于 10 组，等效龄期不应小于 14d，不大于 60d（必须见证），并附温度和天数统计表（表 7-14）。

表 7-14　结构实体检验同条件养护试块 600℃·d 统计表

工程名称：

序号		试块编号		强度等级	
取样部位		制作日期		制作人	
日期（年月日）	养护温度 最高温度（℃）	最低温度（℃）	平均温度（℃）	累计℃·d值	
说明：当累计℃·d值达到 600℃时，应停止对该组试块的养护测温，在监理人员的见证监督下立即送试验室试压，等效养护龄期不包括 0℃以下的养护日期，不应小于 14d 且不宜大于 60d。					

测温员：　　　　　　　　　　　　　　统计员：

④冬施结构实体同条件试块测温应根据结构构件实际养护条件在现场进行，不宜在百叶箱内测温，此时仍采用 600℃·d，但零度以下不计入，且不受 14d 和 60d 限制，经监理同意后，可采用冬施转常温 28d 养护，近似 600℃·d 参考。

（注：钢筋混凝土结构、砖混结构中混凝土基础和地下室均留置 600℃·d 同条件养护试

块，并符合规范要求。）

⑤冬施试块的留置：《混凝土结构工程施工质量验收规程》（DBJ01—82—2004）规定，掺防冻剂的混凝土，尚应增加不少于两组与结构同条件养护试件，其中一组用于检验受冻前混凝土强度，另一组用于检验同条件养护 28d、再标准养护 28d 的混凝土强度；未掺防冻的混凝土，尚应增设不少于两组与结构同条件养护的试件，其中一组用于检验受冻前混凝土强度，另一组用于检验同条件转入常温养护 28d 的混凝土强度。

⑥抗渗混凝土（表 C6-10）：现场搅拌混凝土每 $500m^3$ 留置一组，且每个单位工程不得少于 2 组。

⑦粉煤灰混凝土试块：若标养龄期是 28d，则用 600℃・d 控制，当标养为 56d 时，可采用 1200℃・d 控制，以此类推。

（4）混凝土强度统计评定（表 C6-9）。

1）应明确应用统计评定方法的条件：即混凝土强度等级相同，配合比、原材料基本一致，且组数≥10 组。其强度等级为 C20（包括）以上时应满足下列要求（注意抗渗混凝土应单独进行统计评定）：

$$m_{f_{cu}} \geqslant f_{cu,k} + \lambda_1 \cdot s_{f_{cu}} \tag{1}$$

$$f_{cu,min} \geqslant \lambda_2 \cdot f_{cu,k} \tag{2}$$

式中 $s_{f_{cu}}$——同一验收批混凝土立方体抗压强度标准差，MPa；按下列公式计算：

$$s_{f_{cu}} = \sqrt{\frac{\sum_{i=1}^{n} f_{cu,i}^2 - n m_{f_{cu}}^2}{n-1}}$$

当 $s_{f_{cu}} < 2.5$（N/mm^2）时，取 $s_{f_{cu}} = 2.5$（N/mm^2）

λ_1、λ_2——合格判定系数，按下表取值：

试件组数	10～14	15～19	≥20
λ_1	1.15	1.05	0.95
λ_2	0.90	0.85	

2）当不满足上述所述条件时，应采用非统计方法对混凝土试块进行检验评定。

$$m_{f_{cu}} \geqslant \lambda_3 f_{cu,k} \tag{3}$$

$$f_{cu,min} \geqslant \lambda_4 f_{cu,k} \tag{4}$$

混凝土强度等级	<C60	≥C60
λ_3	1.15	1.10
λ_4	0.95	

注意：施工现场必须分阶段对混凝土强度进行检验评定，例如对于高层建筑施工可以每三层评定一次，以确保混凝土质量满足施工规范要求。应注意的是，混凝土强度并非达到 100%就一定合格，同时也并非是试块强度越高就越好，当部分混凝土试块强度很高时，其离散性偏大，也有可能造成强度统计评定不合格，所以必须根据实际情况，按照规定实事求

是地留置试块，不得在做试块时弄虚作假，然后正确应用统计或非统计方法来对混凝土的质量进行严格的检验评定。

（5）预防混凝土工程碱集料反应：采用现场搅拌的混凝土，每个单位工程在基础原材料进场时，应有厂家提供砂、石的碱活性试验报告及水泥、外加剂的碱含量和氯化物含量试验报告，如果厂家没有，必须自己做，以便申请配合比时试验室出具总碱含量计算书。（注：钢筋混凝土结构、砖混结构中混凝土基础和地下室均应按规定计算混凝土中碱含量及氯化物含量。）

（6）混凝土（砌筑砂浆）未按规定留置试块的或试件强度不满足设计及规范标准要求时，应委托有资质的检测机构出具相应的结构检测报告，由设计人员提出处理方案。

（7）外墙饰面砖完工后必须进行粘结强度试验（表 C6-11），即拉拔试验，并应有饰面砖粘结强度检验报告。后置的预埋件也应做现场拉拔验。

（8）用于承重结构的后置埋件、化学植筋、膨胀螺栓等应有满足设计要求的承载力拉拔试验报告；设计没有要求时应满足《混凝土结构后锚固技术规程》（JGJ 145）的要求。

（9）采用锚杆、土钉墙技术的基坑支护工程应有满足支护设计要求的锚杆、土钉抗拔力试验报告。

（10）地基应有满足设计要求的地基承载力检测报告；桩基应有满足设计和相关规范、标准要求的承载力和桩身完整性检测报告。

（11）后张法有粘结预应力工程应有灌浆用水泥浆性能试验报告。

（12）钢结构子分部工程中设计要求一、二级焊缝的应有超声波（表 C6-12）或射线探伤检验报告（表 C6-14）。

（13）建筑安全等级为一级、跨度 40m 及以上的公共建筑钢网架结构及设计有要求的，应有焊（螺栓）球节点承载力试验报告。

（14）钢结构子分部工程所使用的防腐、防火涂料应有涂层厚度检测报告。

（15）混凝土子分部工程应有结构实体检验的混凝土强度试件报告。

（16）门窗子分部工程应有外门窗气密、水密性能试验报告。

（17）节能工程外墙保温板材与基层采用粘结或连接时应有保温板材与基层的现场粘结强度试验报告；墙体保温砂浆应有强度试验报告。外墙采用保温浆料做保温层时，应在施工中制作同条件养护试件，检测其导热系数、干密度和压缩强度。

（18）节能工程应有围护结构现场实体检验报告和系统节能性能检测报告。

（19）幕墙面积大于 3000m^2 或超过建筑外墙面积 50％时，应现场抽取材料和配件，在试验室安装制作试件进行气密性能检测。

（20）国家规范标准中要求进行的各种施工试验应有施工试验报告，没有专用试验报告表格的可使用通用试验表格。

7.3.7　施工过程验收资料 C7

过程验收资料指参与工程建设的有关单位根据相关标准、规范对工程质量是否达到合格做出确认的各种文件的统称。主要内容有：检验批质量验收记录、分项工程质量验收记录、分部（子分部）工程质量验收记录、结构实体检验等。

7.3.7.1　检验批验收（表 C7-4）

施工单位在完成分项工程检验批施工，自检合格后，由项目专业质量检查员填写检验批质量验收记录表，报请项目专业监理工程师组织质量检查员等进行验收确认。

合格质量应符合《混凝土结构工程施工质量验收规程》(DBJ01—82—2004) 规定：

(1) 主控项目的质量经抽样检验全部合格。

(2) 一般项目的质量经抽样检验合格；当采用计数检验时，除有专门要求外，一般项目的合格点率应达到80%及以上，不合格点率偏差不应超过允许偏差的1.5倍，且不得有严重缺陷。

(3) 地标的抽检数量比国标的抽检数量有所增加，评定时应注意。

7.3.7.2 分项工程验收（表C7-5）

分项工程所包含的检验批全部完工并验收合格后，由施工单位技术负责人填写分项工程质量验收记录表，报请项目专业监理工程师组织有关人员验收确认。DBJ01—82—2004 规定，混凝土结构子分部工程可划分为模板、钢筋、预应力、混凝土、现浇结构等分项工程。

7.3.7.3 分部（子分部）工程验收（表C7-6）

(1) 分部（子分部）工程所包含的全部分项工程完工并验收合格后，由施工单位技术负责人填写分部（子分部）工程质量验收记录表，报请项目总监理工程师组织有关人员验收确认。

(2) 地基与基础、主体结构分部工程完工，由建设、监理、勘察、设计和施工单位进行分部工程验收并加盖公章。验收记录必须让勘察单位签认，其他分部可不用。

(3) 按照统一标准规定，包括混凝土结构在内的主体结构，是一个分部工程。当分部工程情况复杂时，可以按照需要划分为若干个子分部工程进行验收。但在最后主体结构竣工时必须有整个工程的分项、分部工程验收记录。

7.3.7.4 结构实体验收

涉及混凝土结构安全的重要部位应进行结构实体检验，并实行有见证取样和送检。结构实体混凝土应有同条件混凝土强度验收记录；结构实体重要部位的钢筋应有钢筋保护层厚度验收记录。

(1) 结构竣工时，应对结构实体混凝土试块进行强度评定，并填写结构实体混凝土强度验收记录（表C7-1)，交监理（建设）单位验收，对结构实体检测试块的强度值应乘折算系数取用，折算系数宜为1.1。

(2) 按《砌体结构工程施工质量验收规程》(DBJ01—81—2003) 的规定，增加砌体工程实体检验与平行检验。平行检验由监理单位组织实施，承重结构实体检验由施工单位组织实施，并应由监理见证。

(3) 承重砌体结构应进行砌筑砂浆水平灰缝饱满度的实体检验。抽检数量：每层楼不少于5处。对于砖砌体每处检测3块砖、取平均值；对于混凝土小型空心砌块砌体，取1块小砌体进行检测。检验方法：每层的砌体结构砌筑后，现场随机抽取已砌筑完的砖或小砌体，将其揭开，用百格网检测砖或小砌块与砂浆粘结面面积大小。

(4) 承重结构小型混凝土空心砌块芯柱混凝土的密实度应进行实体检验。抽检数量：取每层随机部位5根芯柱。每根芯柱上取上、中、下三个部位每个部位各取1个点进行检验。检验方法：采用电钻、电锤等小型电动工具钻孔检验，孔深度不小于100mm，查看混凝土的密实度，或采取其他有效方法检验。

（5）在平行检验中，由监理单位组织实施，对承重砌体结构的圈梁、构造柱混凝土的强度进行抽样检测。抽检数量：圈梁、构造柱的每个强度等级至少抽取同类构件的2%，且每个强度等级不少于5根。检验方法：采用回弹法或国家规定的其他方法。

（6）按《混凝土结构工程施工质量验收规程》（DBJ01—82—2004）规定，对涉及混凝土结构安全的重要部位，应进行结构实体检验与平行检验；结构实体检验应在监理单位见证下，应由施工单位组织实施，结构实体检验的内容包括结构实体混凝土强度、钢筋保护层厚度试验报告（表C7-3）及工程合同约定的项目，必要时可检验其他项目。

（7）对结构实体梁、板类构件钢筋保护厚度的检验，应委托见证检测单位实施；检验的结构部位，应由监理（建设）、施工各方根据结构构件的重要性共同选定；对非悬挑梁类、板类构件，应各抽取构件数量的2%且不少于5个构件进行检验；对悬挑梁类、板类构件应抽取构件数量的10%且不少于10个构件进行检验。

（8）住宅工程及重点工程应实行结构平行检验，平行检验应由监理单位采用回弹法或国家规定的其他方法，对结构混凝土构件的强度进行抽样测试；测试应选择主体结构中的梁、板、墙、柱等重要受力构件，每个强度等级至少抽取同类构件数量的2%，且每个强度等级不少于5件。

7.3.7.5　其他事项

（1）在填写检验批的主控项目和一般项目时，应注意将该工程所包含的项目都评上，没有的绝对不能评（如：钢筋安装工程中的弯起点位移评定时要确定）。

（2）防水混凝土、混凝土施工、砖砌体、混凝土小型空心砌块砌体、填充墙砌体工程检验批质量验收记录中的日期应填写两个日期，第一个是质量检查的日期，第二个是混凝土、砂浆试块强度报告的日期。

（3）对一般项目合格点有要求的项目，应是其中带有数据的定量项目；定性项目必须基本达到，定量项目其中每个项目都必须有80%以上（混凝土保护层为90%）检测点的实测数值达到规范规定。其余20%按各专业施工质量验收规范规定，不能大于150%，钢结构为120%。

（4）对于创“长城杯”工程，其定量项目检测点的资料评定，应按国家规范要求进行填写评定结果，同时参照《北京市建筑结构长城杯工程质量评审标准》对数值进行评定，对超出长城杯标准的数值用○标注，不是创杯工程，当数值超出国家标准允许偏差数值时，用△标注。

注：1. 焊接连接的钢筋不应出现负差。
2. 钢筋绑扎搭接锚固长度可出现负差，施工中一般可以按负偏差不超过5%控制。
3. 混凝土基础梁的轴线偏差在现浇结构外观及尺寸偏差检验批中，采用基础或梁的轴线偏差均无不当，通常做法是：按照两种要求相对严格的那种要求执行，这样可以同时满足规范规定，但当设计有要求或合同有规定时，可以按照设计要求或合同约定执行。
4. 混凝土结构验收规范中的纵向受力钢筋是指钢筋的布置方向与构件的轴向平行，梁、板中的正、负弯矩钢筋以及柱中的主筋都属于纵向受力钢筋；在梁的跨中，上部钢筋若在设计计算中考虑其抗压强度，也应属于纵向受力钢筋，若只起到架力的作用，在计算中不考虑其抗压强度，则不属于纵向受力钢筋；纵向受力钢筋不包括箍筋。
5. 评结构长城杯的工程钢筋安装、模板安装、混凝土工程、砌体工程的检验批按长城杯标准附表7-15、表7-16、表7-17、表7-18进行评定。

表 7-15　混凝土工程允许偏差及检查方法

项次	项目		允许偏差（mm）		检查方法
			国家规范标准	结构长城杯标准	
1	轴线位置	基础	15	10	尺量
		独立基础	10	10	
		墙、柱、梁	8	5	
2	垂直度	层高 层高≤5m	8	5	经纬仪 吊线 尺量
		层高 层高＞5m	10	8	
		全高（H）	H/1000、且≤30	H/1000、且≤30	
3	标高	层高	±10	±5	水准仪、尺量
		全高	±30	±30	
4	截面尺寸	基础宽、高	+8、−5	±5	尺量
		柱、墙、梁宽、高	+8、−5	±3	
5	表面平整度		8	3	2m 靠尺、塞尺
6	角、线顺直度		—	3	拉线、尺量
7	保护层厚度	基础	—	±5	尺量
		柱、梁、墙、板	—	+5、−3	
8	楼梯踏步板宽度、高度		—	±3	尺量
9	电梯井筒	长、宽对定位中心线	+25、0	+20、−0	经纬仪、尺量
		筒全高（H）垂直度	H/1000、且≤30	H/1000、且≤30	
10	阳台、雨罩位移		—	±5	吊线、尺量
11	预留孔、洞中心线位置		15	10	尺量
12	预埋螺栓	中心线位置	10	3	尺量
		螺栓外露长度	5	+5、−0	
13	张拉端预应力筋的内缩量限值	支承式锚具螺帽缝隙	1	1	观察 钢板尺量
		支承式锚具加每块垫板缝隙	1	1	
		锥塞式锚具	5	3	
		夹片式锚具有顶压	5	3	
		夹片式锚具无顶压	6−8	6	
14	锚固端保护层厚度	凸出式锚固端锚具	≮50	≮50	观察 钢板尺量
		外露预应力筋	≮20	≮20	
		外露预应力筋	≮50	≮50	

表 7-16　钢筋工程安装允许偏差及检查方法

项次	项目		允许偏差值（mm）		检查方法
			国家规范标准	结构长城杯标准	
1	绑扎骨架	宽、高	±5	±5	尺量
		长	±10	±10	
2	受力主筋	间距	±10	±10	尺量
		排距	±5	±5	
		弯起点位置	20	15	
3	箍筋、横向筋焊接网片	间距	±20	±10	尺量 连续5个间距
		网格尺寸	±20	±10	
4	保护层厚度	基础	±10	±5	尺量
		柱、梁	±5	±3	
		板、墙、壳	±3	±3	
5	钢筋电弧焊连接焊缝	宽度≮0.7d	—	+0.1d、−0	量规或尺量
		厚度≮0.3d	—	+0.2d、−0	
		长度	—	±5、−0	
6	电渣压力焊焊包凸出钢筋表面		≥4	≥4	尺量
7	直螺纹接头外露丝扣	直筒外露整扣	≯1个	≯1个	目测
		直筒外露半扣	—	≯3个	
8	梁、板受力钢筋搭接锚固长度	入支座、节点搭接	—	+10、−5	尺量
		入支座、节点锚固	—	±5	
9	两端镦头的预应力钢丝束长度	同一束钢丝长度	≯5	±5	尺量
		同一组钢丝长度	≯2	±2	
10	无粘接筋位置垂直偏差	板内	±5	±5	尺量
		梁内	±10	±5	
11	预应力筋承压板	中心线位置	—	3	尺量
		垂直度	—	0	

表 7-17　模板安装允许偏差及检查方法

项次	项目		允许偏差值（mm）		检查方法
			国家规范标准	结构长城杯标准	
1	轴线位移	柱、墙、梁	5	3	尺量
2	底模上表面		+5	+3	水准仪或拉线尺量
3	截面模内尺寸	基础	±10	±5	尺量
		柱、墙、梁	±4、−5	±3	
4	层高垂直度	层高不大于5m	6	3	经纬仪或吊线、尺量
		大于5m	8	5	

续表

项次	项目		允许偏差值（mm）		检查方法
			国家规范标准	结构长城杯标准	
5	相邻两板表面高底差		2	2	尺量
6	表面平整度		5	2	靠尺、塞尺
7	阴阳角	方正	—	2	方尺、塞尺
		顺直	—	2	线尺
8	预埋铁件中心线位移		3	2	拉线、尺量
9	预埋管、螺栓	中心线位移	3	2	拉线、尺量
		螺栓外露长度	+10、−0	5、−0	
10	预留孔洞	中心线位移	+10	5	拉线、尺量
		尺寸	+10、0	+5、−0	
11	门窗洞口	中心线位移	—	3	拉线、尺量
		宽、高	—	±5	
		对角线	—	6	
12	插筋	中心线位移	5	5	尺量
		外露长度	+10、0	+10、0	

表 7-18 砌体允许偏差及检验方法

项次	项目			允许偏差（mm）		检验方法
				国家规范标准	结构长城杯标准	
1	轴线位移			10	10	经纬仪和尺量
2	标高	基础顶面		±15	±10	水准仪或拉线尺量
		楼面		±15	±15	
3	垂直度	每层		5	5	2m 托线板
		全高	≤10m	10	8	经纬仪、吊线尺量
			>10m	20	15	
4	表面平整度	清水墙、柱		5	5	2m 靠尺和楔形塞尺
		混水墙、柱		8	5	
5	门窗洞口	高、宽度		±5	±5	经纬仪、吊线尺量检查
		上下口偏移		20	10	
6	水平灰缝平直度	清水墙		7	5	拉 10m 线和尺量检查
		混水墙		10	7	
7	清水墙游丁走缝			20	10	吊线和尺量检查每层第一批为准
8	水平灰缝厚度	多孔砖（10 皮累计）		±8	±5	与皮数杆比较、尺量
		小砌块（5 皮累计）		±10	±7	
9	竖向灰缝宽度	多孔砖（水平方向 10 块累计）		±10	±7	尺量
		小砌块（水平方向 5 块累计）		±15	±10	

7.3.8　竣工质量验收资料 C8

竣工质量验收资料是指工程竣工时必须具备的各种质量验收资料。主要内容有：单位工程竣工预验收报验表、单位（子单位）工程质量竣工验收记录、单位（子单位）工程质量控制资料核查记录、单位（子单位）工程安全和功能检查资料核查及主要功能抽查记录、单位（子单位）工程观感质量检查记录、室内环境检测报告、建筑工程系统节能检测报告、工程竣工质量报告、工程概况表等。

7.3.8.1　单位（子单位）工程质量验收记录（表 C8-1）：在单位工程所有工序完工后，在工程验收前，将此表按要求填写完毕，待验收时，验收结论由监理单位填写，综合验收结论应由参加验收各方共同商定，并由建设单位填写，并请相关单位签字盖章。

7.3.8.2　单位（子单位）工程质量控制资料核查记录（表 C8-2）：在所有工序完工后，将该工程所有出现的项目完整、清楚的填入表中，报监理签字认可。

7.3.8.3　单位（子单位）工程安全和功能检验资料核查及主要功能抽查记录（表 C8-3）：将该工程在此表中出现的项目填写完毕后，报监理签字认可。

7.3.8.4　单位（子单位）工程观感质量检查记录（表 C8-4）：由项目经理、技术负责人、质检员与监理共同检查验收，将该工程在此表中出现的项目进行检查，检查完毕后填写此表，应由总监理工程师签字认可。

7.3.8.5　工程概况表（表 C8-6）：应按图纸上所标注的内容填写清楚，应包括单位工程的一般情况、构造特征、机电系统等。

（1）一般情况：工程名称、建筑用途、建筑地点、建设单位、监理单位、施工单位、建筑面积、结构类型和建筑层数等。

（2）构造特征：地基与基础、柱、内外墙、梁、板、楼盖、内外墙装饰、楼地面装饰、屋面构造、防火设备等。

（3）机电系统名称：工程所含的机电系统名称。

7.3.8.6　室内环境检测报告：在工程完工后验收前必须做室内环境检测。

（1）民用建筑工程及室内装修工程应按照现行国家规范要求，在工程完工至少 7 天后、工程交付使用前对室内环境进行质量验收。

（2）室内环境检测应由建设单位委托经有关部门认可的检测机构进行环境污染物浓度检测报告。

7.3.8.7　建筑设备与工程系统节能性能应检测合格并有检测报告。

7.3.8.8　施工总结及工程竣工报告：

单位工程完工后施工单位应编写工程竣工报告，在工程完工后，由技术负责人（或项目经理）将施工总结及竣工报告写好后并盖章，其内容主要包括：工程概况及实际完成情况、工程实体质量、施工资料、主要建筑设备、系统调试、安全和功能检测、主要功能抽查等管理、技术、经验三方面。并报甲方及监理。

7.3.8.9　单位工程竣工预验收报验表（表 C8-5）：单位（子单位）工程完工后，由施工单位填写单位工程竣工预验收报验表报项目监理部，申请工程竣工预验收，并填写预验收报验表。在工程正式验收前，应协同监理办理预验收，总监理工程师组织项目监理部人员与施工单位进行检查预验收，合格后总监理工程师签署单位工程竣工预验收报验表、单位（子单位）工程质量控制资料核查记录、单位（子单位）工程安全和功能检查资料核查及主要功能抽查记录和单位（子单位）工程观感质量检查记录等并报建设单位，申请竣工验收。

7.3.8.10　建设单位应组织设计、监理、施工等单位对工程进行竣工验收，各单位应在单位（子单位）工程质量竣工验收记录上签字并加盖公章。

7.4　建筑给水、排水与采暖施工资料的填写及整理要点

7.4.1　施工物资资料 C4

7.4.1.1　进场的各种材料应有产品质量证明文件，生活给水系统涉及的材料必须有达到饮用水卫生标准的证明文件，并应有检测报告。

7.4.1.2　减压阀、安全阀、闸阀、球阀、散热器、保温材料等均应有检测报告、合格证。

7.4.1.3　所有材料进场时均应按要求进行进场检查，并填写材料、配件进场检查记录（表 C4-17）。

7.4.1.4　设备、密闭水箱（灌）安装前应作强度试验，试验应符合设计、施工质量验收规范或说明书的规定；阀门进场后应按总数的10%，且不得少于1个，做强度和严密性试验。对于安装在主干管上的，起切断作用的阀门应逐个做强度（公称压力1.5倍）和严密性试验（公称压力1.1倍），散热器组对后及整组出厂的散热器和金属辐射板均做强度试验；均应并填写设备及管道附件试验记录。

7.4.1.5　各类消防设备、给水设备、中水设备、排水设备、采暖设备、热水设备、游泳池水系统设备、锅炉及辅助设备；卫生洁具；散热器；各类开（闭）式水箱（罐）、分（集）水器、压力容器；进场后应由施工单位、建设（监理）单位、供货单位共同开箱检查，并填写《设备开箱检验记录》（表 C4-18）。

7.4.1.6　各种原材料的合格证、试（检）验报告或记录的抄件（复印件）必须注明原件存放单位、进场日期、抄件（复印）人、抄件（复印）单位的签字和盖章、抄件（复印）日期。

7.4.2　施工记录 C5

7.4.2.1　隐蔽工程检查记录

隐蔽工程检查记录应按系统进行划分，如给水、排水、消防、采暖等。

(1) 管道安装的具体内容包括：

1) 管道使用的材质、规格、位置、安装标高、坡度、基底处理方法（直埋地下时）；

2) 管道连接的方法、连接质量情况、配件种类；

3) 吊卡或支架使用的材料名称、固定方法、间距；

4) 管道穿墙、梁时使用套管类型；

5) 管道镀锌层破坏处处理方法（给水管道或采暖管道）；

6) 阀门的材质、规格、试验结果；

7) 系统已做水压强度试验，试验压力多少及试验结果。

(2) 地下室外墙有穿墙套管的均应填写隐检，按系统划分，内容包括：

1) 套管的类型、套管的具体位置、标高、管径；

2）止水环的厚度、宽度、焊接质量及焊缝清理等。

（3）管道有保温、防腐要求的，必须在所在部位进行保温、防腐前对管道进行隐蔽工程检查，隐检内容同上述“（1）”条的内容。保温是否做隐检要看该部位是否进行隐蔽，如隐蔽就应填写隐检。隐检内容：保温形式，材料的品种、规格、做法等（按系统划分）。

7.4.2.2　预检记录

（1）设备基础预检记录。内容包括：①设备基础的位置，混凝土强度、标高；②设备基础的尺寸、预留孔预埋件位置。

（2）结构施工时，各种管道的预留洞均应有预检记录，内容包括：预留洞位置、标高、尺寸、固定情况、封堵情况。按流水段和系统划分。

（3）管道安装预检记录。内容包括：①管道的材质、规格、连接方法、连接质量及配件种类；②管件的安装位置、标高（如给水、采暖、消防安装的阀门及排水主干管安装的检查口等）；③吊卡或支架的材质、安装方法、间距；④管道穿结构梁、墙处使用套管类型；⑤管道镀锌层破坏处的处理方法（给水管道或采暖管道）。

7.4.2.3　交接检查记录

分项（分部）工程完成后，在不同专业施工单位之间进行移交，应有交接检查记录。应根据工程的实际情况，按系统或安装部位进行。

（1）交接检查的划分。①将建筑给水、排水及采暖分部工程分为子分部和分项工程，按划分的不同的分部、分项工程进行检查。②按安装部位是指按分区、层、段或干、支管的不同情况进行检查。

（2）交接检查的内容。包括本工序的质量、工序要求、遗留问题、成品保护、注意事项等情况。

（3）当在总承包管理范围内的分包单位之间移交时，见证单位应为“总承包单位”，当在总承包单位和其他专业分包单位之间移交时，见证单位应为“建设（监理）单位”。

7.4.3　施工试验记录 C6

7.4.3.1　给排水采暖工程、通风空调工程中的各类水泵、风机、冷水机组、冷却塔、空调机组、新风机组等设备应有单机试运转记录。各种设备在安装中都应进行必要的单机试运转试验，并填写设备单机试运转试验记录。

7.4.3.2　采暖系统、消防系统、通风空调系统等安装完后，都必须进行系统调试并应有系统试运转及调试记录。如采暖系统在夏天施工完成，不能进行系统调试则在冬季系统使用前进行。

7.4.3.3　补偿器安装记录：各类补偿器安装时应按要求填写补偿器安装记录，记录内容包括补偿器的材质、规格、型号、安装部位、固定支架间距、预拉伸实测值记录、介质安装情况，并在补偿器安装记录说明栏画上简图。

7.4.3.4　消火栓试射记录：消火栓系统在施工安装完成后，应按设计、规范要求进行消火栓试射试验并做好记录。试验要求：取屋顶（水箱间内试验消火栓做试射试验，其出口压力达到设计要求为合格，即 0.4MPa。试验情况：从上午×时××施工单位会同××监理单位共同对屋顶（水箱间内）消火栓做试射试验，检验方法为实地试射检查。启动消防泵后，经检测栓口出水压力为 0.4MPa。

7.4.3.5　灌水试验（表C6-15）：非承压管道、设备，包括开式水箱、卫生洁具、安装在室内的雨水管道等，以及暗装、埋地、有绝热层的排水管道在保温或隐蔽前。应有灌（满）水试验记录。

（1）排水管道。①试验要求：其灌水高度不低于底层卫生器具的上边缘或底层地面高度，满水15min水面下降后再灌满观察5min，液面不降，管道及接口无渗漏为合格。②试验记录：PL1管径为ϕ100，自上午××时起，将管道出口处堵死，从一层立管检查口处进行注水，注水高度为首层地面卫生器具甩口高度相平，满水15min后再灌满观察5min，液面不降，管道及接口无渗漏，直至××时试验结束（PL2、PL3等分开描述）。

（2）室内雨水管道灌水高度必须到每根立管上部的雨水斗。灌水试验应持续1h，不渗不漏。

（3）开式水箱应在管道、附件开口均完成后，将甩口临时封闭，满水试验静置24h观察，不渗不漏为合格。

（4）卫生器具交工前应做满水试验。满水后各连接件应不渗不漏。

（5）室外排水管道埋设前，应按排水检查井分段进行，试验水头应以试验段上游管顶加1m，试验时间不少于30min，逐段观察，管接口无渗漏。

7.4.3.6　强度严密性试验（表C6-15）：承压管道、设备应有强度试验记录。

（1）给水管道强度严密性。

1）试验要求：当设计未注明时，各种材质的给水管道系统试验压力均为工作压力的1.5倍，但不得小于0.6MPa；金属及复合管给水管道系统在试验压力下观测10min，压力降不应大于0.02MPa，然后降至工作压力进行检查，不渗不漏为合格；塑料管给水系统应在试验压力下稳压1h，压力降不得超过0.05MPa，然后在工作压力的1.5倍状态下稳压2h，压力降不得超过0.03MPa，同时检查各连接件处不得渗漏。

2）试验记录：①本工程给水工作压力为0.6MPa，试验压力为1.0MPa。②压力表设在地下一层给水干管上（按实际写），从下午××时开始对干管进行上水并加压，至××时，表压试验值升至1.0MPa，关闭供水阀后进行观测，至××时，表压降至0.98MPa（压力降为0.02MPa），然后降至工作压力0.6MPa，外观检查各连接件处均无渗漏。

（2）采暖管道安装完毕，管道保温前应进行水压试验。承压管道、设备应有强度试验记录；自动喷水灭火系统、气体灭火系统管道应有严密性试验记录。

1）试验要求：当设计未注明时应符合下列规定：①蒸气、热水采暖系统，以系统顶点工作压力加0.1MPa作水压试验，同时在系统顶点的试验压力不小于0.3MPa。②使用钢管及复合管的采暖系统，应以系统顶点工作压力加0.2MPa，同时在系统顶点的试验压力不小于0.4MPa。③检验方法：使用塑料管的采暖系统，应在试验压力下1h内压力降不大于0.05MPa，然后降至工作压力的1.15倍，稳压2h压力降不大于0.03MPa，同时检查各连接件处无渗漏；使用钢管及复合管的采暖系统应在试验压力下10min内压力降不大于0.02MPa，降至工作压力后检查，不渗、不漏。

2）试验记录：①本工程采暖系统顶点工作压力为0.5MPa，试验压力为0.7MPa。②试验用压力表设在顶点末端，从上午××时开始对采暖系统进行上水并加压，至××时，系统顶点表压试验值升至0.7MPa，关闭供水阀门进行观测至××时，表压降至0.59MPa（压力降为0.01MPa），然后降至工作压力0.5MPa，外观检查各连接件无渗漏（钢管及复合管）。

(3) 热水系统安装完毕、管道保温之前应进行水压试验。

1) 试验要求：当设计未注明时，热水供应系统水压试验压力应为系统顶点的工作压力加 0.1MPa，同时在系统顶点的试验压力不小于 0.3MPa；钢管或复合管道系统试验压力下 10min 内压力降不大于 0.02MPa，然后降至工作压力检查，压力应不降，且不渗不漏；塑料管道系统在试验压力下稳压 1h，压力降不得超过 0.05MPa，然后在工作压力 1.15 倍状态下稳压 2h，压力降不得超过 0.03MPa，连接处不得渗漏。

2) 试验记录：①本工程热水顶点工作压力为 0.4MPa，试验压力为 0.5MPa。②试验用压力表设在顶点末端，从上午××时开始对热水系统进行上水并加压，至××时，系统顶点表压试验值升至 0.5MPa，关闭供水阀门进行观测，至××时，表压降至 0.48MPa（压力降为 0.02MPa），然后降至工作压力 0.4MPa，外观检查各连接件无渗漏（钢管或复合管）。

(4) 低温热水地板辐射采暖系统地面下敷设的盘管隐蔽前必须进行水压试验。

1) 试验要求：试验压力为工作压力的 1.5 倍，但不小于 0.6MPa，稳压 1h 内压力降不大于 0.05MPa，且不渗不漏。

2) 试验记录：①如本工程采暖系统工作压力 0.8MPa，试验压力 1.2MPa。②试验用压力表设在供水管上，从上午××时开始对系统进行上水并加压，至××时，表压试验值升至 1.2MPa 然后关闭供水阀门，稳压至××时，表压降至 1.18MPa（压力降为 0.02MPa），且无渗漏现象。

(5) 消防管道应在系统安装完毕后做全系统的静水压试验。

1) 试验要求：试验压力为工作压力加 0.4MPa，最低不小于 1.4MPa，2h 无渗漏为合格。如在冬季结冰季节，不能进行试验时可采用 0.3MPa 压缩空气进行试压，压力 24h 不降为合格。

2) 试验记录：①本工程消防系统工作压力 1.2MPa，试验压力 1.6MPa。②试验用压力表设在地下一层干管上（按实际填写），从上午××时开始对系统进行上水并加压，至××时，表压试验值升至 1.6MPa，关闭供水阀门后进行观测，至××时，外观检查管道及连接件无渗漏。

7.4.3.7　通水试验（表 C6-17）：给排水系统及游泳池水系统应有通水试验记录。

(1) 室内外给水（冷、热）、中水、游泳池水系统、消防系统、卫生器具、地漏和地面清扫口及室内外排水系统应进行通水试验并记录（表 C6-17），通水试验应在设备、管道安装完成后进行。

(2) 卫生器具通水试验应给、排水畅通。卫生器具通水试验如条件限制达不到规定流量时必须进行 100％满水排泄试验，满水试验水量必须达到器具溢水口处，再进行排放。并检查器具的溢水口通畅能力及排水点的通畅情况，管路设备无堵塞及渗漏现象为合格。

7.4.3.8　吹（冲）洗（脱脂）试验（表 C6-18）：给水系统、自动喷水灭火系统、固定消防炮灭火系统、空调水系统等及设计有要求的管道应有冲洗试验记录；介质为气体的管道系统应有吹洗试验记录。

(1) 室内外给水（冷、热）、中水及游泳池系统、采暖、消防管道在系统试验合格后、竣工或交付使用之前做冲洗试验，试验介质为气体的管道系统应按有关规范及设计要求做吹洗试验（表 C6-18）。

(2) 生活饮用水管道冲洗、消毒后须经有关部门取样检验，并出具符合国家《生活饮用水标准》的检测报告。

(3) 管道冲洗应采用设计提供的最大流量或不小于 1.0m/s 的流速连续进行，直至出水口处浊度、色度与入水口处冲洗水浊度、色度相同为止。

(4) 蒸汽系统宜用蒸汽吹洗，吹洗前应缓慢升温暖管，恒温 1h 后再进行吹洗。吹洗后降至环境温度。一般应进行不少于三次的吹扫。直到管内无铁锈、污物为合格。

冲洗试验：从上午××时开始对全楼××系统进行冲洗，以进水口（或采暖供水管口）为冲洗点，各配水点为泄水点（或采暖回水管为泄水点），以压力值为 0.2MPa 的水压进行连续冲洗，到上午××时各出水口的水质浊度、色度与进水处冲洗水目测一致，冲洗时间××分钟。

7.4.3.9　通球试验（表 C6-19)：排水水平干管、主立管应有通球试验记录。

(1) 排水水平干管、主立管应 100%进行通球试验，并做记录。

(2) 通球试验应在室内排水及卫生器具等安装全部完毕后，通水检查合格后进行，试验部位要写明管道编号，写明管径规格、球径规格。

(3) 试验要求：管道试验用球直径不小于排水管道管径的 2/3，应采用体轻、易击碎的空心球体进行试验；通球率必须达到 100%，立管应自管顶部将试球投入，在立管底部引出的出口处进行检查；通水将试球从出口排出，横干管及引出管道应将试球在检查管道段的始端投入，通水冲至引出管末端排出，以试球通畅无阻为合格。

(4) 试验记录：①试验用球为 PL1ϕ80、PL2ϕ75。②从上午××时和××时开始，分别在 PL1、PL2 立管的顶部将硬质空心塑料球投入，通水后在各立管底部引出管的出口处检查，试球畅通无阻。从上午××时开始从干管起端清扫口处投入试球，通水后在室外检查井处截取到试球。

7.4.3.10　锅炉安装应有按相关规范和职能管理部门要求的安装记录。

7.4.3.11　自动喷水灭火系统应有验收缺陷项目划分记录。应按规范和设计要求分部位、分系统进行；包括：灌（满）水试验记录（表 C6-15)、强度严密性试验记录（表 C6-16)、通水试验记录（表 C6-17)、冲（吹）洗试验记录（表 C6-18)、通球试验记录（表 C6-19)、补偿器安装记录（表 C6-20)、消火栓试射记录（表 C6-21）及自动喷水灭火系统质量验收缺陷项目判定记录（表 C6-22)。

7.4.4　施工过程验收资料 C7

各种管道及配件安装工程质量验收批填写的日期，应为主控项目中试验完成的日期，或写两个日期，另一个为管道安装完成的日期。

7.5　建筑通风与空调施工资料的填写及整理要点

7.5.1　施工物资资料 C4

7.5.1.1　包括制冷机组、空调机组、风机、水泵、冰蓄冷设备、热交换设备、冷却塔、除尘设备、水处理设备、加热器、空气净化设备、蒸汽调压设备、风口、风阀、风罩等，以及防爆超压排气活门、自动排气阀门等与人防有关的物资，应有产品合格证和其他质量合格证明。

7.5.1.2　阀门、疏水器、水箱、分（集）水器、减震器、储冷罐、集气罐、仪表、绝热材料等应有出厂合格证、质量合格证明及检测报告。

7.5.1.3　压力表、温度计、湿度计、流量计、水位记等应有产品合格证和检测报告。

7.5.1.4　各类板材、管材等应有质量证明文件。

7.5.1.5　主要设备要有安装使用说明书。

7.5.2　施工记录 C5

7.5.2.1　隐蔽工程检查记录

（1）敷设于竖井内、不进入吊顶内的风道（包括各类附件、部件、设备等）：

1）检查风道的标高、材质，接头、接口严密性；

2）附件、部件安装位置；

3）支、吊、托架安装、固定；

4）活动部件是否灵活可靠、方向正确；

5）风道分支、变径处理是否合理，是否符合要求；

6）是否按设计要求及施工规范规定完成风管的漏光、漏风检测、空调水管道的强度严密性、冲洗等试验。

（2）有绝热、防腐要求的风管、空调水管及设备：

1）检查绝热形式与做法、绝热材料的材质和规格、防腐处理材料及做法；

2）绝热管道与支吊架之间应垫以绝热衬垫或将防腐处理的木衬垫，其厚度与绝热层厚度相同，表面平整。结合空隙应填实。

7.5.2.2　预检记录

（1）设备基础

1）设备基础所在的位置，混凝土的强度等级；

2）具体的几何尺寸、预埋件所使用的材料、规格。

（2）管道预埋套管

预埋套管品种、规格、型式、位置、标高。

（3）设备安装

位置、标高、坡度、材质、防腐、接口方式、支架形式、固定方式等。

7.5.2.3　专业交接检记录

指施工过程中不同专业、施工单位的交接，如设备基础完毕，交给空调机组进行安装和调试时。

7.5.3　施工试验记录 C6

7.5.3.1　风管漏光检测记录（表 C6-81）：风管系统安装完成后，按设计要求及规范规定进行风管漏光测试。

7.5.3.2　风管漏风检测记录（表 C6-82）：风管系统安装完成后，按设计要求及规范规定进行风管漏风测试。

7.5.3.3　现场组装除尘器、空调机漏风检测记录（表 C6-83）：现场组装的除尘器壳体、组合式空气调节机组应做漏风量的检测，并做记录。

7.5.3.4　各房间室风量温度测量记录（表 C6-84）：通风与空调工程无生产负荷联合试

运转时，应分系统，将同一系统内的各房间内风量、房间温度进行测量调整，并做记录。

7.5.3.5　管网风量平衡记录（表C6-85）：通风与空调工程无生产负荷联合试运转时，应分系统，将同一系统内的各测点的风压、风速、风量进行测试和调整。

7.5.3.6　空调系统试运转调试记录（表C6-86）：通风与空调工程无生产负荷联合试运转时，应分系统，将同一系统总风量进行测量记录。

7.5.3.7　空调水系统试运转调试记录（表C6-87）：通风与空调工程无生产负荷联合试运转时，应对空调冷（热）水、冷却水总流量、供回水温度进行测量、调整并记录。

7.5.3.8　制冷系统气密性试验（表C6-88）：组装式的制冷机组和现场充注制冷剂的机组应有制冷系统气密性试验记录，对制冷系统的工作性能进行试验。

7.5.3.9　净化空调系统测试记录（表C6-89）：净化空调系统无生产负荷试运转时，应对系统中的高效过滤器进行泄漏测试，并对室内洁净度进行测定、记录。

7.5.3.10　防排烟系统联合试运行和调试应有防排烟系统联合试运行记录（表C6-90）。

7.5.3.11　设备单机试运转记录（表C6-91）。

7.5.3.12　系统试运转调试记录（表C6-92）。

7.5.4　施工过程验收资料C7

各种管道及设备安装工程质量验收批填写的日期，应为主控项目中试验完成的日期，或写两个日期，另一个为管道安装完成的日期。

7.6　建筑电气施工资料的填写及整理要点

7.6.1　施工物资资料C4

7.6.1.1　电气材料构配件进场时均应按要求检查，并填写材料、配件进场检验记录。

7.6.1.2　建筑电气施工中使用的电工产品必须经过“中国国家认证认可监督管理委员会”的认证，认证标志为“中国强制认证”（CCC），并在认证有效期内，符合认证要求，方可在工程中使用。

7.6.1.3　电气材料进场时应有相应的质量证明文件。

7.6.1.4　照明、动力配电箱、低压成套配电柜等设备进场后，由施工单位、建设（监理）单位、供货单位共同开箱检查，并填写设备开箱检验记录，并应有3C认证证书、生产许可证、合格证及试验报告。

7.6.1.5　各种原材料的合格证、试（检）验报告或记录的抄件（复印件）必须注明原件存放单位、进场日期、抄件（复印）人、抄件（复印）单位的签字和盖章、抄件（复印）日期。

7.6.2　施工记录C5

7.6.2.1　隐蔽工程检查记录

（1）防雷接地装置（建筑物四周）

1）人工接地装置使用的材质，埋深标高；

2）环形接地装置的轴线位置，具体的连接部位及连接方法；

3）扁铁的搭接的长度、焊接方法、焊接处清理、焊接质量、焊接处防腐做法；

4）实测接地电阻值。

（2）防雷引下线

1）防雷引下线的数量、轴线位置、使用的材料、规格；

2）连接方法、搭接长度、连接质量、连接处的清理等。

（3）等电位及均压环

1）等电位及均压环使用的材料、规格、位置；

2）等电位及均压环的连接方法、连接质量、连接处的清理等；

3）保护层的厚度。

（4）配管隐检

配管隐检应按系统划分，内容包括：

1）配管使用的品种、规格、管弯曲半径（注 D 为管外径，当埋设于地下或混凝土中时，其弯曲半径不应小于管外径的10倍）、弯扁度（无弯扁就写且无凹扁现象）、钢管内壁的防腐方法；

2）管的连接方法（丝扣连接或焊接连接）、套管长度；

3）跨接地线使用的材料、规格、连接方法、搭接长度；

4）焊接处的清理及质量情况；

5）保护层的厚度。

7.6.2.2　预检记录

（1）设备基础

1）设备基础所在的位置、混凝土的强度等级；

2）具体的几何尺寸、预埋件所使用的材料、规格。

（2）明装配管

明装配管应按系统划分，内容包括：

1）配管品种、规格、位置、连接方法、弯扁度、弯曲半径；

2）跨接地线使用的材料、连接方法、连接质量；

3）配管固定方法及间距等。

（3）等电位连接

等电位连接所使用的材料、规格、连接的方法与之连接的对象。

（4）屋顶避雷带的安装

1）避雷带所采用的材料、规格；

2）连接方法、搭接长度、焊接处的清理、质量情况、防腐处理；

3）避雷带的固定方法及固定件的间距。

（5）开关、插座、灯具安装

分别写清开关、插座、灯具的规格、型号、安装标高、外观效果。

（6）线槽安装

1）使用线槽的品种、尺寸、安装位置；

2）吊卡和托架的品种、规格、固定方法、间距；

3）跨接地线使用的材料、规格、连接方法等。

7.6.2.3　专业交接检记录

指施工过程中不同专业、施工单位的交接，如电话管路已敷设完毕，交给电话局进行穿线和调试时；电视配管已敷设完毕交给有线电视安装公司进行穿线。

7.6.3 施工试验记录C6

7.6.3.1 电气接地电阻测试记录（表C6-23)：建筑工程中的主要设备、系统的防雷接地、保护接地、工作接地、防静电接地以及设计有要求的接地电阻应有电阻测试记录。并应附《电气防雷接地装置隐检与平面图》，测量仪表要在检定有效期内，测量的数值应符合设计及规范规定。

7.6.3.2 电气绝缘电阻测试记录（表C6-25)：建筑工程中的主要电气设备和动力、照明线路及其他必须摇测绝缘电阻，配管及管内穿线分项质量验收前和单位工程质量竣工验收前，应分别按系统回路进行测试，不得遗漏。

电线、电缆额定电压为450/750V应使用1000兆欧表，且电阻值不得低于0.5兆欧，测试时应先查看使用的电线、电缆额定电压值；配管及管内穿线分项质量验收前和单位工程质量竣工验收前按系统层段回路进行测试（即两次测试)。(第一次数值大，第二次数值小)

7.6.3.3 电气器具通电安全检查记录（表C6-26)：电气器具安装完成后，按层、按部位（户）进行的通电检查，检查内容包括电气器具接线是否正确、电气器具开关状态是否正常。应按层、户进行检查，应全数检查，电气器具应全数进行通电安全检查，并填写电气通电安全检查记录。

7.6.3.4 电气动力设备空载试运行记录（表C6-27)：电气设备安装完成后，应进行设备空载试运行，空载试运行应符合安装工艺、产品技术条件及电气工程质量验收规范的要求。时间为2h，每一小时记录一次，共记录3次。试运行情况记录，消防泵经2h通电试运行：a. 电机运转、温升、噪声等情况正常；b. 配电线路、开关、仪表等运行正常；c. 自动控制装置动作程序正常，符合设计及《建筑电气工程施工质量验收规范》规定。

7.6.3.5 建筑物照明通电试运行记录（表C6-28)。试运行时间为公共建筑为24h，每2h记录一次，共13次；民用住宅试运行时间为8h，每隔2h记录1次，共5次；试运行情况记录：照明系统全部开启，经8h通电试验，配电控制正确，空开、电度表、线路结点温度及器具均运行正常，符合设计及规范规定。

7.6.3.6 大型照明灯具承载试验记录（表C6-29)。

7.6.3.7 漏电开关模拟试验记录（表C6-30)：动力和照明工程的带有漏电保护装置的回路均要进行漏电开关模拟试验，应100%进行检查。

7.6.3.8 大容量电气线路结点测温记录（表C6-31)：大容量（630安培及以上）导线、母线连接处或开关，在设计计算负荷运行情况下应做温度抽测记录，温升值稳定且不大于设计值。

7.6.3.9 避雷带支架拉力测试记录（表C6-32)：避雷带在安装完成后，应逐个做垂直拉力测试记录，每个支持件均应承受大于49N（5kg）的垂直拉力。

7.6.3.10 逆变应急电源测试试验记录（表C6-33)：逆变应急电源安装完毕后应全数做逆变应急电源测试试验，并应符合设计要求的额定值和《逆变应急电源》(GB/T 21225）的规定。

7.6.3.11　柴油发电机测试试验记录（表 C6-34）：柴油发电机安装完毕后应全数做测试试验，并应符合设计要求的额定值和国家相应的规范标准的规定。

7.6.3.12　低压配电电源质量测试记录（表 C6-35）：电气工程施工完毕后应对低压配电系统进行调试，调试合格后应对低压配电电源质量进行检测，并应符合设计要求的额定值和《建筑节能工程施工质量验收规范》（GB 50411）的规定。

7.6.3.13　建筑安装工程施工完毕后各系统进行联合调试时，应全数检查监测与控制节能工程的设备是否齐全，使用功能是否达到设计要求和《建筑节能工程施工质量验收规范》（GB 50411）的规定。

7.6.3.14　建筑物照明系统通电试运行中，应测试并记录照明系统的照度和功率密度值，并应符合设计要求的额定值和《建筑节能工程施工质量验收规范》（GB 50411）的规定。

7.6.3.15　智能建筑各系统在安装调试完成后，应对设备及系统逐项进行自检，填写自检测记录。

7.6.3.16　智能建筑各系统，应按规范要求进行不中断试运行，填写试运行记录并提供试运行报告。

7.6.4　施工过程验收资料 C7

7.6.4.1　管路保护查看穿过建筑变形缝处是否有补偿装置，装置能活动自如，导线应有余量；穿过建筑物和设备基础处是否加套保护管。

7.6.4.2　电气安装工程检验批质量验收记录主控项目中有试验的，日期应为试验完成日期，或写两个，另一个日期为安装完成日期。

7.7　建筑节能与保温

新规范还未将节能分部纳入统一分部中，故仍按建筑节能保温规范实施，如能在结构、装修及水电相关资料中体现的可不重复。

7.7.1　技术管理基本要求

7.7.1.1　设计变更不得降低建筑节能效果。当设计变更涉及建筑节能效果时，应经原施工图设计审查机构审查，在实施前应办理设计变更手续，并获得监理或建设单位的确认。

7.7.1.2　建筑节能工程采用的新技术、新设备、新材料、新工艺，应按照有关规定进行评审、鉴定及备案。施工前应对新的或首次采用的施工工艺进行评价，并制定专门的施工技术方案。

7.7.1.3　单位工程的施工组织设计应包括建筑节能工程施工内容。建筑节能工程施工前，施工单位应编制建筑节能工程施工方案。施工单位应对从事建筑节能工程施工作业的人员进行技术交底和必要的实际操作培训。

7.7.1.4　建筑节能工程的质量检测，应由具备资质的检测机构承担。

7.7.2　材料与设备

7.7.2.1　建筑节能工程使用的材料、设备等，必须符合设计要求及国家有关标准的规定。严禁使用国家明令禁止使用与淘汰的材料和设备。

7.7.2.2 材料和设备进场应遵守下列规定：

(1) 对材料和设备的品种、规格、包装、外观和尺寸等进行检查验收，并应经监理工程师（建设单位代表）确认，形成相应的验收记录。

(2) 对材料和设备的质量证明文件进行核查。进入施工现场用于节能工程的材料和设备均应具有出厂合格证、中文说明书及相关性能检测报告；定型产品和成套技术应有型式检验报告，进口材料和设备应按规定进行出入境商品检验。

(3) 对材料和设备应按照本章附录7.7-A表的规定在施工现场抽样复验。复验应为见证取样送检。

7.7.2.3 建筑节能工程使用材料的燃烧性能等级和阻燃处理，应符合设计要求和现行国家标准《高层民用建筑设计防火规范》(GB 50045)、《建筑内部装修设计防火规范》(GB 50222) 和《建筑设计防火规范》(GB 50016) 等的规定。

7.7.2.4 建筑节能工程使用的材料应符合国家现行有关标准对材料有害物质限量的规定，不得对室内外环境造成污染。

7.7.3 施工与控制

7.7.3.1 建筑节能工程应按照经审查合格的设计文件和经审查批准的施工方案施工。

7.7.3.2 建筑节能工程施工前，对于采用相同建筑节能设计的房间和构造做法，应在现场采用相同材料和工艺制作样板间或样板件，经有关各方确认后方可进行施工。

7.7.3.3 建筑节能工程的施工作业环境和条件，应满足相关标准和施工工艺的要求。节能保温材料不宜在雨雪天气中露天施工。

7.7.4 验收的划分

7.7.4.1 建筑节能工程为单位建筑工程的一个分部工程。其分项工程和检验批的划分，应符合下列规定：

(1) 建筑节能分项工程应按照表7-19划分。

(2) 建筑节能工程应按照分项工程进行验收。当建筑节能分项工程的工程量较大时，可以将分项工程划分为若干个检验批进行验收。

(3) 建筑节能分项工程和检验批的验收应单独填写验收记录，节能验收资料应单独组卷。

表 7-19 建筑节能分项工程划分

序号	分项工程	主要验收内容
1	墙体节能工程	主体结构基层；保温材料；饰面层等
2	幕墙节能工程	主体结构基层；隔热材料；保温材料；隔汽层；幕墙玻璃；单元式幕墙板块；通风换气系统；遮阳设施；冷凝水收集排放系统
3	门窗节能工程	门；窗；玻璃；遮阳设施等
4	屋面节能工程	基层；保温隔热层；保护层；防水层；面层等
5	地面节能工程	基层；保温层；保护层；面层等
6	采暖节能工程	系统制式；散热器；阀门与仪表；热力入口装置；保温材料；调试等
7	通风与空气调节节能工程	系统制式；通风与空调设备；阀门与仪表；绝热材料；调试等

续表

序号	分项工程	主要验收内容
8	空调与采暖系统冷热源及管网节能工程	系统制式；冷热源设备；辅助设备；管网；阀门与仪表；绝热；保温材料；调试等
9	配电与照明节能工程	低压配电电源；照明光源、灯具；附属装置；控制功能；调试等
10	监测与控制节能工程	冷、热原系统的监测控制系统；空调水系统的监测控制系统；通风与空调系统的监测控制系统；监测与计量装置；供配电的监测控制系统；照明自动控制系统；综合控制系统等

7.7.5 墙体节能工程

7.7.5.1 主体结构完成后进行施工的墙体节能工程，应在基层质量验收合格后施工，施工过程中应及时进行质量检查、隐蔽工程验收和检验批验收，施工完成后应进行墙体节能分项工程验收。与主体结构同时施工的墙体节能工程，应与主体结构一同验收。

7.7.5.2 墙体节能工程当采用外保温定型产品或成套技术时，其型式检验报告中应包括安全性和耐候性检验。

7.7.5.3 墙体节能工程应对下列部位或内容进行隐蔽工程验收，并应有详细的文字记录和必要的图像资料：

(1) 保温层附着的基层及其表面处理；

(2) 保温层粘结或固定；

(3) 锚固件；

(4) 增强网铺设；

(5) 墙体热桥部位处理；

(6) 预制保温板或预制保温墙板的板缝及构造节点；

(7) 现场喷涂或浇筑有机类保温材料的界面；

(8) 被封闭的保温材料厚度；

(9) 保温隔热砌块填充墙体。

7.7.6 幕墙节能工程

7.7.6.1 附着于主体结构上的隔汽层、保温层应在主体结构工程质量验收合格后施工。施工过程中应及时进行质量检查、隐蔽工程验收和检验批验收，施工完成后应进行幕墙节能分项工程验收。

7.7.6.2 当幕墙节能工程采用隔热型材时，隔热型材生产厂家应提供型材所使用的隔热材料的力学性能和热变性性能试验报告。

7.7.6.3 幕墙节能工程施工中应对下列部位或项目进行隐蔽工程验收：

(1) 被封闭的保温材料厚度和保温材料的固定；

(2) 幕墙周边与墙体的接缝处保温材料的填充；

(3) 构造缝、结构缝；

(4) 隔汽层；

(5) 热桥部位、断热接点；

(6) 单元式幕墙板块间的接缝构造；

（7）冷凝水收集和排放构造；

（8）幕墙的通风换气装置。

7.7.6.4 幕墙节能工程使用的保温材料在安装过程中应采取防潮、防水等保护措施。

7.7.7 门窗节能工程

7.7.7.1 包括金属门窗、塑料门窗、木质门窗、各种复合门窗、特种门窗、天窗以及门窗玻璃安装等节能工程。

7.7.7.2 建筑门窗进场后，应对其外观、品种、规格及附件等进行检查验收，对质量证明文件进行核查。

7.7.7.3 建筑外门窗工程施工中，应对门窗框与墙体接缝处的保温填充做法进行隐蔽工程验收，并应有隐蔽工程验收记录和必要的图像资料。

7.7.7.4 建筑外窗的气密性、保温性能、中空玻璃露点、玻璃遮阳系数和可见光透射比应符合设计要求。

7.7.7.5 建筑外窗进入施工现场时，应按地区类别对其下列性能进行复验，复验应为见证取样送检：

（1）严寒、寒冷地区：气密性、传热系数和中空玻璃露点；

（2）夏热冬冷地区：气密性、传热系数、玻璃遮阳系数、可见光透射比、中空玻璃露点；

（3）夏热冬暖地区：气密性、玻璃遮阳系数、可见光透射比、中空玻璃露点。

7.7.7.6 严寒、寒冷地区及夏热冬冷地区的建筑外窗，应对其气密性作现场实体检验，检测结果应满足设计要求。

7.7.8 屋面节能工程

7.7.8.1 包括采用松散保温材料、现浇保温材料、喷涂保温材料、板材、块材等保温隔热材料的屋面节能工程。

7.7.8.2 屋面保温隔热工程的施工，应在基层质量验收合格后进行。施工过程中应及时进行质量检查、隐蔽工程验收和检验批验收，施工完成后应进行屋面节能分项工程验收。

7.7.8.3 屋面保温隔热工程应对下列部位进行隐蔽工程验收：

（1）基层；

（2）保温层的敷设方式、厚度；板材的缝隙填充质量；

（3）屋面热桥部位；

（4）隔汽层。

7.7.8.4 屋面节能工程使用的保温隔热材料，其导热系数、密度、抗压强度或压缩强度、燃烧性能应符合设计要求。

7.7.9 地面节能工程

7.7.9.1 包括底面接触室外空气、土壤或毗邻不采暖空间的地面节能工程。

7.7.9.2 地面节能工程应对下列部位进行隐蔽工程验收，并应有详细的文字记录和必要的图像资料：

（1）基层；

（2）被封闭的保温材料厚度；

（3）保温材料粘结；

（4）隔断热桥部位。

7.7.9.3　地面节能工程使用的保温材料，其导热系数、密度、抗压强度或压缩强度、燃烧性能应符合设计要求。

7.7.10　采暖节能工程

7.7.10.1　适用于温度不超过 95℃室内集中热水采暖系统节能工程施工质量的验收。采暖系统节能工程的验收，可按系统、楼层等进行。

7.7.10.2　采暖系统节能工程采用的散热设备、阀门、仪表、管材、保温材料等产品进场时，应按设计要求对其类型、材质、规格及外观等进行验收，各种产品和设备的质量证明文件和相关技术资料应齐全，并应符合国家现行有关标准和规定。

7.7.10.3　采暖系统节能工程采用的散热器和保温材料等进场时，应对其下列技术性能参数进行复验，复验应为见证取样送检：

（1）散热器的单位散热量、金属热强度；

（2）保温材料的导热系数、密度、吸水率。

7.7.10.4　采暖系统的安装应符合下列规定：

（1）采暖系统的制式，应符合设计要求；

（2）散热设备、阀门、过滤器、温度计及仪表应按设计要求安装齐全，不得随意增减和更换；

（3）室内温度调控装置、热计量装置、水力平衡装置以及热力入口装置的安装位置和方向应符合设计要求，并便于观察、操作和调试；

（4）温度调控装置和热计量装置安装后，采暖系统应能实现设计要求的分室（区）温度调控、分栋热计量和分户或分室（区）热量分摊的功能。

7.7.10.5　采暖系统安装完毕后，应在采暖期内与热源进行联合试运转和调试。联合试运转和调试结果应符合设计要求，采暖房间温度相对于设计计算温度不得低于 2℃，且不高于 1℃。

7.7.11　通风与空调节能工程

7.7.11.1　通风与空调系统节能工程所使用的设备、管道、阀门、仪表、绝热材料等产品进场时，应按设计要求对其类型、材质、规格及外观等进行验收，并应对下列产品的技术性能参数进行核查。各种产品和设备的质量证明文件和相关技术资料应齐全，并应符合有关国家现行标准和规定。

（1）组合式空调机组、柜式空调机组、新风机组、单元式空调机组、热回收装置等设备的冷量、热量、风量、风压、功率及额定热回收效率；

（2）风机的风量、风压、功率及其单位风量耗功率；

（3）成品风管的技术性能参数；

（4）自控阀门与仪表的技术性能参数。

7.7.11.2　风机盘管机组和绝热材料进场时，应对其下列技术性能参数进行复验，复验应为见证取样送检。

(1) 风机盘管机组的供冷量、供热量、风量、出口静压、噪声及功率；

(2) 绝热材料的导热系数、密度、吸水率。

7.7.11.3 通风与空调节能工程中的送、排风系统及空调风系统、空调水系统的安装，应符合下列规定：

(1) 各系统的制式，应符合设计要求；

(2) 各种设备、自控阀门与仪表应按设计要求安装齐全，不得随意增减和更换；

(3) 水系统各分支管路水力平衡装置、温控装置与仪表的安装位置、方向应符合设计要求，并便于观察、操作和调试；

(4) 空调系统应能实现设计要求的分室（区）温度调控功能。对设计要求分栋、分区或分户（室）冷、热计量的建筑物，空调系统应能实现相应的计量功能。

7.7.11.4 通风与空调系统安装完毕，应进行通风机和空调机组等设备的单机试运转和调试，并应进行系统的风量平衡调试。单机试运转和调试结果应符合设计要求；系统的总风量与设计风量的允许偏差不应大于10%，风口的风量与设计风量的允许偏差不应大于15%。

7.7.12 空调与采暖系统冷、热源及管网节能工程

7.7.12.1 适用于空调与采暖系统中冷热源设备、辅助设备及其管道和室外管网系统节能工程。

7.7.12.2 空调与采暖系统冷热源设备及其辅助设备、阀门、仪表、绝热材料等产品进场时，应按设计要求对其类型、规格和外观等进行检查验收，并应对下列产品的技术性能参数进行核查。各种产品和设备的质量证明文件和相关技术资料应齐全，并应符合国家现行标准和规定。

(1) 锅炉的单台容量及其额定热效率；

(2) 热交换器的单台换热量；

(3) 电机驱动压缩机的蒸汽压缩循环冷水（热泵）机组的额定制冷量（制热量）、输入功率、性能系数（COP）及综合部分负荷性能系数（IPLV）；

(4) 电机驱动压缩机的单元式空气调节机、风管送风式和屋顶式空气调节机组的名义制冷量、输入功率及能效比（EER）；

(5) 蒸汽和热水型溴化锂吸收式机组及直燃型溴化锂吸收式冷（温）水机组的名义制冷量、供热量、输入功率及性能系数；

(6) 集中采暖系统热水循环水泵的流量、扬程、电机功率及耗电输热比（HER）；

(7) 空调冷热水系统循环水泵的流量、扬程、电机功率及输送能效比（ER）；

(8) 冷却塔的流量及电机功率；

(9) 自控阀门与仪表的技术性能参数。

7.7.12.3 空调与采暖系统冷热源及管网节能工程的绝热管道、绝热材料进场时，应对绝热材料的导热系数、密度、吸水率等技术性能参数进行复验，复验应为见证取样送检。

7.7.12.4 空调与采暖系统冷热源设备和辅助设备及其管网系统安装，应符合下列规定：

(1) 管道系统的制式，应符合设计要求；

（2）各种设备、自控阀门与仪表应按设计要求安装齐全，不得随意增减和更换；

（3）空调冷（热）水系统，应能实现设计要求的变流量或定流量运行；

（4）供热系统应能根据热负荷及室外温度变化实现设计要求的集中质调节、量调节或质—量调节相结合的运行。

7.7.12.5　冷热源侧的电动两通调节阀、水力平衡阀及冷（热）量计量装置等自控阀门与仪标的安装，应符合下列规定：

（1）规格、数量应符合设计要求；

（2）方向应正确，位置应便于操作和观察。

7.7.12.6　空调与采暖系统冷热源和辅助设备及其管道和管网系统安装完毕后，系统试运转及调试必须符合下列规定：

（1）冷热源和辅助设备必须进行单机试运转及调试；

（2）冷热源和辅助设备必须同建筑物内空调或采暖系统进行联合试运转及调试；

（3）联合试运转及调试结果应符合设计要求。当联合试运转及调试不在制冷期或采暖期时，应先对供热系统室外管网的水力平衡度、供热系统的补水率、空调机组的水流量、空调系统冷热水和冷却水总流量四个项目进行检测，并在第一个制冷期或采暖期内，带冷（热）源补做序号室内温度、室外管网的热输送效率两个项目的检测。

7.7.13　配电与照明节能工程

7.7.13.1　照明光源、灯具及其附属装置的选择必须符合设计要求，质量证明文件和相关技术资料应齐全，并应符合国家现行有关标准和规定。

7.7.13.2　交流单芯电缆或分相后的每相电缆宜品字型（三叶型）敷设，且不得形成闭合铁磁回路。

7.7.13.3　三相照明配电干线的各相负荷宜分配平衡，其最大相负荷不宜超过三相负荷平均值的115％，最小相负荷不宜小于三相负荷平均值的85％。

7.7.14　监测与控制节能工程（表C6-36）

7.7.14.1　监测与控制系统验收的主要对象应为采暖、通风与空气调节和配电与照明所采用的监测与控制系统，能耗计量系统以及建筑能源管理系统。

建筑节能工程所涉及的可再生能源利用、建筑冷热电联供系统、能源回收利用以及其他与节能有关的建筑设备监控部分的验收，应参照本章的相关规定执行。

7.7.14.2　系统检测内容应包括对工程实施文件和系统自检文件的复核，对监测与控制系统的安装质量、系统节能监控功能、能源计量及建筑能源管理等进行检查和检测。

7.7.14.3　监测与控制系统采用的设备、材料及附属产品的品种、规格、型号、外观和性能符合要求，各种设备、材料和产品附带的质量证明文件和相关技术资料应齐全，并应符合国家现行有关标准和规定。

7.7.14.4　对经过试运行的项目，其系统的投入情况、监控功能、故障报警连锁控制及数据采集等功能，应符合设计要求。

建筑节能工程进场材料和设备的复验项目

章号	分项工程	复验项目
7.2	墙体节能工程	1 保温材料的导热系数、密度、抗压强度或压缩强度； 2 粘结材料的粘结强度； 3 增强网的力学性能、抗腐蚀性能
7.3	幕墙节能工程	1 保温材料：导热系数、密度； 2 幕墙玻璃：可见光透射比、传热系数、遮阳系数、中空玻璃露点； 3 隔热型材：抗拉强度、抗剪强度
7.4	门窗节能工程	1 严寒、寒冷地区：气密性、传热系数和中空玻璃露点； 2 夏热冬冷地区：气密性、传热系数、玻璃遮阳系数、可见光透射比、中空玻璃露点； 3 夏热冬暖地区：气密性、玻璃遮阳系数、可见光透射比、中空玻璃露点
7.5	屋面节能工程	保温隔热材料的导热系数、密度、抗压强度或压缩强度
7.8	地面节能工程	保温材料的导热系数、密度、抗压强度或压缩强度
7.9	采暖节能工程	1 散热器的单位散热量、金属热强度； 2 保温材料的导热系数、密度、吸水率
7.10	通风与空调节能工程	1 风机盘管机组的供冷量、供热量、风量、出口静压、噪声及功率； 2 绝热材料的导热系数、密度、吸水率
7.11	空调与采暖系统冷、热源及管网节能工程	绝热材料的导热系数、密度、吸水率
7.12	配电与照明节能工程	电缆、电线截面和每芯导体电阻值

建筑节能分部工程质量验收表

工程名称		结构类型		层数	
施工单位		技术部门负责人		质量部门负责人	
分包单位		分包单位负责人		分包技术负责人	

序号	分项工程名称	验收结论	监理工程师签字	备注
1	墙体节能工程			
2	幕墙节能工程			
3	门窗节能工程			
4	屋面节能工程			
5	地面节能工程			
6	采暖节能工程			
7	通风与空调节能工程			
8	空调与采暖系统的冷热源及管网节能工程			
9	配电与照明节能工程			
10	监测与控制节能工程			
质量控制资料				
外墙节能构造现场实体检验				
外窗气密性现场实体检测				
系统节能性能检测				
验收结论				
其他参加验收人员				

验收单位			
验收单位	分包单位：	项目经理：	年 月 日
	施工单位：	项目经理：	年 月 日
	设计单位：	项目负责人：	年 月 日
	监理（建设）单位：	总监理工程师：	年 月 日

建筑节能分项工程质量验收汇总表

<table>
<tr><td>工程名称</td><td colspan="3"></td><td colspan="2">检验批数量</td><td></td></tr>
<tr><td>设计单位</td><td colspan="3"></td><td colspan="2">监理单位</td><td></td></tr>
<tr><td>施工单位</td><td colspan="2"></td><td>项目经理</td><td></td><td>项目技术负责人</td><td></td></tr>
<tr><td>分包单位</td><td colspan="2"></td><td>分包单位负责人</td><td></td><td>分包项目经理</td><td></td></tr>
<tr><td>序号</td><td colspan="2">检验批部位、区段、系统</td><td colspan="2">施工单位检查评定结果</td><td colspan="2">监理（建设）单位验收结论</td></tr>
<tr><td>1</td><td colspan="2"></td><td colspan="2"></td><td colspan="2"></td></tr>
<tr><td>2</td><td colspan="2"></td><td colspan="2"></td><td colspan="2"></td></tr>
<tr><td>3</td><td colspan="2"></td><td colspan="2"></td><td colspan="2"></td></tr>
<tr><td>4</td><td colspan="2"></td><td colspan="2"></td><td colspan="2"></td></tr>
<tr><td>5</td><td colspan="2"></td><td colspan="2"></td><td colspan="2"></td></tr>
<tr><td>6</td><td colspan="2"></td><td colspan="2"></td><td colspan="2"></td></tr>
<tr><td>7</td><td colspan="2"></td><td colspan="2"></td><td colspan="2"></td></tr>
<tr><td>8</td><td colspan="2"></td><td colspan="2"></td><td colspan="2"></td></tr>
<tr><td>9</td><td colspan="2"></td><td colspan="2"></td><td colspan="2"></td></tr>
<tr><td>10</td><td colspan="2"></td><td colspan="2"></td><td colspan="2"></td></tr>
<tr><td>11</td><td colspan="2"></td><td colspan="2"></td><td colspan="2"></td></tr>
<tr><td>12</td><td colspan="2"></td><td colspan="2"></td><td colspan="2"></td></tr>
<tr><td>13</td><td colspan="2"></td><td colspan="2"></td><td colspan="2"></td></tr>
<tr><td>14</td><td colspan="2"></td><td colspan="2"></td><td colspan="2"></td></tr>
<tr><td colspan="4">施工单位检查结论：

项目专业质量（技术）负责人：
年　月　日</td><td colspan="3">验收结论：

监理工程师：
（建设单位项目专业技术负责人）　年　月　日</td></tr>
</table>

建筑节能工程检验批/分项工程质量验收表

编号：

工程名称		分项工程名称		验收部位	
施工单位		专业工长		项目经理	
施工执行标准名称及编号					
分包单位		分包项目经理		施工班组长	
验收规范规定				施工单位检查评定记录	监理（建设）单位验收记录
主控项目	1		第　条		
	2		第　条		
	3		第　条		
	4		第　条		
	5		第　条		
	6		第　条		
	7		第　条		
	8		第　条		
	9		第　条		
	10		第　条		
一般项目	1		第　条		
	2		第　条		
	3		第　条		
	4		第　条		
施工单位检查评定结果		项目专业质量检查员： 年　月　日			
监理（建设）单位验收结论		监理工程师： 年　月　日			

外墙节能构造钻芯检验方法

1. 本方法适用于检验带有保温层的建筑外墙其节能构造是否符合设计要求。

2. 钻芯检验外墙节能构造应在外墙施工完工后、节能分部工程验收前进行。

3. 钻芯检验外墙节能构造的取样部位和数量，应遵守下列规定：

(1) 取样部位应由监理（建设）与施工双方共同确定，不得在外墙施工前预先确定；

(2) 取样部位应选取节能构造有代表性的外墙上相对隐蔽的部位，并宜兼顾不同朝向和楼层。取样部位必须确保钻芯操作安全，且应方便操作；

(3) 外墙取样数量为一个单位工程每种节能保温做法至少取 3 个芯样。取样部位宜均匀分布，不宜在同一个房间外墙上取 2 个或 2 个以上芯样。

4. 钻芯检验外墙节能构造应在监理（建设）人员见证下实施。

5. 钻芯检验外墙节能构造可采用空心钻头，从保温层一侧钻取直径 70mm 的芯样。钻取芯样深度为钻透保温层到达结构层或基层表面，必要时也可钻透墙体。

当外墙的表层坚硬不易钻透时，也可局部剔除坚硬的面层后钻取芯样。但钻取芯样后应恢复原有外墙的表面装饰层。

6. 钻取芯样时应尽量避免冷却水流入墙体内及污染墙面。从空芯钻头中取出芯样时应谨慎操作，以保持芯样完整。当芯样严重破损难以准确判断节能构造或保温层厚度时，应重新取样检验。

7. 对钻取的芯样，应按照下列规定进行检查：

(1) 对照设计图纸观察、判断保温材料种类是否符合设计要求；必要时也可采用其他方法加以判断；

(2) 用分度值为 1mm 的钢尺，在垂直于芯样表面（外墙面）的方向上量取保温层厚度，精确到 1mm；

(3) 观察或剖开检查保温层构造做法是否符合设计和施工方案要求。

8. 在垂直于芯样表面（外墙面）的方向上实测芯样保温层厚度，当实测芯样厚度的平均值达到设计厚度的 95%及以上且最小值不低于设计厚度的 90%时，应判定保温层厚度符合设计要求；否则，应判定保温层厚度不符合设计要求。

9. 实施钻芯检验外墙节能构造的机构应出具检验报告。检验报告的格式可参照下表样式。检验报告至少应包括下列内容：

(1) 抽样方法、抽样数量与抽样部位；

(2) 芯样状态的描述；

(3) 实测保温层厚度，设计要求厚度；

(4) 按照检验目的给出是否符合设计要求的检验结论；

(5) 附有带标尺的芯样照片并在照片上注明每个芯样的取样部位；

(6) 监理（建设）单位取样见证人的见证意见；

(7) 参加现场检验的人员及现场检验时间；

(8) 检测发现的其他情况和相关信息。

10. 当取样检验结果不符合设计要求时，应委托具备检测资质的见证检测机构增加一倍数量再次取样检验。仍不符合设计要求时应判断围护结构节能构造不符合设计要求。此时应根据检验结果委托原设计单位或其他有资质的单位重新验算房屋的热工性能，提出技术处理方案。

11. 外墙取样部位的修补，可采用聚苯板或其他保温材料制成的圆柱形塞填充并用建筑密封胶密封。修补后宜在取样部位挂贴注有“外墙节能构造检验点”的标志牌。

外墙节能构造钻芯检验报告

<table>
<tr><td colspan="4" rowspan="3"></td><td>报告编号</td><td></td></tr>
<tr><td>委托编号</td><td></td></tr>
<tr><td>检测日期</td><td></td></tr>
<tr><td colspan="2">工程名称</td><td colspan="4"></td></tr>
<tr><td colspan="2">建设单位</td><td colspan="2"></td><td>委托人/联系电话</td><td></td></tr>
<tr><td colspan="2">监理单位</td><td colspan="2"></td><td>检测依据</td><td></td></tr>
<tr><td colspan="2">施工单位</td><td colspan="2"></td><td>设计保温材料</td><td></td></tr>
<tr><td colspan="2">节能设计单位</td><td colspan="2"></td><td>设计保温层厚度</td><td></td></tr>
<tr><td rowspan="9">检验结果</td><td>检验项目</td><td>芯样 1</td><td colspan="2">芯样 2</td><td>芯样 3</td></tr>
<tr><td>取样部位</td><td>轴线/层</td><td colspan="2">轴线/层</td><td>轴线/层</td></tr>
<tr><td>芯样外观</td><td>完整/基本完整/破碎</td><td colspan="2">完整/基本完整/破碎</td><td>完整/基本完整/破碎</td></tr>
<tr><td>保温材料种类</td><td></td><td colspan="2"></td><td></td></tr>
<tr><td>保温层厚度</td><td>mm</td><td colspan="2">mm</td><td>mm</td></tr>
<tr><td>平均厚度</td><td colspan="4">mm</td></tr>
<tr><td>围护结构分层做法</td><td>1 基层：
2
3
4</td><td colspan="2">1 基层：
2
3
4</td><td>1 基层：
2
3
4</td></tr>
<tr><td>照片编号</td><td colspan="4"></td></tr>
<tr><td colspan="5"></td></tr>
<tr><td colspan="3">结论：</td><td colspan="3">见证意见：
1　抽样方法符合规定；
2　现场钻芯真实；
3　芯样照片真实；
4　其他。
见证人：</td></tr>
<tr><td>批准</td><td></td><td>审核</td><td></td><td>检验</td><td></td></tr>
<tr><td>检验单位</td><td colspan="3">（印章）</td><td>报告日期</td><td></td></tr>
</table>

7.8 智能建筑工程基本规定

7.8.1 智能建筑工程

智能建筑分部工程应包括通信网络系统、信息网络系统、建筑设备监控系统、火灾自动报警及消防联动系统、安全防范系统、综合布线系统。智能化系统集成、电源与接地、环境和住宅（小区）智能化等子分部工程；子分部工程又分为若干个分项工程（子系统）。

7.8.1.1 智能建筑工程质量验收应按“先产品，后系统；先各系统，后系统集成”的顺序进行。

7.8.1.2 火灾自动报警及消防联动系统、安全防范系统、通信网络系统的检测验收应按相关国家现行标准和国家及地方的相关法律法规执行；其他系统的检测应由省市级以上的建设行政主管部门或质量技术监督部门认可的专业检测机构组织实施。

7.8.1.3 所涉及的产品应包括智能建筑工程各智能化系统中使用的材料，硬件设备、软件产品和工程中应用的各种系统接口。产品质量检查应包括列入《中华人民共和国实施强制性产品认证的产品目录》或实施生产许可证和上网许可证管理的产品，未列入强制性认证产品目录或未实施生产许可证和上网许可证管理的产品应按规定程序通过产品检测后方可使用。产品功能、性能等项目的检测应按相应的现行国家产品标准进行；供需双方有特殊要求的产品，可按合同规定或设计要求进行。

7.8.1.4 硬件设备及材料的质量检查重点应包括安全性、可靠性及电磁兼容性等项目，可靠性检测可参考生产厂家出具的可靠性检测报告。

7.8.1.5 软件产品质量应检查下列内容：

(1) 商业化的软件，如操作系统、数据库管理系统、应用系统软件、信息安全软件和网管软件等应做好使用许可证及使用范围的检查；

(2) 由系统承包商编制的用户应用软件、用户组态软件及接口软件等应用软件，除进行功能测试和系统测试之外，还应根据需要进行容量、可靠性，安全性、可恢复性、兼容性、自诊断等多项功能测试，并保证软件的可维护性；

(3) 所有自编软件均应提供完整的文档（包括软件资料、程序结构说明、安装调试说明、使用和维护说明书等）。

7.8.1.6 系统接口的质量应按下列要求检查：

(1) 系统承包商应提交接口规范，接口规范应在合同签订时由合同签定机构负责审定；

(2) 系统承包商应根据接口规范制定接口测试方案，接口测试方案经检测机构批准后实施，系统接口测试应保证接口性能符合设计要求，实现接口规范中规定的各项功能，不发生兼容性及通信瓶颈问题，并保证系统接口的制造和安装质量。

7.8.1.7 系统检测。系统检测应具备的条件：①系统安装调试完成后，已进行了规定时间的试运行；②已提供了相应的技术文件和工程实施及质量控制记录。

7.8.2 通信网络系统

7.8.2.1 通信网络系统包括通信网络系统程控电话交换系统自检测记录（表 C6-40）、卫星数字电视及有线电视系统、公共广播及紧急广播系统（表 C6-41）等各子系统及相关设施。其中通信系统包括电话交换系统、会议电视系统自检测记录（表 C6-42）及接入网设备（表 C-43）。通信网络系统的机房环境应符合有关规定，机房安全、电源与接地应符合《通信电源设备安装工程验收规范》（YD 5079）和规范有关规定。

7.8.2.2 通信系统检测由系统检查测试、初验测试和试运行验收测试三个阶段组成。

7.8.2.3 通信系统的测试。可包括以下内容：①系统检查测试：硬件通电测试；系统功能测试。②初验测试：可靠性；接通率；基本功能（如通信系统的业务呼叫与接续、计费、信令、系统负荷能力、传输指标、维护管理、故障诊断、环境条件适应能力等）。③试运行验收测试：联网运行（接入用户和电路）；故障率。

7.8.2.4　通信系统试运行验收测试应从初验测试合格后开始，试运行周期可按合同规定执行，但不应少于3个月。

7.8.2.5　通信系统检测应按国家现行标准和规范、工程设计文件和产品技术要求进行，其测试方法、操作程序及步骤应根据国家现行标准的有关规定，经建设单位与生产厂商共同协商确定主控项目。

7.8.3　信息网络系统

信息网络系统包括计算机网络（表C6-46）、应用软件及网络安全（表C6-47）等。

7.8.3.1　信息网络系统工程实施前应具备下列条件：

(1) 综合布线系统施工完毕，已通过系统检测并具备竣工验收的条件；

(2) 设备机房施工完毕，机房环境、电源及接地安装已完成，具备安装条件。

7.8.3.2　信息网络系统的设备、材料进场验收要求遵照规范规定。网络设备应安装整齐、固定牢靠，便于维护和管理；高端设备的信息模块和相关部件应正确安装，空余槽位应安装空板；设备上的标签应标明设备的名称和网络地址；跳线连接应稳固，走向清楚明确，线缆上应正确标签。

7.8.3.3　信息网络系统在安装、调试完成后，应进行不少于1个月的试运行，有关系统自检和试运行应符合要求。

7.8.3.4　计算机网络系统检测。

(1) 计算机网络系统的检测应包括连通性检测、路由检测、容错功能检测、网络管理功能检测。

(2) 连通性检测方法可采用相关测试命令进行测试，或根据设计要求使用网络测试仪测试网络的连通性。

(3) 对计算机网络进行路由检测，路由检测方法可采用相关测试命令进行测试，或根据设计要求使用网络测试仪测试网络路由设置的正确性。

(4) 容错功能的检测方法应采用人为设置网络故障，检测系统正确判断故障及故障排除后系统自动恢复的功能；切换时间应符合设计要求。

(5) 网络管理功能检测应符合下列要求：

1) 网管系统应能够搜索到整个网络系统的拓扑结构图和网络设备连接图；

2) 网络系统应具备良诊断功能，当某台网络设备或线路发生故障后，网管系统应能够及时报警和定位故障点；

3) 应能够对网络设备进行远程配置和网络性能检测，提供网络节点的流量，广播率和错误率等参数。

7.8.3.5　应用软件检测。

(1) 智能建筑的应用软件应包括智能建筑办公自动化软件、物业管理软件和智能化系统集成等应用软件系统。应用软件的检测应从其涵盖的基本功能、界面操作的标准性、系统可扩展性和管理功能等方面进行检测，并根据设计要求检测其行业应用功能。满足设计要求时为合格，否则为不合格。不合格的应用软件修改后必须通过回归测试。

（2）应先对软硬件配置进行核对，确认无误后方可进行系统检测。

（3）软件产品质量检查应按照 GB 50339 第 3.2.6 条的规定执行。应采用系统的实际数据和实际应用案例进行测试。

（4）应用软件检测时，被测软件的功能、性能确认宜采用黑盒法进行，主要测试内容应包括：

1）功能测试；

2）性能测试；

3）文档测试；

4）可靠性测试；

5）互连测试；

6）回归测试。

（5）应用软件的操作命令界面应为标准图形交互界面，要求风格统一，层次简洁，操作命令的命名不得具有双重性。

（6）应用软件应具有可扩展性，系统应预留可升级空间以供纳入新功能，宜采用能适应最新版本的信息平台，并能适应信息系统管理功能的变动。

7.8.3.6　网络安全系统检测。

（1）网络安全系统宜从物理层安全、网络层安全、系统层安全、应用层安全等四个方面进行检测，以保证信息的保密性、真实性、完整性、可控性和可用性等信息安全性能符合设计要求。

（2）计算机信息系统安全专用产品必须具有公安部计算机管理监察部门审批颁发的“计算机信息系统安全专用产品销售许可证”；特殊行业有其他规定时，还应遵守行业的相关规定。

（3）如果与因特网连接，智能建筑网络安全系统必须安装防火墙和防病毒系统。

（4）网络层安全的安全性检测应符合以下要求：

1）防攻击：信息网络应能抵御来自防火墙以外的网络攻击，使用流行的攻击手段进行模拟攻击，不能攻破判为合格；

2）因特网访问控制：信息网络应根据需求控制内部终端机的因特网连接请求和内容，使用终端机用不同身份访问因特网的不同资源，符合设计要求判为合格；

3）信息网络与控制网络的安全隔离；

4）防病毒系统的有效性；

5）入侵检测系统的有效性；

6）内容过滤系统的有效性。

（5）系统层安全应满足以下要求：

1）操作系统应选用经过实践检验的具有一定安全强度的操作系统；

2）使用安全性较高的文件系统；

3）严格管理操作系统的用户账号，要求用户必须使用满足安全要求的口令；

4）服务器应只提供必须的服务，其他无关的服务应关闭，对可能存在漏洞的服务或操作系统，应更换或者升级相应的补丁程序；扫描服务器，无漏洞者为合格；

5）认真设置并正确利用审计系统，对一些非法的侵入尝试必须有记录；模拟非法尝试，审计日志中有正确记录者判为合格。

（6）应用层安全应符合下列要求：

1）身份认证；

2）访问控制。

7.8.4 建筑设备监控系统

7.8.4.1 建筑设备监控系统用于对智能建筑内各类机电设备进行监测、控制及自动化管理，达到安全、可靠、节能和集中管理的目的。建筑设备监控系统的监控范围为空调与通风系统、变配电系统、公共照明系统、给排水系统、热源和热交换系统、冷冻和冷却水系统、电梯和自动扶梯系统等各子系统。

7.8.4.2 建筑设备监控系统安装前，建筑工程应具备下列条件：

（1）已完成机房、弱电竖井的建筑施工；

（2）预埋管及预留孔符合设计要求；

（3）空调与通风设备、给排水设备。

7.8.4.3 施工中的安全技术管理，应符合《建设工程施工现场供用电安全规范》（GB 50194）和《施工现场临时用电安全技术规范》（JGJ 46）中的有关规定。

7.8.4.4 工程调试完成后，系统承包商要对传感器、执行器、控制器及系统功能（含系统联动功能）进行现场测试，传感器可用高精度仪表现场校验，使用现场控制器改变给定值或用信号发生器对执行器进行检测。传感器和执行器要逐点测试；系统功能、通信接口功能要逐项测试；并填写系统自检表。

7.8.4.5 工程调试完成经与工程建设单位协商后可投入系统试运行，应由建设单位或物业管理单位派出的管理人员和操作人员进行试运行，认真做好值班运行记录，并应保存系统试运行的原始记录和全部历史数据。

7.8.4.6 系统检测。

（1）建筑设备监控系统的检测应以系统功能和性能检测为主，同时对现场安装质量、设备性能及工程实施过程中的质量记录进行抽查或复核。

（2）建筑设备监控系统的检测应在系统试运行连续投运时间不少于 1 个月后进行。

（3）空调与通风系统功能检测（表 C6-53）、变配电系统功能检测（表 C6-49）、公共照明系统功能检测（表 C6-52）、给排水系统功能检测（表 C6-51）、热源和热交换系统功能检测（表 C6-55）、冷冻和冷却水系统功能检测（表 C6-54）、电梯和自动扶梯系统功能检测（表 C6-50）、建筑设备监控系统与子系统（设备）间的数据通信接口功能检测（表C6-56）、中央管理工作站与操作分站功能检测、系统可维护功能检测、系统可靠性检测（表 C6-57）、现场设备性能检测。

（4）竣工验收应在系统正常连续投运时间超过 3 个月后进行。

7.8.5 火灾自动报警及消防联动系统（表 C6-59）

7.8.5.1 火灾自动报警及消防联动系统必须执行《工程建设标准强制性条文》的有关规定。

7.8.5.2 系统检测。

(1) 在智能建筑工程中，火灾自动报警及消防联动系统的检测应按《火灾自动报警系统施工及验收规范》(GB 50166) 的规定执行。

(2) 火灾自动报警及消防联动系统应是独立的系统。

(3) 检测消防控制室向建筑设备监控系统传输、显示火灾报警信息的一致性和可靠性，检测与建筑设备监控系统的接口、建筑设备监控系统对火灾报警的响应及其火灾运行模式，应采用在现场模拟发出火灾报警信号的方式进行。

(4) 检测消防控制室与安全防范系统等其他子系统的接口和通信功能。

(5) 检测智能型火灾探测器的数量、性能及安装位置，普通型火灾探测器的数量及安装位置。

(6) 新型消防设施的设置情况及动能检测。

(7) 公共广播与紧急广播系统共用时，应符合《火灾自动报警系统设计规范》(GB 50116) 的要求。

(8) 安全防范系统中相应的视频安防监控（录像、录音）系统、门禁系统、停车场（库）管理系统等对火灾报警的响应及火灾模式操作等功能的检测，应采用在现场模拟发出火灾报警信号的方式进行。

7.8.6　安全防范系统（表 C6-60）

7.8.6.1　安全防范系统的范围应包括视频安防监控系统、入侵报警系统（表 C6-62）、出入口控制（门禁）系统（表 C6-61）、巡更管理系统（表 C6-65）、停车场（库）管理系统（表 C6-64）等各子系统。对银行、金融、证券、文博等高风险建筑除执行《建筑节能与保温规范》规定外，还必须执行公共安全行业对特殊行业的相关规定和标准。

7.8.6.2　工程实施及质量控制。

(1) 设备及器材的进场验收应符合：安全技术防范产品必须经过国家或行业授权的认证机构（或检测机构）认证（检测）合格，并取得相应的认证证书（或检测报告）；

(2) 安全防范系统的电缆桥架、电缆沟、电缆竖井、电线导管的施工及线缆敷设，应遵照《建筑电气工程施工质量验收规范》(GB 50303) 有关规定执行。如有特殊要求应以设计施工图的要求为准。

(3) 系统承包商应对各类探测器、控制器、执行器等部件的电气性能和功能进行自检，自检采用逐点测试的形式进行。

(4) 在安全防范系统设备安装、施工测试完成后，经建设方同意可进入系统试运行，试运行周期应不少于 1 个月；系统试运行时应做好试运行记录。

7.8.6.3　系统检测。

(1) 安全防范系统的系统检测应由国家或行业授权的检测机构进行检测，并出具检测报告，检测内容、合格判据应执行国家公共安全行业的相关标准。

(2) 安全防范系统综合防范功能检测应包括：

1) 防范范围、重点防范部位和要害部门的设防情况、防范功能，以及安防设备的运行，有无防范盲区；

2) 各种防范子系统之间的联动是否达到设计要求；

3) 监控中心系统记录；

4）安全防范系统与其他系统进行系统集成时，系统的接口、通信功能和传输的信息等是否达到要求。

（3）视频安防监控系统的检测（表C6-63）：

1）系统功能检测；

2）图像质量检测；

3）系统整体功能检测；

4）系统联动功能检测；联动功能检测；

5）视频安防监控系统的图像记录保存时间应满足管理要求。

（4）入侵报警系统、出入口控制（门禁）系统的检测，巡更管理系统的检测，停车场（库）管理系统的检测，安全防范综合管理系统的检测。

7.8.7 综合布线系统

7.8.7.1 综合布线系统性能检测（表C6-67）应采用专用测试仪器对系统的各条链路进行检测，并对系统的信号传输技术指标及工程质量进行评定。

7.8.7.2 综合布线系统性能检测时，光纤布线应全部检测，抽样点必须包括最远布线点。

7.8.7.3 系统监测应包括工程电气性能检测和光纤特性检测。

7.8.7.4 采用计算机进行综合布线系统管理和维护时，应按下列内容进行检测：

1）中文平台、系统管理软件；

2）显示所有硬件设备及其楼层平面图；

3）显示干线子系统和配线子系统的元件位置；

4）实时显示和登录各种硬件设施的工作状态。

7.8.8 智能化系统集成

7.8.8.1 系统集成检测验收的重点应为系统的集成功能、各子系统之间的协调控制能力、信息共享和综合管理能力、运行管理与系统维护的可实施性、使用的安全性和方便性等要素。

7.8.8.2 系统集成中使用的设备、产品的质量检查按有关规定执行。

7.8.8.3 系统集成调试完成后，应进行系统自检，并填写系统自检报告。

7.8.8.4 系统集成调试完成，经与工程建设方协商后可投入系统试运行。投入试运行后应由建设单位或物业管理单位派出的管理人员和操作人员认真做好值班运行记录，并保存试运行的全部历史数据。

7.8.8.5 系统检测（表C6-68）。系统集成的检测应包括接口检测、软件检测、系统功能及性能检测、安全检测等内容。

7.8.9 电源与接地

7.8.9.1 在智能化系统电源、防雷及接地系统检测中除执行规范外，还应执行国家强制性条文所要求的检测和验收项目，并应查验有关电气装置的质量检验、认证等相关文件。

7.8.9.2 智能化系统的供电装置和设备应包括：

（1）正常工作状态下的供电设备，包括建筑物内各智能化系统交、直流供电，以及供电传输、操作、保护和改善电能质量的全部设备和装置；

（2）应急工作状态下的供电设备，包括建筑物内各智能化系统配备的应急发电机组、各智能化子系统备用蓄电池组、充电设备和不间断供电设备等。

7.8.9.3　电源系统检测（表C6-71）、防雷及接地系统检测（表C6-72）。

7.8.10　环境

环境指智能建筑内计算机房、通信控制室、监控室及重要办公区域环境的系统检测和验收。环境的检测验收内容包括：空间环境、室内空调环境、视觉照明环境、室内噪声及室内电磁环境。

7.8.10.1　系统检测（表C6-74）

（1）空间环境的检测应符合下列要求：

1）主要办公区域顶棚净高不小于2.7m；

2）楼板满足预埋地下线槽（线管）的条件，架空地板、网络地板的铺设应满足设计要求；

3）为网络布线留有足够的配线间。

（2）室内空调环境检测应符合下列要求：

1）实现对室内温度、湿度的自动控制，并符合设计要求；

2）室内温度，冬季18～22℃，夏季24～28℃；

3）室内相对湿度，冬季40％～60％，夏季40％～65％；

4）舒适性空调的室内风速，冬季应不大于0.2m/s，夏季应不大于0.3m/s。

（3）视觉照明环境检测应符合下列要求：

1）工作面水平照度不小于500 lx；

2）灯具满足眩光控制要求；

3）灯具布置应模数化，消除频闪。

（4）环境电磁辐射的检测应执行《环境电磁波卫生标准》（GB 9175）和《电磁辐射防护规定》（GB 8702）的有关规定。

7.8.11　住宅（小区）智能化

住宅（小区）智能化应包括火灾自动报警及消防联动系统（表C6-75）、安全防范系统（表C6-76）、通信网络系统、信息网络系统、监控与管理系统（表C6-78）、家庭控制器（表C6-79）、综合布线系统、电源和接地、环境、室外设备及管网（表C6-77）等。

7.8.11.1　火灾自动报警及消防联动系统包括的内容应增加家居可燃气体泄漏报警系统。

7.8.11.2　安全防范系统包括的内容应增加访客对讲系统。

7.8.11.3　通信网络系统应包括通信系统、卫星数字电视及有线电视系统等。

7.8.11.4　信息网络系统应包括计算机网络系统、控制网络系统等。

7.8.11.5　监控与管理系统应包括表具数据自动抄收及远传系统、建筑设备监控系统、公共广播与紧急广播系统、住宅（小区）物业管理系统等。

7.8.11.6　家庭控制器的功能应包括家庭报警、家庭紧急求助、家用电器监控、表具数据采集及处理、通信网络和信息网络接口等。

7.8.11.7　系统检测应以系统功能检测为主，结合设备安装质量检查、设备功能和性能检测及相关内容进行。

7.8.11.8　住宅(小区)智能化的竣工验收应在系统正常连续投运时间不少于3个月后进行。

第八章　竣 工 图 编 制

8.1 基 本 规 定

8.1.1　新建、改建、扩建的建筑工程均应编制竣工图；竣工图应真实反映竣工工程的实际情况。

8.1.2　竣工图包括：建筑、结构、钢结构、幕墙、建筑给水排水与采暖、建筑电气、燃气、智能建筑、通风空调、工艺布置、规划红线以内的室外工程。竣工图的专业类别应与施工图对应。

8.1.3　竣工图应满足以下要求：

8.1.3.1　竣工图应与工程实际境况相一致；

8.1.3.2　竣工图的图纸必须是蓝图或绘图仪绘制的白图，不得使用复印的图纸；

8.1.3.3　竣工图应字迹清晰并与施工图大小比例一致；

8.1.3.4　竣工图应有图纸目录，目录所列的图纸数量、图号、图名应与竣工图内容相符；

8.1.3.5　竣工图使用国家法定计量单位和文字；

8.1.3.6　竣工图应有竣工图章或竣工图签，并签字齐全。

8.1.4　绘制竣工图应使用绘图笔或签字笔及绘图工具，不得使用圆珠笔或其他易于退色的墨水绘制。

8.1.5　按图施工，没有设计洽商变更的，可在原施工图加盖竣工图章形成竣工图；设计洽商变更不多的，可将设计洽商变更的内容直接改绘在原施工图上，并在改绘部位注明修改依据，加盖竣工图章形成竣工图。

8.1.6　设计洽商变更较大的，不宜在原施工图上直接修改和补充的，可在原图修改部位注明修改依据后另绘修改图；修改图应有图名、图号。原图和修改图均应加盖竣工图章形成竣工图。

8.1.7　竣工图可在原设计单位提供的施工图电子文件上经修改后制成，修改处应有明显标志。竣工图上应附有修改依据备注表（表 8-1）。

表 8-1　修改依据备注表

洽商变更编号或时间	简要变更内容

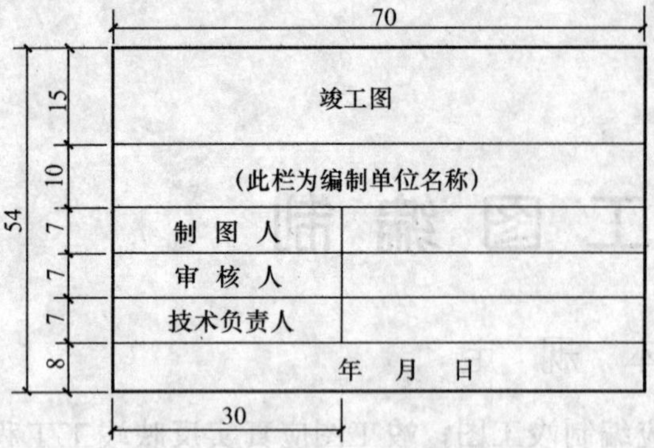

图 8-1 竣工图章示意图

8.1.8 由施工图电子文件制成的竣工图应有原设计人员的签字；没有原设计人员签字的，须附有原施工图，原图和竣工图均应加盖竣工图章。

8.1.9 竣工图签或竣工图章应具有明显的“竣工图”字样，并包括编制单位名称、制图人、审核人和编制日期等内容。竣工图章内容、尺寸见图 8-1。

8.1.10 竣工图章应加盖在图签附近的空白处，图章应清晰。

8.2 竣工图的改绘及折叠

8.2.1 改绘方法

8.2.1.1 在施工蓝图上一般采用杠（划）改、叉改法，局部修改可以圈出变更部位，并在原图空白处绘出变更内容，所有变更部位均应注明变更依据，注明变更依据须加画带箭头的索引线。在施工图上改绘，不得使用涂改液、刀刮、补贴等方法修改图纸。具体如图 8-2 所示。

（1）取消的内容

例如：首层底板结构平面图（结 2）中 Z16（Z17）柱断面，（Z17）取消。

改绘方法：将（Z17）和有关的尺寸用杠改法去掉，并注明修改依据（图 8-2）。

又例：平面图中取消库房。即（B）～（C）轴间③轴上砖隔墙取消。

改绘方法：“库房”二字和与隔墙相关的尺寸杠改，将隔墙及其门用叉改法×掉，并注明修改依据（图 8-3）。

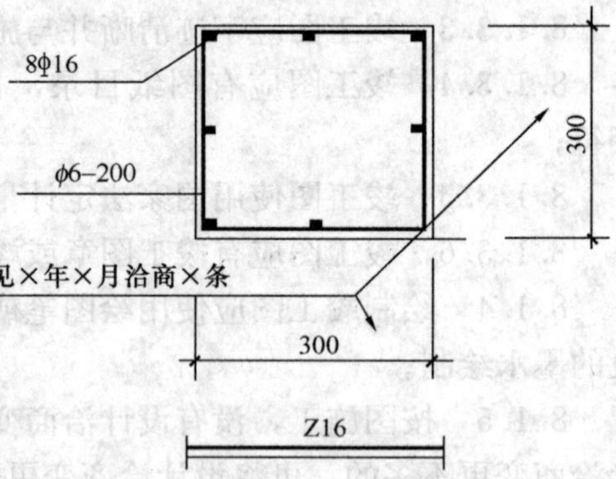

图 8-2 改绘方法（一）

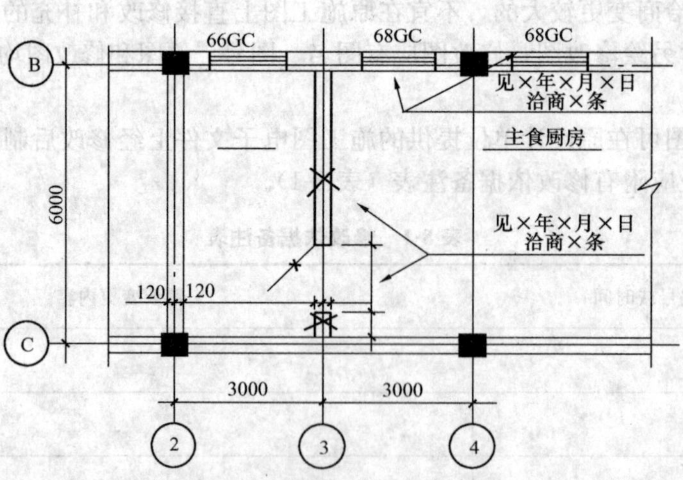

图 8-3 改绘方法（二）

（2）增加的内容

例如：结 5 中 1—1 剖面钢筋原为 4ϕ18、现改为 6ϕ18，并在 400 长边中间增加钢筋。

改绘方法：将增加的钢筋画在 1—1 剖面实际的位置上，并注明修改依据（图 8-4）。

8.2.1.2　增加的内容在原图相关位置无法绘制清楚，可将修改内容绘制在本图其他空白处，并做好索引说明。如本图纸没有其他空白处时，可在原图变更部位索引说明：具体修改内容见×××图，并新增一张图纸用于绘制补充修改内容。新增图纸要有图名、图号，图名和图号应与原图名和图号相关联。新增修改图纸可采用计算机绘制，绘制完成可直接输出白图，也可制成蓝图，图幅不得小于 A3 。

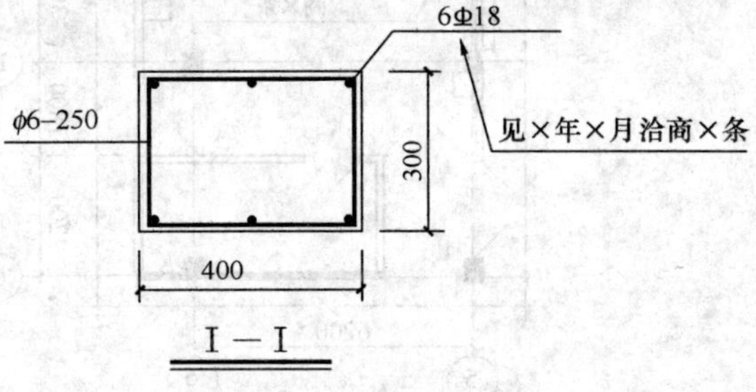

图 8-4　改绘方法（三）

例如：基础平面和一、二、三层（E1）轴与①轴交点处原方柱改为圆柱（直径 500），其柱 Z5 改为 Z6。改绘采用图纸空白处绘大样的方法（图 8-5）。

又如：地下室厨房窗台板做法修改，将修改的部位用节点 A 表示，并在图纸空白处绘节点大样图（图 8-6）。

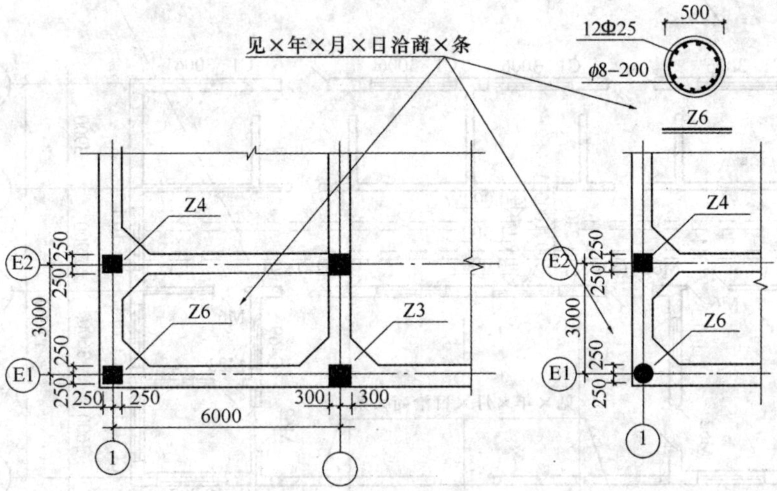

图 8-5　改绘方法（四）

8.2.1.3　竣工图绘制能以图示说明变更内容的，不再加写文字说明，如果图示无法说明清楚的，可加写文字说明。如设计说明、钢筋代换、混凝土强度等级、装修做法、设备型号等变更，可在相关图纸上以文字形式概括说明。例如一层平面 4 樘 C2-3009 窗改为 C1-3006窗，修改时每窗型号均应改正，但在标注修改依据时，可只注一处，并加以樘数说明（图 8-7）。

8.2.1.4　竣工图改绘应符合下列规定：

（1）施工图纸目录应加盖竣工图章，作为竣工图归档。绘制竣工图时，应首先核对、绘

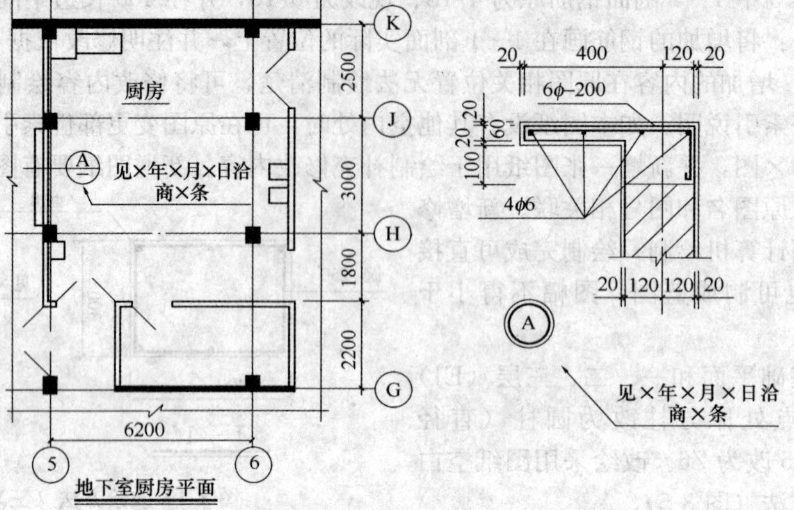

图 8-6　改绘方法（五）

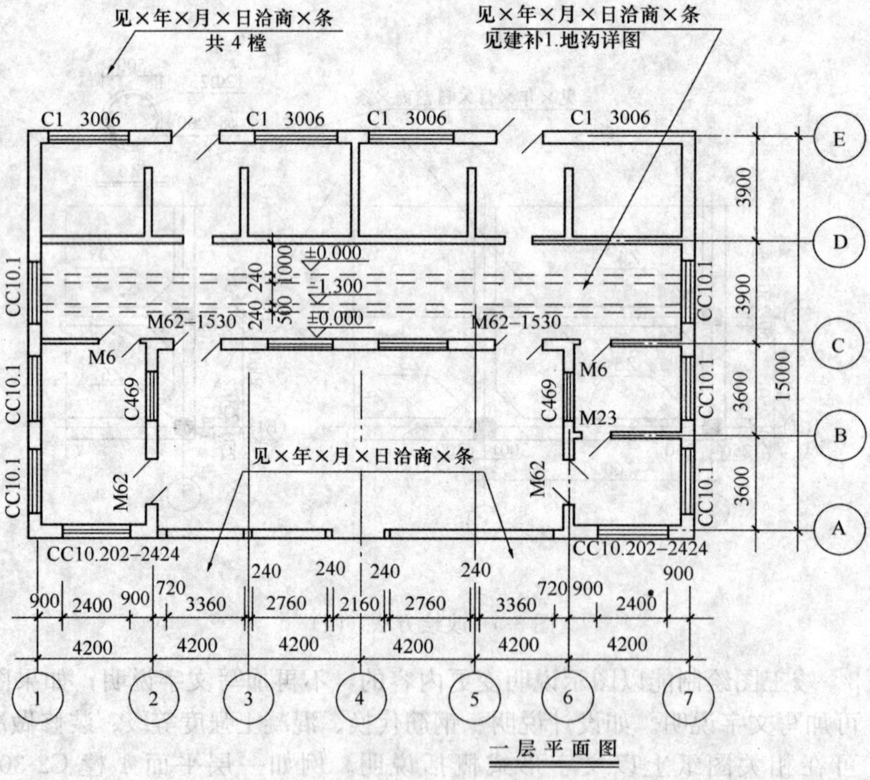

图 8-7　改绘方法（六）

制竣工图目录，竣工图目录可以在原施工图纸目录基础上进行核对和修改，如有作废或新增的图纸，应在图纸目录上标注清楚。作废的图纸应在目录上扛掉，新增图纸的图名、图号应在目录上列出。如图纸情况变动大，则应根据图纸变动实际情况重新编制竣工图目录。竣工图目录中所列的图纸数量、图名、图号都应和实际竣工图相符合。竣工图目录中不应有相同名称的图纸。

（2）如某施工图改变量大，设计单位重新绘制了修改图的，应以修改图代替原图，原图不再归档。

（3）如设计变更附图是设计单位提供的带图签和签字的施工蓝图，可以经确认后加盖竣工图章作为竣工图，但应在原设计变更上注明附图已归入竣工图。

（4）凡一条洽商涉及多张图纸的，每张图纸均应做相应变更修改。

（5）由施工单位完成的深化设计图也应作为竣工图的内容。做法和要求同设计图。

（6）竣工图中文字说明应采用仿宋字，字体的大小应与原图字体的大小相一致，修改的内容不应超出图框线。

8.2.2　竣工图图纸折叠方法

8.2.2.1　一般要求

（1）图纸折叠前应按裁图线裁剪整齐，其图纸幅面应符合下表规定：

mm

基本幅面代号	A0	A1	A2	A3	A4
$b \times l$	841×1189	594×841	420×594	297×420	210×297
c	10			5	
a	25				

注：1. 尺寸代号见图 8-8；
　　2. 尺寸单位为 mm。

（2）图面应折向内，成手风琴风箱式。

（3）折叠后幅面尺寸应以 A4 图纸基本尺寸（210×297）为标准。

（4）图纸及竣工图章应露在外面。

（5）A3～A0 图纸应在装订边 297mm 处折一三角或剪一缺口，折进装订边。

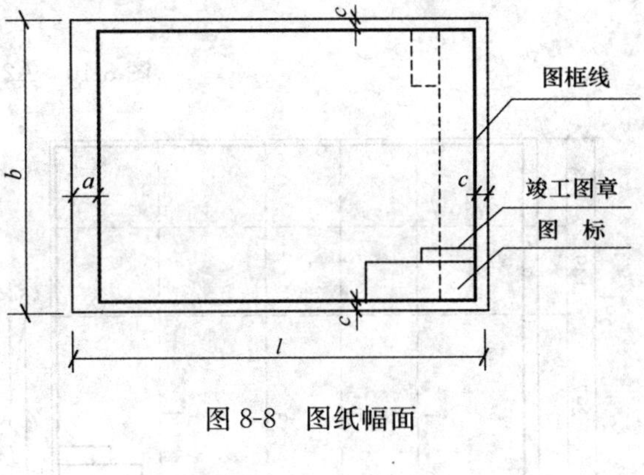

图 8-8　图纸幅面

8.2.2.2　折叠方法

1）A4 图纸不折叠。

2）A3 图纸折叠如图 8-9 所示（图中序号表示折叠次序，虚线表示折起的部分，以下同）。

3）A2 图纸折叠如图 8-10 所示。

4）A1 图纸折叠如图 8-11 所示。

5）A0 图纸折叠如图 8-12 所示。

8.2.2.3　工具使用

图纸折叠前，准备好一块略小于 A4 图纸尺寸（一般为 292mm×205mm）的模板。折叠时，应先把图纸放在规定位置，然后按照折叠方法的编号顺序依次折叠。

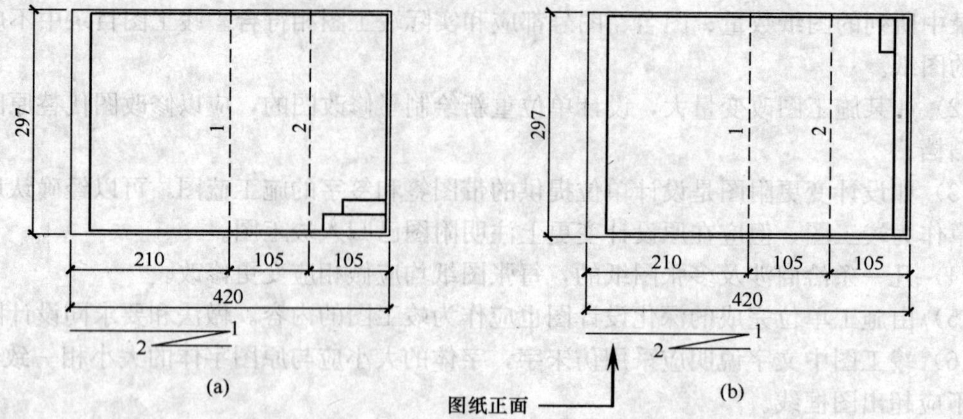

图 8-9　A3 图纸折叠示意

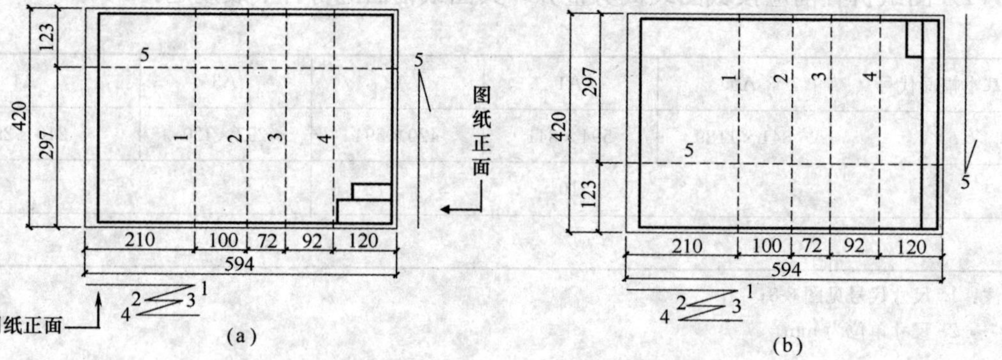

图 8-10　A2 图纸折叠示意

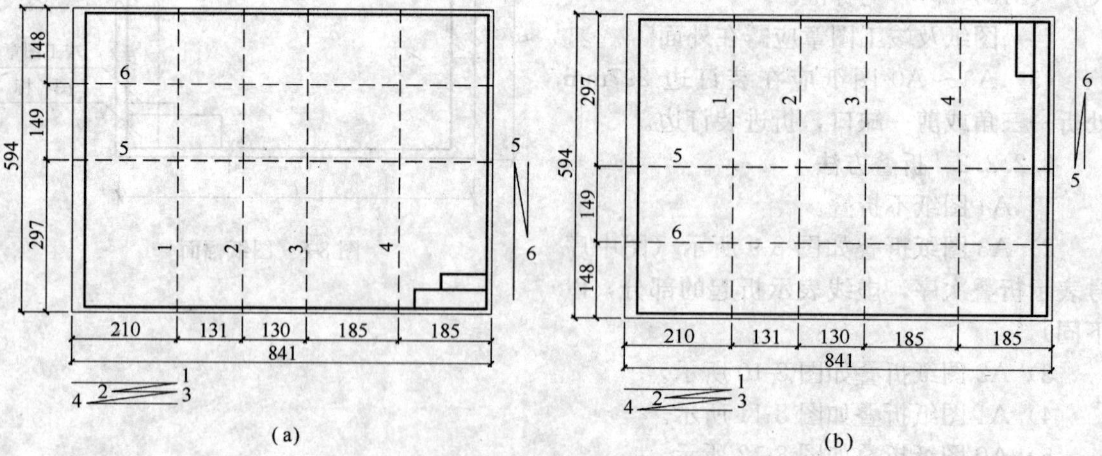

图 8-11　A1 图纸折叠示意

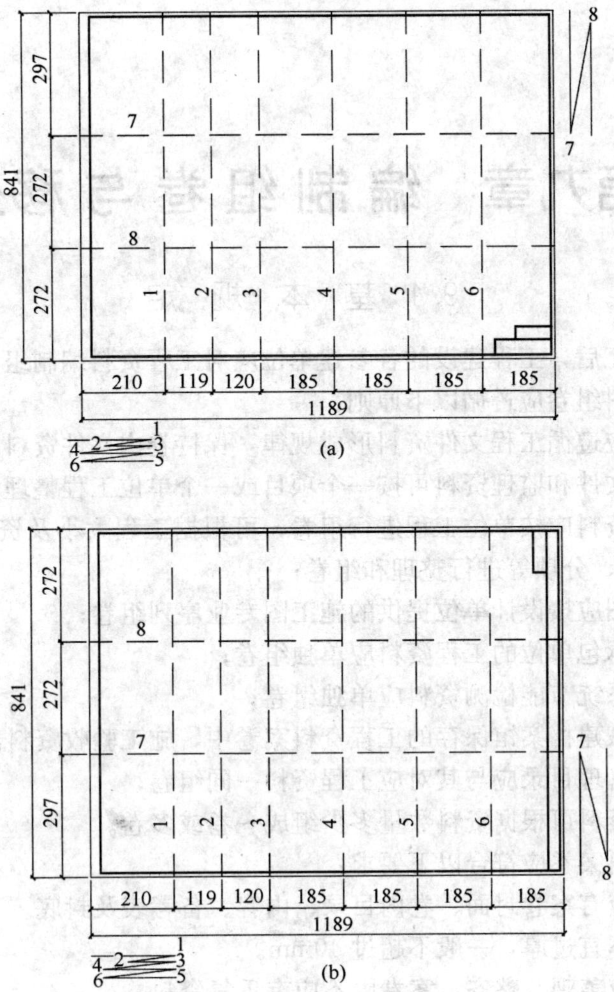

图 8-12　A0 图纸折叠示意

第九章　编制组卷与移交

9.1 基本规定

9.1.1　工程竣工后，工程建设的各参建单位应对工程资料编制组卷。

9.1.2　工程资料组卷应遵循以下原则：

9.1.2.1　组卷应遵循工程文件资料形成规律，保持卷内文件资料的内在联系；

9.1.2.2　基建文件和监理资料可按一个项目或一个单位工程整理和组卷；

9.1.2.3　施工资料应按单位工程进行组卷，可根据工程大小及资料的多少等具体情况选择按专业或按分部、分项等进行整理和组卷；

9.1.2.4　竣工图应按设计单位提供的施工图专业序列组卷；

9.1.2.5　专业承包单位的工程资料应单独组卷；

9.1.2.6　工程系统节能检测资料应单独组卷；

9.1.2.7　移交城建档案馆保存的工程资料案卷中，施工验收资料部分应单独组成一卷；

9.1.2.8　资料管理目录应与其对应工程资料一同组卷；

9.1.2.9　工程资料可根据资料数量多少组成一卷或多卷。

9.1.3　工程资料案卷应符合以下要求：

9.1.3.1　案卷应有案卷封面、卷内目录、内容、备考表及封底。

9.1.3.2　案卷不宜过厚，一般不超过40mm。

9.1.3.3　案卷应美观、整齐，案卷内不应有重复资料。

9.2　工程资料案卷编制

9.2.1　卷内文件（资料）排列

9.2.1.1　工程资料卷内资料的排列应按资料的内在联系及资料形成时间的先后顺序排列。

9.2.1.2　卷内既有文字材料又有图样时，文字材料排列在前，图样材料排列在后。

9.2.1.3　竣工图应按同专业图号依次排列，新绘制的竣工图附有原图时，新绘制的竣工图在前原图在后。

9.2.2　案卷封面编制

9.2.2.1　案卷封面内容包括：名称、案卷题名、编制单位、技术主管、编制日期、保管期限、密级、保存档号、共____册第____册等。其中保管期限、密级、保存档号、共____册第____册等项由档案接收部门填写，其他由移交单位填写。

9.2.2.2　案卷封面的填写

（1）名称：第一行应填写规划许可证审批名称。应在第二行填写工程建设项目竣工后名称。

(2) 案卷题名：第一行填写案卷所属专业名称如建筑与结构工程施工文件（资料）、幕墙工程施工文件（资料）、建筑电气工程施工文件（资料）等；第二行为卷内文件内容提示。

(3) 编制单位：本案卷的主要编制责任单位，加盖编制单位公章。

(4) 技术主管：编制单位技术负责人签名。

(5) 编制日期：填写卷内文件（资料）形成的起止日期。

9.2.3　卷内目录编制

9.2.3.1　卷内目录内容包括：序号、文件材料题名、原编字号、编制单位、编制日期、页次和备注。

9.2.3.2　卷内目录的填写

(1) 序号：按卷内文件资料排列先后顺序用阿拉伯数字从1开始编写。

(2) 文件材料题名：填写文字材料或图纸名称。

(3) 原编字号：文件文号或资料编号或图纸图号。

(4) 编制单位：文件资料的形成单位或主要责任单位名称。

(5) 编制日期：文件资料的形成的起止时间；竣工图卷为竣工图章日期。

(6) 页次：填写资料的页次或起止页次。

(7) 备注：填写其他需要说明的问题。

9.2.4　案卷页次编写

9.2.4.1　卷内文件资料均按有书写内容的页面编号，每卷单独编号，页号从阿拉伯数字“1”开始依次编写。

9.2.4.2　页号编写位置、单面书写的文字材料页号编写在右下角，双面书写的文字材料页号正面编写在右下角，背面编写在左下角。图纸折叠后无论何种形式，页号一律编写在右下角。

9.2.4.3　印刷成册的文件资料，自成一卷的原目录可代替卷内目录，不必重新编写页号。

9.2.5　备考表编制

9.2.5.1　内容包括卷内文字材料张数、图样材料张数、照片张数等，立卷单位的立卷人、审核人及接收单位的审核人、接收人应签字。

9.2.5.2　备考表的填写

(1) 案卷审核备考表分为上下两栏，上一栏由立卷单位填写，下一栏由接收单位填写。

(2) 审核说明填写立卷时资料的完整和质量情况，以及应归档而缺少的资料的名称和原因；立卷人由责任立卷人签名；审核人由案卷审查人签名；年月日按立卷、审核时间分别填写。

9.2.6　案卷规格

卷内文件资料、封面、目录、备考表统一采用A4幅尺寸，封面采用120 g纸张，其他采用80 g纸张。小于A4幅面的文件资料要用A4白纸衬托。

9.2.7　案卷装具

案卷采用统一规格尺寸的装具。移交城建档案馆的工程档案应采用城建档案管理办公室监制的档案卷盒，其他单位保存的工程档案装具宜参照《建设工程文件归档管理规范》(GB/T 50328) 执行。

9.2.8　案卷装订

9.2.8.1　文字材料必须装订成册，图纸材料可散装存放。

9.2.8.2　装订时要剔除金属物，装订线一侧根据案卷薄厚加垫草板纸。

9.2.8.3　案卷用棉线在左侧三孔装订，棉线装订结打在背面。装订线距左侧 20mm，上下两孔分别距中孔 80mm。

9.2.8.4　装订时，须将封面、目录、备考表、封底与案卷一起装订。图纸散装在卷盒内时，需将案卷封面、目录、备考表三件用棉线在左上角装订在一起。

9.3　工程资料移交

9.3.1　专业承包单位应向总承包单位（或建设单位）移交不少于一套完整的工程档案，并办理相关移交手续。

9.3.2　监理单位、施工总承包单位应各自向建设单位移交不少于一套完整的工程档案，并办理相关的移交手续。

9.3.3　建设单位应在工程竣工验收合格后六个月内，将城建档案馆预验收合格的工程档案移交城建档案馆，并办理相关手续。

9.3.4　国家和北京市重点工程及 5 万 m^2 以上大型公建工程，建设单位应将列入城建档案馆保存的工程档案制作成缩微胶片，移交城建档案馆。

9.3.5　工程参建各方应将各自的工程档案归档保存，归档内容见本书第五、六、七章中表。

9.3.6　监理、施工单位应根据有关规定合理确定工程档案的保存期限。

9.3.7　建设单位工程档案的保存期限应与工程使用年限相同。

附录A 工程档案案卷封面、目录、备考表与移交书

档案馆代号：

城 市 建 设 档 案

名　　称：……………………………………

……………………………………

案卷题名：……………………………………

……………………………………

编制单位：……………………………………

技术主管：……………………………………

编制日期：自　年　月　日起至　年　月　日止

保管期限：………………　密　级：………………

档　　号：………………　缩微号：………………

共　　册　　第　　册

城建档案卷内目录

顺序号	文件材料题名	原编字号	编制单位	编制日期	页次	备注

城建档案案卷审核备考表
本案卷已编号的文件材料共________张，其中：文字材料________张，图样材料________张，照片________张。 立卷单位对本案卷完整准确情况的审核说明： 立卷人：__________________年______月______日 审核人：__________________年______月______日
接收单位（档案馆）的审核说明： 技术审核人：__________________年______月______日 档案接收人：__________________年______月______日

城市建设档案移交书

________________向北京市城市建设档案馆移交________________档案共计________册。其中：图样材料________册，文字材料________册，其他材料________张。

附：城市建设档案移交目录一式三份，共　　张。

移交单位：　　　　　　　　接收单位：

单位负责人：　　　　　　　单位负责人：

移　交　人：　　　　　　　接　收　人：

移交日期：　　　年　月　日

城市建设档案缩微品移交书

____________________向北京市城市建设档馆移交________________工程缩微品档案。档号___________，缩微号______________。卷片共________盘，开窗卡_______张，其中母片：卷片________盘，开窗卡_______张。

拷贝片：卷片_______套_______盘，开窗卡_______套_______张。

缩微原件共_______册，其中文字材料_______册，图样材料_______册。其他材料_______册。

附：城市建设档案缩微品移交目录

移交单位（公章）：　　　　　　接收单位（公章）：

单位法人：　　　　　　　　　　单位法人：

移 交 人：　　　　　　　　　　接 收 人：

移交日期：　　年　月　日

城市建设档案移交目录

序号	工程项目名称	案卷题名	形成年代	数量						备注
				文字材料		图样材料		综合卷		
				册	张	册	张	册	张	

注：综合卷指文字和图样材料混装的案卷。

资料管理通用目录					
工程名称		资料类别			
序号	内容摘要	编制单位	日期	资料编号	备注

附录B 常用建筑材料进场复验项目表

常用建筑材料进场复验项目表

序号	材料名称及相关标准、规范代号	进场复验项目	组批原则及取样规定
1	水泥 (GB 50204—2002) (GB 50210—2001)		
	(1)通用硅酸盐水泥 (GB 175—2007)	安定性 凝结时间 强度	(1)散装水泥： ①对同一水泥厂生产同期出厂的同品种、同强度等级、同一出厂编号的水泥为一验收批，但一验收批的总量不得超过500t。 ②随机从不少于3个车罐中各取等量水泥，经混拌均匀后，再从中称取不少于12kg的水泥作为试样。 (2)袋装水泥： ①对同一水泥厂生产同期出厂的同品种、同强度等级、同一出厂编号的水泥为一验收批，但一验收批的总量不得超过200t。 ②随机从不少于20袋中各取等量水泥，经混拌均匀后，再从中称取不少于12kg的水泥作为试样。
	(2)砌筑水泥 (GB 3183—2003)	安定性 凝结时间 强度 保水率	
	(3)铝酸盐水泥 (GB 201—2000)	强度 凝结时间 细度	(1)同一水泥厂、同一类型、同一编号的水泥，每120t为一取样单位，不足120t也按一取样单位计。 (2)取样应有代表性，可从20袋中各取等量样品，总量至少15kg。 注：水泥取样后，超过45天使用时须重新取样试验。
2	粉煤灰 (GB/T 1596—2005)	细度 烧失量 需水量比	(1)以连续供应相同等级、相同种类的不超过200t为一验收批。 (2)取样应有代表性，从10个以上不同部位取等量样品，总量至少3kg。
3	砂 (JGJ 52—2006)	筛分析 含泥量 泥块含量	(1)以同一产地、同一规格每400m³或600t为一验收批，不足400m³或600t也按一批计。 (2)当质量比较稳定、进料量较大时，可以1000t为一验收批。 (3)取样部位应均匀分部，在料堆上从8个不同部位抽取等量试样(每份11kg)，然后用四分法缩至20kg，取样前先将取样部位表面铲除。

续表

序号	材料名称及 相关标准、规范代号	进场复验项目	组批原则及取样规定
4	碎石或卵石 (JGJ 52—2006)	筛分析 含泥量 泥块含量 针、片状颗粒含量 压碎值指标	(1)以同一产地、同一规格每 $400m^3$ 或 600t 为一验收批，不足 $400m^3$ 或 600t 也按一批计。每一验收批取样一组。 (2)当质量比较稳定，进料量较大时，可以 1000t 为一验收批。 (3)一组试样 40kg(最大粒径 10mm、16mm、20mm)或 80kg(最大粒径 31.5mm、40mm)取样部位应均匀分布，在料堆上从五个不同的部位抽取大致相等的试样 16 份。每份 5～40kg，然后缩分到 40kg 或 80kg 送检。
5	轻集料		
	(1)轻粗集料 (GB/T 17431.1～2—1998)	筛分析 堆积密度 吸水率 筒压强度 粒型系数	(1)以同一品种、同一密度等级每 $200m^3$ 为一验收批，不足 $200m^3$ 也按一批计。 (2)试样可以从料堆自上到下不同部位、不同方向任选 10 点(袋装料应从 10 袋中抽取)应避免取离析的及面层的材料。 (3)初次抽取的试样量应不少于 10 份，其总量应多于试验用料量的 1 倍。拌合均匀后，按四分法缩分到试验所需的用料量；轻粗集料为 50L，轻细集料为 10L。
	(2)轻细集料 (GB/T 17431.1～2—1998)	筛分析 堆积密度	
6	砌墙砖和砌块		
	(1)烧结普通砖 (GB/T 5101—2003)	抗压强度	(1)3.5 万～15 万块为一验收批，不足 3.5 万块也按一批计。 (2)每一验收批随机抽取试样一组(10 块)。
	(2)烧结多孔砖 (GB 13544—2000) (GB 50203—2002)	抗压强度	(1)每 5 万块为一验收批，不足 5 万块也按一批计。 (2)每一验收批随机抽取试样一组(10 块)。
	(3)烧结空心砖和空心砌块 (GB 13545—2003)	抗压强度	(1)3.5 万～15 万块为一验收批，不足 3.5 万块也按一批计。 (2)每批从尺寸偏差和外观质量检验合格的砖中，随机抽取抗压强度试验试样一组(10 块)。
	(4)非烧结垃圾尾矿砖 (JC/T 422—2007)	抗压强度 抗折强度	(1)每 5 万块为一验收批，不足 5 万块也按一批计。 (2)每批从尺寸偏差和外观质量检验合格的砖中，随机抽取强度试验试样一组(10 块)。
	(5)粉煤灰砖 (JC 239—2001)	抗压强度 抗折强度	(1)每 10 万块为一验收批，不足 10 万块也按一批计。 (2)每一验收批随机抽取试样一组(20 块)。
	(6)粉煤灰砌块 (JC 238—1991，1996)	抗压强度	(1)每 $200m^3$ 块为一验收批，不足 $200m^3$ 万块也按一批计。 (2)每批从尺寸偏差和外观质量检验合格的砌块中，随机抽取试样一组(3 块)，将其切割成边长 200mm 的立方体试件进行抗压强度试验。

续表

序号	材料名称及相关标准、规范代号	进场复验项目	组批原则及取样规定
	(7)蒸压灰砂砖(GB 11945—1999)	抗压强度 抗折强度	(1)每10万块为一验收批，不足10万块也按一批计。 (2)每一验收批随机抽取试样一组(10块)。
	(8)蒸压灰砂空心砖(JC/T 637—1996)	抗压强度	(1)每10万块砖为一验收批，不足10万块也按一批计。 (2)从外观合格的砖样中，用随机抽取法抽取2组10块(NF砖为2组20块)进行抗压强度试验和抗冻性试验。
	(9)普通混凝土空心砌块(GB 8239—1997)	抗压强度	(1)每1万块为一验收批，不足1万块也按一批计。 (2)每批从尺寸偏差和外观质量检验合格的砌块中，随机抽取抗压强度试验试样一组(5块)。
	(10)轻集料混凝土小型空心砌块(GB 15229—2002)	抗压强度	
	(11)蒸压加气混凝土砌块(GB/T 11968—2006)	立方体抗压强度 干密度	(1)同品种、同规格、同等级的砌块，以10000块为一验收批，不足10000块也按一批计。 (2)从尺寸偏差与外观检验合格的砌块中，随机抽取砌块，制作3组试件进行立方体抗压强度试验，制作3组试件做干密度检验。
7	钢材(GB 50204—2002)		
	(1)碳素结构钢(GB/T 700—2006)	拉伸试验(上屈强度、抗拉强度、伸长率)弯曲试验	(1)同一厂别，同一炉罐号、同一规格、同一交货状态每60t为一验收批，不足60t也按一批计。 (2)每一验收批取一组试件(拉伸、弯曲各1个)。
	(2)钢筋混凝土用热轧带肋钢筋(GB 1499.2—2007)	拉伸试验 (屈服强度、抗拉强度、断后伸长率) 弯曲试验	(1)同一牌号、同一炉罐号、同一规格，每60t为一验收批，不足60t也按一批计。 (2)每一验收批取一组试件(拉抻2个、弯曲2个)。 (3)超过60t的部分，每增加40t(或不足40t的余数)，增加一个拉伸试件和一个弯曲试件。
	(3)钢筋混凝土用热轧光圆钢筋(GB 1499.1—2008)	拉伸试验 (屈服强度、抗拉强度、断后伸长率) 弯曲试验	(1)同一牌号、同一炉罐号、同一尺寸，每60t为一验收批，不足60t也按一批计。 (2)每一验收批取一组试件(拉抻2个、弯曲2个)。 (3)超过60t的部分，每增加40t(或不足40t的余数)，增加一个拉伸试件和一个弯曲试件。
	(4)钢筋混凝土用余热处理钢筋(GB 13014—91)	拉伸试验 (屈服强度、抗拉强度、断后伸长率) 弯曲试验	(1)同一厂别、同一炉罐号、同一规格、同一交货状态，不足60t也按一批计。 (2)每一验收批取一组试件(拉抻2个、弯曲2个)。 (3)在任选的两根钢筋切取。
	(5)冷轧带肋钢筋(GB 13788—2008)	拉伸试验 (屈服点、抗拉强度、伸长率) 弯曲试验	(1)同一牌号、同一规格、同一生产工艺、同一交货状态，每60t为一验取批，不足60t也按一批计。 (2)每一检验批取拉伸试件1个(逐盘)，弯曲试件2个(每批)，松弛试件1个(定期)。 (3)在每(任)盘中的任意一端截去500mm后切取。

续表

序号	材料名称及相关标准、规范代号	进场复验项目	组批原则及取样规定
	(6)冷轧扭钢筋 (JG 190—2006)	拉伸试验 (抗拉强度、伸长率) 弯曲试验 重量 节距 厚度	(1)同一牌号、同一规格尺寸、同一台轧机、同一台班每10t为一验收批，不足10t也按一批计。 (2)每批取弯曲试件1个，拉伸试件2个，重量、节距、厚度各3个。
	(7)预应力混凝土用钢丝 (GB/T 5223—2002)	抗拉强度 伸长率 弯曲试验	(1)同一牌号、同一规格、同一加工状态的钢丝为一验收批，每批重量不大于60t。 (2)在每盘钢丝的任一端截取抗拉强度、弯曲和断后伸长率的试验试件各一根。规定非比例伸长应力和最大力下总伸长率试验每批取3根。
	(8)中强度预应力混凝土用钢丝 (YB/T 156—1999) (GB/T 2103—1988) (GB/T 10120—1996)	抗拉强度 伸长率 反复弯曲	(1)同一牌号、同一规格、同一强度等级、同一生产工艺的钢丝为一验收批，每批重量不大于60t。 (2)每盘钢丝的两端取样进行抗拉强度、伸长率、反复弯曲的检验。 (3)规定非比例伸长应力和松弛率试验，每季度抽检一次，每次不少于3根。
	(9)预应力混凝土用钢棒 (GB/T 5223.3—2005)	抗拉强度 断后伸长率 伸直性	(1)同一牌号、同一规格、同一加工状态的钢棒为一验收批，每批重量不大于60t。 (2)从任一盘钢棒任意一端截取1根试样进行抗拉强度、断后伸长率试验；每批钢棒不同盘中截取3根试样进行弯曲试验；每5盘取1根伸直性试验试样；规定非比例延伸强度试样为每批3根；应力松弛为每条生产线每月不少于1根。 (3)对于直条钢棒，以切断盘条的盘数为取样依据。
	(10)预应力混凝土用钢绞线 (GB/T 5224—2003)	整根钢绞线的最大力 规定非比例延伸力 最大力总伸长率	(1)由同一牌号、同一规格、同一生产工艺捻制的钢绞线为一验收批，每批重量不大于60t。 (2)从每批钢绞线中任取3盘，从每盘所选的钢绞线端部正常部位截取一根进行表面质量、直径偏差、捻距和力学性能试验。如每批少于3盘，则应逐盘进行上述检验。
	(11)预应力混凝土用低合金钢丝 (YB/T 038—1993)	拔丝用盘条： 抗拉强度 伸长率 冷弯 钢丝： 抗拉强度 伸长率 反复弯曲 应力松弛	(1)拔丝用盘条：见本表7-(3)(低碳热轧圆盘条) (2)钢丝： ①同一牌号、同一形状、同一尺寸、同一交货状态的钢丝为一验收批。 ②从每批中抽查5%，但不少于5盘进行形状、尺寸和表面检查。 ③从上述检查合格的钢丝中抽取5%，优质钢抽取10%，不少于3盘，拉伸试验每盘一个(任意端)；不少于5盘，反复弯曲试验每盘一个(任意端去掉500mm后取样)。

续表

序号	材料名称及相关标准、规范代号	进场复验项目	组批原则及取样规定
	(12)一般用途低碳钢丝 (GB/T 343—1994)	抗拉强度 180度弯曲试验次数 伸长率	(1)同一尺寸、同一锌层级别、同一交货状态的钢丝为一验收批。 (2)从每批中抽查5%，但不少于5盘进行形状、尺寸和表面检查。 (3)从上述检查合格的钢丝中抽取5%，优质钢抽取10%，不少于3盘，拉伸试验、反复弯曲试验每盘各一个(任意端)。
8	砂浆 (GB 50203—2002) (GB 50209—2002)	抗压强度	(1)每一检验批且不超过250m³砌体的各种类型及强度等级的砌筑砂浆，每台搅拌机应至少抽检一次。每次至少应制作一组(6个)标准养护试块。如砂浆等级或配合比变更时，还应制作试块。 (2)冬期施工砂浆试块的留置，除应按常温规定要求外，尚应增留不少于1组与砌体同条件养护的试块，测试检验28d强度。 (3)干拌砂浆：同强度等级每400t为一验收批，不足400t也按一批计。每批从20个以上的不同部位取等量样品。总质量不少于15kg，分成两份，一份送试，一份备用。 (4)建筑地面用水泥砂浆，以每一层或1000m²为一检验批，不足1000m²也按一批计。每批砂浆至少取样一组。当改变配合比时也应相应地留量试块。
9	混凝土 (GB 50010—2002) (GB 50204—2002)		
	(1)普通混凝土	抗压强度	试块的留置： ①每拌制100盘且不超过100m³的同配合比的混凝土，取样不得少于一次。 ②每工作班拌制的同一配合比的混凝土不足100盘时，取样不得少于一次。 ③当一次连续浇筑超过1000m³时，同一配合比混凝土每200m³混凝土取样不得少于一次。 ④每一楼层，同一配合比的混凝土，取样不得少于一次。 ⑤每次取样应至少留置一组标准养护试件，同条件养护试件的留置组数(如拆模前，拆除支撑前等)应根据实际需要确定。 ⑥冬期施工时，掺用外加剂的混凝土，还应留置与结构同条件养护的用以检验受冻临界强度试件及与结构同条件养护28d、再标准养护28d的试件；未掺用外加剂的混凝土，应留置与结构同条件养护的用以检验受冻临界强度试件及解除冬期施工后转常温养护28d的同条件试件。 ⑦用于结构实体检验的同条件养护试件留置应符合下列规定：对混凝土结构工程中的各混凝土强度等级，均应留置同条件养护试件；同一强度等级的同条件养护试件，其留置的数量应根据混凝土工程量和重要性确定，不宜少于10组，且不应少于3组。 ⑧建筑地面工程的混凝土，以同一配合比，同一强度等级，每一层或每1000m²为一检验批，不足1000m²也按一批计。每批应至少留置一组试块。

续表

序号	材料名称及相关标准、规范代号	进场复验项目	组批原则及取样规定
	(2)抗渗混凝土	抗压强度 抗渗等级	(1)试块的留置： ①连续浇筑抗渗混凝土每 $500m^3$ 应留置一组抗渗试件(一组为 6 个抗渗试件)，且每项工程不得少于两组。采用预拌混凝土的抗渗试件，留置组数应视结构的规模和要求而定。混凝土的抗渗性能，应采用标准条件下养护混凝土抗渗试件的试验结果评定。 ②冬季施工检验掺用防冻剂的混凝土抗渗性能，应增加留置与工程同条件养护 28d，再标准养护 28d 后进行抗渗试验的试件。 (2)留置抗渗试件的同时需留置抗压强度试件并应取自同一盘混凝土拌合物中。取样方法同普通混凝土，试块应在浇筑地点制作。
	(3)轻集料混凝土	干表观密度 抗压强度	(1)抗压强度、稠度同普通混凝土。 (2)混凝土干表观密度试验：连续生产的预制构件厂及预拌混凝土同配合比的混凝土每月不少于 4 次；单项工程每 $100m^3$ 混凝土至少一次，不足 $100m^3$ 也按 $100m^3$ 计。
10	外加剂 (GB 50119—2003)		
	(1)普通减水剂 (GB 8076—2008)	pH 值 密度(或细度) 减水率	(1)掺量大于 1%(含 1%)同品种的外加剂，每 100t 为一验收批，不足 100t 也按一批计。掺量小于 1%的同品种、同一编号的外加剂，每 50t 为一验收批，不足 50t 也按一批计。 (2)从不少于三个点取等量样品混匀。 (3)取样数量，不少于 0.2t 水泥所需量。
	(2)高效减水剂 (GB 8076—2008)	pH 值 密度(或细度) 减水率	
	(3)早强减水剂 (GB 8076—2008)	密度(或细度) 钢筋锈蚀 1d、3d 抗压强度 减水率	
	(4)缓凝减水剂 (GB 8076—2008)	pH 值 密度(或细度) 混凝土凝结时间 减水剂	
	(5)引气减水剂 (GB 8076—2008)	pH 值 密度(或细度)、减水率 含气量	
	(6)缓凝高效减水剂 (GB 8076—2008)	pH 值 密度(或细度) 混凝土凝结时间 减水剂	
	(7)缓凝剂 (GB 8076—2008)	pH 值 密度(或细度) 混凝土凝结时间	
	(8)引气剂 (GB 8076—2008)	pH 值 密度(或细度)含气量	
	(9)早强剂 (GB 8076—2008)	密度(或细度) 钢筋锈蚀 1d、3d 抗压强度	

续表

序号	材料名称及相关标准、规范代号	进场复验项目	组批原则及取样规定
	(10)泵送剂 (GB 8076—2008) (JC 473—2001)	pH值 密度(或细度) 坍落度增加值 坍落度损失	(1)以同一生产厂、同品种、同一编号的泵送剂每50t为一验收批，不足50t也按一批计。 (2)从不少于三个点取等量样品混匀。 (3)取样数量，不少于0.2t水泥所需量。
	(11)防水剂 (JC 474—1999)	pH值 密度(或细度) 钢筋锈蚀	(1)年产500t以上的防水剂每50t为一验收批，500t以下的防水剂每30t为一验收批，不足50t或30t也按一批计。 (2)从不少于三个点取等量样品混匀。 (3)取样数量，不少于0.2t水泥所需量。
	(12)防冻剂 (JC 475—2004)	密度(或细度) 钢筋锈蚀 R_{7}、R_{+28}抗压强度比	(1)同品种的防冻剂，每50t为一验收批，不足50t也按一批计。 (2)取样应具有代表性，可连续取，也可以从20个以上的不同部位取等量样品。液体防冻剂取样应注意从容器的上、中、下三层分别取样。每批取样数量不少于0.15t水泥所需量。
	(13)膨胀剂 (JC 476—2001)	限制膨胀率	(1)以同一生产厂、同品种、同一编号的膨胀剂每200t为一验收批，不足200t也按一批计。 (2)取样应具有代表性，可连续取，也可从20个以上部位取等量样品，总量不小于10kg。
	(14)喷射用速凝剂 (JC 477—2005)	密度(或细度) 钢筋锈蚀 混凝土凝结时间 1d抗压强度	(1)同一生产厂、同品种、同一编号，每20t为一验收批，不足20t也按一批计。 (2)从16个不同点取等量试样混匀。取样数量不少于4kg。
11	防水卷材 (GB 50207—2002) (GB 50208—2002)		
	(1)铝箔面油毡 (JC/T 504—1992，1996)	纵向拉力 耐热度 柔度 不透水性	(1)以同一生产厂的同一品种、同一等级的产品，大于1000卷抽5卷，500～1000卷抽4卷，100～499卷抽3卷，100卷以下抽2卷，进行规格尺寸和外观质量检验。在外观质量检验合格的卷材中，任取一卷作物理性能检验。 (2)将试样卷材切除距外层卷头2500mm顺纵向截取600mm的2块全幅卷材送检。
	(2)改性沥青聚乙烯胎防水卷材(GB 18967—2003) (3)弹性体改性沥青防水卷材(GB 18242—2008) (4)塑性体改性沥青防水卷材(GB 18243—2008) (5)《自粘橡胶沥青防水卷材》GB/T 23441—2009 (6)自粘聚合物改性沥青聚酯胎防水卷材(JC 898—2002)	拉力 最大拉力 时延伸率(或断裂延伸率) 不透水性 低温柔度(或柔度) 耐热度	(1)以同一类型、同一规格$10000m^{2}$的产品为一批，不足$10000m^{2}$按一批计。 (2)在每批产品中随机抽取五卷进行单位面积质量、面积、厚度及外观检查。 (3)从单位面积质量、面积、厚度及外观检查合格的卷材中任取一卷进行材料性能检验。将试样卷材切除距外层卷头2500mm后，取1m长的卷材进行材料性能检验。

续表

序号	材料名称及相关标准、规范代号	进场复验项目	组批原则及取样规定
	(7)高分子防水片材 (GB 18173.1—2006)	断裂拉伸强度 扯断伸长率 不透水性 低温弯折性	(1)以同一生产厂的同一品种、同一等级的产品，大于1000卷抽5卷，500～1000卷抽4卷，100～499卷抽3卷，100卷以下抽2卷，进行规格尺寸和外观质量检验。在外观质量检验合格的卷材中，任取一卷作物理性能检验。 (2)将试样卷材切除距外层卷头300mm后顺纵向切取1500mm的全幅卷材2块，一块作物理性能检验用，另一块备用。
	(8)聚氯乙烯防水卷材 (GB 12952—2003)		
	(9)氯化聚乙烯防水卷材 (GB 12953—2003)		
	(10)氯化聚乙烯-橡胶共混防水卷材 (JC/T 684—1997)		
	(11)玻纤胎沥青瓦 (GB/T 20474—2006)	可溶物含量 拉力 耐热度 柔度	(1)以同一生产厂，同一等级的产品，每20000m² 为一验收批，不足20000m² 也按一批计。 (2)从外观、重量、规格、尺寸、允许偏差合格的油毡瓦中，任取4片试件进行物理性能试验。
12	防水涂料 (GB 50207—2002) (GB 50208—2002)		
	(1)溶剂型橡胶沥青防水涂料 (JC/T 852—1999)	固体含量 不透水性 低温柔度 耐热度 延伸率	(1)同一生产厂每5t产品为一验收批，不足5t也按一批计。 (2)随机抽取，抽样数应不低于$\sqrt{\frac{n}{2}}$(n是产品的桶数)。 (3)从已检的桶内不同部位，取相同量的样品，混合均匀后取两份样品，分别装入样品容器中，样品容器应留有约5%的空隙，盖严，并将样品容器外部擦干净立即作好标志。一份试验用，一份备用。
	(2)水乳型沥青防水涂料 (JC/T 408—2005)		
	(3)聚氨酯防水涂料 (GB/T 19250—2003)	固体含量 断裂延伸率 拉伸强度 低温柔性 不透水性	(1)同一生产厂，以甲组份每5t为一验收批，不足5t也按一批计算。乙组份按产品重量配比相应增加。 (2)每一验收批按产品的配比分别取样，甲、乙组份样品总重为2kg。 (3)搅拌均匀后的样品，分别装入干燥的样品容器中，样品容器内应留有5%的空隙，密封并作好标志。
	(4)聚合物乳液建筑防水涂料 (JC/T 864—2008)	断裂延伸率 拉伸强度 低温柔性 不透水性 固体含量	(1)同原料、配方、连续审查的产品，出厂检验以每5t为一验收批，不足5t也按一批计。 (2)抽样按GB/T 3186进行。 (3)取4kg样品用于检验。
	(5)聚合物水泥防水涂料 (GB/T 23445—2009)	断裂伸长率 拉伸强度 低温柔性 不透水性 抗渗性	(1)以同一类型的10t产品为一验收批，不足10t也按一批计。 (2)产品的液体组份取样按GB/T 3186的规定进行。 (3)配套固体组份的抽样按GB 12973中的袋装水泥的规定进行，两组份共取5kg样品。

续表

序号	材料名称及相关标准、规范代号	进场复验项目	组批原则及取样规定
13	防水密封材料 (GB 50207—2002) (GB 50208—2002)		
	(1)建筑石油沥青 (GB/T 494—1998)	软化点 针入度 延度	(1)以同一产地、同一品种、同一标号，每 20t 为一验收批，不足 20t 也按一批计，每一验收批取样 2kg。 (2)在料堆上取样时，取样部位应均匀分布，同时应不少于五处，每处取洁净的等量试样共 2kg 作为检验和留样用。
	(2)建筑防水沥青嵌缝油膏 (JC 207—1996)	耐热性(屋面) 低温柔性 拉伸粘结性 施工温度	(1)以同一生产厂、同一标号的产品每 2t 为一验收批，不足 2t 也按一批计。 (2)每批随机抽取 3 件产品，离表皮大约 50mm 处各取样 1kg，装于密封容器内，一份作试验用，另两份备用。
	(3)聚氨酯建筑密封胶 (JC/T 482—2003)	拉伸模量 (或拉伸粘结性) 定伸粘结性 低温柔性	(1)以同一生产厂、同等级、同类型产品每 2t 为一验收批，不足 2t 也按一批计。每批随机抽取试样 1 组，试样量不少于 1kg。(屋面每 1 t 为一验收批)。 (2)随机抽取试样，抽样数应不低于$\sqrt{\frac{n}{2}}$，(n是产品的桶数)。 (3)从已初检的桶内不同部位，取相同量的样品，混合均匀后 A、B 组份各 2 份，分别装入样品容器中，样品容器应留有 5%的空隙，盖严，并将样品容器外部擦干净，立即作好标志。一份试验用，一份备用。
	(4)聚硫建筑密封胶 (JC/T 483—2006)		
	(5)丙烯酸酯建筑密封胶 (JC 484—1992)(1996)		
	(6)聚氯乙烯建筑防水接缝材料 (JC 798—1997)		
	(7)建筑用硅酮结构密封胶 (GB 16776—2005)	23℃拉伸粘结性	(1)以同一生产厂、同一类型、同一品种的产品，每 2t 为一验收批，不足 2t 也按一批计。 (2)随机抽样，抽取量应满足检验需用量(约 0.5kg)。从原包装双组份结构胶中抽样后，应立即另行密封包装。
14	刚性防水材料 (GB 50207—2002) (GB 50208—2002)		
	(1)水泥基渗透结晶型防水材料 (GB 18445—2001)	抗压强度 抗折强度 粘结强度 抗渗压力	(1)同一生产厂每 10t 产品为一验收批，不足 10t 也按一批计。 (2)在 10 个不同的包装中随机取样，每次取样 10kg。 (3)取样后应充分拌合均匀，一分为二，一份送试；另一份密封保存一年，以备复验或仲裁用。
	(2)无机防水堵漏材料 (GB 23440—2009)	抗压强度 抗折强度 粘结强度 抗渗压力	(1)连续生产同一类别产品，30t 为一验收批，不足 30t 也按一批计。 (2)在每批产品中随机抽取。5kg(含)以上包装的，不少于三个包装中抽取样品；少于 5kg 包装的，不少于十个包装中抽取样品。 (3)将所取样充分混合均匀。样品总质量为 10kg。将样品一分为二，一份为检验样品；另一份为备用样品。

续表

序号	材料名称及 相关标准、规范代号	进场复验项目	组批原则及取样规定
15	陶瓷砖 (GB 50210—2001)		
	(1)陶瓷砖 (GB/T 4100—2006)	吸水率(用于外墙) 抗冻性(寒冷地区)	(1)以同一生产厂、同种产品、同一级别、同一规格，实际的交货量大于 $5000m^2$ 为一批，不足 $5000m^2$ 也按一批计。 (2)吸水率试验试样 ①每块砖的表面积不大于 $0.04m^2$ 时需取 10 块整砖； ②如每块砖的表面积大于 $0.04m^2$ 时，需取 5 块整砖； ③每块砖的质量小于 50g，则需足够数量的砖使每种测试样品达到 50～100g。 (3)抗冻性试验试样需取 10 块整砖。
	(2)彩色釉面陶瓷墙地砖 (GB 11947—1989)		
	(3)陶瓷马赛克 (JC/T 456—2005)	吸水率 耐急冷急热性	(1)以同一生产厂的产品每 $500m^2$ 为一验收批，不足 $500m^2$ 也按一批计。 (2)从表面质量，尺寸偏差合格的试样中抽取 15 块。
16	石材 (GB 50210—2001) (GB 50327—2001)		
	(1)天然花岗石建筑板材 (JC 830.1—2005) (GB/T 18601—2001)	放射性(室内用) 弯曲强度(幕墙工程) 耐冻融性	(1)以同一产地、同一品种、等级、类别的板材每 $200m^2$ 为一验收批，不足 $200m^2$ 的单一工程部位的板材也按一批计。 (2)在外观质量，尺寸偏差检验合格的板材中抽取，抽样数量按照 GB/T 18601 中 7.1.3 条规定执行。弯曲强度试样尺寸为(10H+50)mm×100mm×*H*mm(*H* 为试样厚度，且≤68mm)，每种条件下的试样取 5 块/组(如干燥、水饱和条件下的垂直和平行层理的弯曲强度试样应制备 20 块)，试样不得有裂纹、缺棱和缺角。抗冻系数试样尺寸与弯曲强度一致，无层理石材需试块 10 块，有层理石材需平行和垂直层理各 10 块进行试验。
	(2)天然大理石 (GB/T 19766—2005) (JC 830.1—2005)	放射性(室内用) 弯曲强度(幕墙工程) 耐冻融性	(1)以同一产地、同一品种、等级、类别的板材每 $100m^3$ 为一验收批。不足 $100m^3$ 的单一工程部位的板材也按一批计。 (2)在外观质量，尺寸偏差检验合格的板材中抽取，抽样数量按照 GB/T 19766 中 7.1.3 条规定执行。具体抽样量同上。
17	铝塑复合板 (GB 50210—2001) (GB/T 17748—1999)	铝合金板与夹层 的剥离强度 (用于外墙)	(1)以同一等级、同一品种、同一规格的产品 $3000m^2$ 按一批计。 (2)从每批中随机抽取三张板，分别在每张板上取 25mm×350mm 的试件两块。
18	木材、木地板 (GB 50206—2001) (GB 50210—2001) (GB 50325—2001) (2006 版)		

续表

序号	材料名称及 相关标准、规范代号	进场复验项目	组批原则及取样规定
	(1)装饰单板贴面人造板 (GB/T 15104—2006)	甲醛释放量	(1)同一地点、同一类别、同一规格的产品为一验收批。 (2)随机抽取3份，并立即用不会释放或吸附甲醛的包装材料将样品密封。
	(2)细木工板 (GB/T 5849—2006)		
	(3)层板胶合木 (GB/T 50—2001)	甲醛释放量	(1)同一地点、同一类别、同一规格的产品为一验收批。 (2)甲醛释放量试验需随机抽取3份，并立即用不会释放或吸附甲醛的包装材料将样品密封。
	(4)实木复合地板 (GB/T 18103—2000)		
	(5)中密度纤维板 (GB/T 11718—1999) (GB/T 17657—1999)		
19	墙体节能工程用保温材料 (GB 50411—2007)		
	(1)模塑聚苯乙烯泡沫塑料板 (GB/T 10801.1—2002)	导热系数 表观密度 压缩强度	同一厂家同一品种的产品，当单位工程建筑面积在20000m² 以下时各抽查不少于3次；20000m² 以上时各抽查不少于6次。 抽样数量：2m²
	(2)挤塑聚苯乙烯泡沫塑料板 (GB/T 10801.2—2002)	导热系数 压缩强度	
	(3)建筑绝热用硬质聚氨酯泡沫塑料 (GB/T 21558—2008)	导热系数 表观密度 压缩性能	同一厂家同一品种的产品，当单位工程建筑面积在20000m² 以下时各抽查不少于3次；20000m² 以上时各抽查不少于6次。 抽样数量：2m²
	(4)喷涂硬质聚氨酯泡沫塑料 (GB/T 20219—2006)	导热系数 表观密度 抗压强度	
	(5)建筑保温砂浆 (GB/T 20473—2006)	导热系数 干表观密度 抗压强度(压缩强度)	同一厂家同一品种的产品，当单位工程建筑面积在20000m² 以下时各抽查不少于3次；20000m² 以上时各抽查不少于6次。 抽样数量：7kg 干混合料
	(6)玻璃棉、矿渣棉、矿棉及其制品 (GB/T 13350—2000) (GB/T 11835—2007)	导热系数 密度	同一厂家同一品种的产品，当单位工程建筑面积在20000m² 以下时各抽查不少于3次；20000m² 以上时各抽查不少于6次。 抽样数量：板材2m²，管材长度2m
20	幕墙节能工程用保温材料 (GB 50411—2007)		

续表

序号	材料名称及相关标准、规范代号	进场复验项目	组批原则及取样规定
	(1)模塑聚苯乙烯泡沫塑料板（GB/T 10801.1—2002）	导热系数 表观密度	同一厂家同一品种的产品，当单位工程建筑面积在20000m² 以下时各抽查不少于3次；20000m² 以上时各抽查不少于6次。 抽样数量：2 m²
	(2)挤塑聚苯乙烯泡沫塑料板（GB/T 10801.2—2002）	导热系数	
	(3)建筑绝热用硬质聚氨酯泡沫塑料（GB/T 21558—2008）	导热系数 表观密度	同一厂家同一品种的产品，当单位工程建筑面积在20000m² 以下时各抽查不少于3次；20000m² 以上时各抽查不少于6次。 抽样数量：2 m²
	(4)喷涂硬质聚氨酯泡沫塑料（GB/T 20219—2006）	导热系数 表观密度	
	(5)建筑保温砂浆（GB/T 20473—2006）	导热系数 干表观密度	同一厂家同一品种的产品，当单位工程建筑面积在20000m² 以下时各抽查不少于3次；20000m² 以上时各抽查不少于6次。 抽样数量：7kg 干混合料
	(6)玻璃棉、矿渣棉、矿棉及其制品（GB/T 13350—2000）（GB/T 11835—2007）	导热系数 密度	同一厂家同一品种的产品，当单位工程建筑面积在20000m² 以下时各抽查不少于3次；20000m² 以上时各抽查不少于6次 抽样数量：板材2m²，管材长度2m
21	屋面、地面节能工程用保温材料（GB 50411—2007）		
	(1)模塑聚苯乙烯泡沫塑料板（GB/T 10801.1—2002）	导热系数 表观密度 压缩强度	同一厂家同一品种的产品，当单位工程建筑面积在20000m² 以下时各抽查不少于3次；20000m² 以上时各抽查不少于6次。 抽样数量：2 m²
	(2)挤塑聚苯乙烯泡沫塑料板（GB/T 10801.2—2002）	导热系数 压缩强度	
	(3)建筑绝热用硬质聚氨酯泡沫塑料（GB/T 21558—2008）	导热系数 表观密度 压缩性能	同一厂家同一品种的产品，当单位工程建筑面积在20000m² 以下时各抽查不少于3次；20000m² 以上时各抽查不少于6次。 抽样数量：2 m²
	(4)喷涂硬质聚氨酯泡沫塑料（GB/T 20219—2006）	导热系数 表观密度 抗压强度	
	(5)建筑保温砂浆（GB/T 20473—2006）	导热系数 干表观密度 抗压强度(压缩强度)	同一厂家同一品种的产品，当单位工程建筑面积在20000m² 以下时各抽查不少于3次；20000m² 以上时各抽查不少于6次。 抽样数量：7kg 干混合料

续表

序号	材料名称及相关标准、规范代号	进场复验项目	组批原则及取样规定
	(6)玻璃棉、矿渣棉、矿棉及其制品 (GB/T 13350—2000) (GB/T 11835—2007)	导热系数 密度	同一厂家同一品种的产品，当单位工程建筑面积在 $20000m^2$ 以下时各抽查不少于 3 次；$20000m^2$ 以上时各抽查不少于 6 次。 抽样数量：板材 $2m^2$，管材长度 2m
22	采暖、通风和空调用保温材料 (GB 50411—2007)		
	(1)柔性泡沫橡塑绝热制品 (GB/T 17794—2008)	导热系数 密度 吸水率	同一厂家同一品种的产品，当单位工程建筑面积在 $20000m^2$ 以下时各抽查不少于 3 次；$20000m^2$ 以上时各抽查不少于 6 次。 抽样数量：板材 $2m^2$，管材长 2m
	(2)玻璃棉、矿渣棉、矿棉及其制品 (GB/T 13350—2000) (GB/T 11835—2007)		
	(3)高密度聚乙烯外护管聚氨酯泡沫塑料预制直埋保温管 (CJ/T114—2000)	导热系数 密度 吸水率	同一厂家同一品种的产品，当单位工程建筑面积在 $20000m^2$ 以下时各抽查不少于 3 次；$20000m^2$ 以上时各抽查不少于 6 次。 抽样数量：管材长 2m
23	粘结材料 (GB 50411—2007)		
	(1)胶粘剂 (JGJ 144—2004) (JG158—2004) (JG149—2003)	粘接强度 (常温常态浸水 48h 拉伸粘接强度 (与水泥砂浆))	同一厂家同一品种的产品，当单位工程建筑面积在 $20000m^2$ 以下时各抽查不少于 3 次；$20000m^2$ 以上时各抽查不少于 6 次。 抽样数量：5kg
	(2)粘结砂浆 (JG/T230—2007)	拉伸粘接原强度 (与聚苯板和水泥砂浆)	同一厂家同一品种的产品，当单位工程建筑面积在 $20000m^2$ 以下时各抽查不少于 3 次；$20000m^2$ 以上时各抽查不少于 6 次。 抽样数量：5kg
	(3)瓷砖粘接剂 (JC/T 547—2005) (JG/T230—2007)	G 粘接强度 (粘接拉伸强度)	同一厂家同一品种的产品，当单位工程建筑面积在 $20000m^2$ 以下时各抽查不少于 3 次；$20000m^2$ 以上时各抽查不少于 6 次。 抽样数量：5kg
24	增强网 (GB 50411—2007)		
	(1)耐碱型玻纤网格布 (JC/T 561.2—2006)	力学性能 抗腐蚀性能	同一厂家同一品种的产品，当单位工程建筑面积在 $20000m^2$ 以下时各抽查不少于 3 次；$20000m^2$ 以上时各抽查不少于 6 次。 抽样数量：长度 2m
	(2)镀锌钢丝网 (QB/T3897—1999)	力学性能 抗腐蚀性能	同一厂家同一品种的产品，当单位工程建筑面积在 $20000m^2$ 以下时各抽查不少于 3 次；$20000m^2$ 以上时各抽查不少于 6 次。 抽样数量：长度 2m

续表

序号	材料名称及相关标准、规范代号	进场复验项目	组批原则及取样规定
25	建筑外窗 (GB 50210—2001)	抗风压性能 空气渗漏性能 雨水渗透性能	(1)同一厂家的同一品种、类型、规格的门窗及门窗玻璃每100樘划分为一个检验批，不足100樘也为一个检验批。 (2)同一厂家同一品种同一类型的产品各抽查不少于3樘。
	建筑外窗 (GB 50411—2007)	气密性 传热系数 中空玻璃露点	
26	幕墙 (GB 50411—2007) (GB/T 15225—1994)	气密性能	(1)当幕墙面积大于3000m² 或建筑外墙面积50%时，应现场抽取材料和配件，在检测试验室安装制作试件进行检测。 (2)应对一个单位工程中面积超过1000 m² 的每一种幕墙均取一个试件进行检测。
27	幕墙玻璃 (GB 50411—2007) (GB/T 11944-1989)	传热系数 遮阳系数 可见光透射比 中空玻璃露点	同一厂家同一产品抽查不少于一组。
28	幕墙隔热型材 (GB 50411—2007) (GB 5237.6—2004) (JG/T175—2005)	抗拉强度 抗剪强度	同一厂家同一产品抽查不少于一组。
29	散热器 (GB 50411—2007)	单位散热量 金属热强度	同一厂家同一规格的散热器按其数量的1%见证取样送检，但不得少于2组。
30	风机盘管机组 (GB 50411—2007) (GB/T 19232—2003)	供冷量 供热量 风量 出口静压 功率 噪声	同一厂家的风机盘管机组按数量复验2%，不得少于2台。
31	低压配电系统用电缆、电线 (GB 50411—2007)	截面 每芯导体电阻值	同一厂家各种规格总数的10%，且不少于2个规格。
32	钢结构工程用高强螺栓 (GB 50205—2001)	连接副预应力	(1)在施工现场待安装的检验批中随机抽取。 (2)每批应抽取8套。
		连接副扭矩系数	(1)在施工现场待安装的检验批中随机抽取。 (2)每批应抽取8套。
		连接摩擦面抗滑移系数	(1)制造批可按分部(子分部)工程划分规定的工程量每2000t为一批，不足2000t可视为一批。 (2)选用两种或两种以上便面处理工艺时，每种处理工艺应单独检验。 (3)每批三组试件。
33	钢网架 (GB 50205—2001)	节点承载力	每项试验做3个试件。

附录 C　建筑工程资料管理用表

建筑工程资料管理用表

<table>
<tr><td colspan="3">建设工程概况（建筑工程类）
表 A8-1</td><td colspan="2">档　　号
（由档案馆填写）</td><td></td></tr>
<tr><td colspan="2">建筑工程名称</td><td>×××工程</td><td colspan="2">工程曾用名</td><td></td></tr>
<tr><td colspan="2">建筑工程地址</td><td colspan="4">×××</td></tr>
<tr><td colspan="2">规划用地许可证号</td><td>09 规（　）号</td><td colspan="2">规划许可证号</td><td>09 规（　）号</td></tr>
<tr><td colspan="2">施工许可证号</td><td></td><td colspan="2">工程设计号</td><td></td></tr>
<tr><td colspan="2">工程档案登记号</td><td></td><td colspan="2">工程决算（元）</td><td></td></tr>
<tr><td colspan="2">开工日期</td><td>200×年×月×日</td><td colspan="2">竣工日期</td><td>200×年×月×日</td></tr>
<tr><td rowspan="4">建设单位</td><td>单位名称</td><td>×××</td><td colspan="2">单位代码</td><td></td></tr>
<tr><td>单位地址</td><td>×××</td><td colspan="2">邮政编码</td><td></td></tr>
<tr><td>联系人</td><td>×××</td><td colspan="2">电话</td><td></td></tr>
<tr><td>建设单位上级主管</td><td colspan="4"></td></tr>
<tr><td colspan="2">与本工程有关单位</td><td colspan="3">单位名称</td><td>单位代码</td></tr>
<tr><td colspan="2">产权单位</td><td colspan="3">×××单位</td><td></td></tr>
<tr><td colspan="2">规划批准单位</td><td colspan="3">×××规划局</td><td></td></tr>
<tr><td colspan="2">设计单位</td><td colspan="3">×××建筑设计研究院</td><td></td></tr>
<tr><td colspan="2">施工单位</td><td colspan="3">×××建筑工程公司</td><td></td></tr>
<tr><td colspan="2">监理单位</td><td colspan="3">×××监理公司</td><td></td></tr>
<tr><td colspan="2">勘察单位</td><td colspan="3">×××勘察设计院</td><td></td></tr>
<tr><td colspan="2">管理单位</td><td colspan="3"></td><td></td></tr>
<tr><td colspan="2">使用单位</td><td colspan="3"></td><td></td></tr>
</table>

<table>
<tr><td>总建筑面积
(m^2)</td><td>33000</td><td>总占地面积
(m^2)</td><td>5900</td><td>主要建筑物
最高高度
(m)</td><td>65.8</td></tr>
<tr><td>填表单位</td><td colspan="2">×××单位</td><td>填表人</td><td colspan="2">×××</td></tr>
<tr><td>审核人</td><td colspan="2">×××</td><td>填表日期</td><td colspan="2">200×年×月×日</td></tr>
</table>

注：本表由建设单位填写。

<table>
<tr><td colspan="2">**监　理　通　知**
表 B1</td><td>资料编号</td><td>10</td></tr>
<tr><td>工程名称</td><td>×××商住楼工程</td><td>日　期</td><td>200×年×月×日</td></tr>
<tr><td colspan="4">致　×××建筑公司　（施工单位）：

事由：
二区工段给水系统干管材质及安装的质量问题。

内容：
我项目监理部监理工程师在巡检中发现，二区工段给水系统干管材质的外观、壁厚不符合要求；安装位置、标高等不符合规范要求，责令将已使用的不合格干管撤换，返工重做。
特此通知×××建筑公司对此项工程质量进行认真复查，并将复查结果报项目监理部。

监理工程师（签字）：×××
监理单位名称：×××建设监理公司　　总监理工程师（签字）：×××</td></tr>
</table>

注：本表由监理单位填写，重要监理通知应由总监理工程师签署。

监理抽检记录 表 B2		资料编号	
工程名称	×××商住楼工程	抽检日期	200×年×月×日

检查项目：框架柱竖向钢筋直螺纹连接接头

检查部位：地上二层Ⅲ段（③—④/Ⓐ—Ⓓ轴）

检查数量：3 根接头试件

被委托单位：×××试验室

检查结果：　　☐合格　　☑不合格

处置意见：

因 3 根　22 试件中有 1 根试件的强度不符合《钢筋机械连接通用技术规程》JGJ 107—2003 的规定，应再取 6 个试件进行复检。（如加倍取样仍不符合要求，则判定该验收批不合格，并通知施工单位）

监理工程师（签字）：×××　　日期：200×年×月×日

监理单位名称：×××监理公司　　总监理工程师（签字）：×××　　日期：200×年×月×日

注：本表由监理单位填写。

<table>
<tr><td colspan="2">不合格项处置记录
表 B3</td><td>资料编号</td><td></td></tr>
<tr><td>工程名称</td><td></td><td>发生/发现日期</td><td>200×年×月×日</td></tr>
<tr><td colspan="4">不合格项发生部位与原因：
致 ×××建筑公司 （单位）：
由于以下情况的发生，使你单位在 地上二层Ⅲ段（③—④/Ⓐ—Ⓓ轴） 发生
严重☐/一般☑ 不合格项，请及时采取措施予以整改。
具体情况：
抽检该部位 3 根Φ 22 试件的强度不符合要求，委托试验室加倍取样仍有 1 试件强度不符合要求，故判定该验收批不合格。
☐自行整改
☑整改后报我方验收

签发单位名称：×××建设监理公司 签发人（签字）：××× 日期：200×年×月×日</td></tr>
<tr><td colspan="4">不合格项改正措施：
将该部位的直螺纹（Φ 22）的接头重新更换，经试验室取样试验合格

整改限期：200×年×月×日
整改责任人（签字）：×××
单位负责人（签字）：×××</td></tr>
<tr><td colspan="4">不合格项整改结果：
致：×××建设监理公司 （签发单位）：
根据你方指示，我方已完成整改，请予以验收。
单位负责人（签字）：××× 日期：200×年×月×日</td></tr>
<tr><td colspan="4">整改结论： ☑同意验收 ☐
☐继续整改 ☐
验收单位名称：×××建设监理公司 验收人（签字）：××× 日期：200×年×月×日</td></tr>
</table>

注：本表由监理单位填写。

工程暂停令 表 B4		资料编号	001
工程名称	×××商住楼工程	日　期	200×年×月×日

致 ×××建筑公司 （施工单位）：

由于 设计单位要求部分地基需深挖处理回填土及配砂石的 原因，现通知你方必须于200×年×月×日×时起，对本工程的 地基处理 部位（工序）实施暂停施工，并按下述要求做好各项工作：

1. 按设计要求：将原2：8灰土回填的深挖地基处，重新清土，并对回填人员进行技术交底。

2. 项目部按设计要求对地基深挖处理部位重新回填土及配砂石。

3. 项目部整改完成后，自检合格报项目监理部重新验收。

监理单位名称：×××建设监理公司　　　　总监理工程师（签字）：×××

注：本表由监理单位填写。

<table>
<tr><td colspan="2">工程延期审批表
表 B5</td><td>资料编号</td><td></td></tr>
<tr><td>工程名称</td><td>×××商住楼工程</td><td>日　期</td><td>200×年×月×日</td></tr>
<tr><td colspan="4">致 ×××建筑公司 （施工单位）：
根据施工合同条款 ×× 条的规定，我方对你方提出的第（××）号
关于 ×××商住楼 工程延期申请，要求延长工期 3 日历天，经过我方审核评估：
☑ 同意工期延长 3 日历天。竣工日期（包括已指令延长的工期）从
原来的 200× 年 × 月 × 日延长到 200× 年 × 月 × 日。请你方执行。
☐ 不同意延长工期，请按约定竣工日期组织施工。
说明：
工程延期发生在被批准的关键路线上，经甲乙双方协商、同意延期。

监理单位名称：×××建设监理公司　　　　总监理工程师（签字）：×××</td></tr>
</table>

注：本表由监理单位填写。

费用索赔审批表 表 B6		资料编号	
工程名称	×××商住楼工程	日　期	200×年×月×日

致　×××建筑公司　（施工单位）：

根据施工合同第　21　条款的规定，你方提出的第（006）号

关于　机电系统延期到货　费用索赔申请，索赔金额共计人民币（大写）　贰万陆仟元整　，（小写）　￥26000　，经我方审核评估：

☐ 不同意此项索赔。

☑ 同意此项索赔，金额为（大写）　贰万陆仟元整　。

理由：

施工合同中对甲方提供的机电系统订货合同已约定供货时间，因机电系统未按时进场，直接引起施工单位租用的汽车吊闲置。

索赔金额的计算：

执行 2001 年预算定额计算

监理工程师（签字）：×××

监理单位名称：×××建设监理公司　　总监理工程师（签字）：×××

注：本表由监理单位填写。

<table>
<tr><td colspan="2">工程款支付证书
表 B7</td><td>资料编号</td><td></td></tr>
<tr><td>工程名称</td><td>×××商住楼工程</td><td>日　期</td><td>200×年×月×日</td></tr>
<tr><td colspan="4">致 ×××开发公司 （建设单位）：
根据施工合同规定，经审核施工单位的付款申请和报表，并扣除有关款项，同意本期支付工程款共计（大写） 肆佰叁拾贰万整 ，（小写） ￥4320000.00元 ，请按合同规定及时付款。
其中：
施工单位申报款为： 肆佰伍拾玖万整
经审核施工单位应得款为： 肆佰叁拾贰万整
本期应扣款为： 肆拾叁万贰仟圆整
本期应付款为： 叁佰捌拾捌万捌仟圆整
附件：
1. 施工单位的工程付款申请表及附件；
2. 项目监理部审查记录。
（执行2001年预算定额，具体计算过程、公式和数据略）

监理单位名称：×××建设监理公司　　总监理工程师（签字）：×××</td></tr>
</table>

注：本表由监理单位填写。

<table>
<tr><td colspan="2">旁站监理记录
表 B8</td><td>资料编号</td><td></td></tr>
<tr><td>工程名称</td><td>×××商住楼工程</td><td>日期及气候</td><td>20××年×月×日
天气：晴　风力1～2级　气温9～20℃</td></tr>
<tr><td colspan="4">旁站监理的部位或工序：基础底板的卷材防水细部构造处理。</td></tr>
<tr><td colspan="2">旁站监理开始时间：10：00</td><td colspan="2">旁站监理结束时间：16：00</td></tr>
<tr><td colspan="4">施工情况：防水材料为SBS改性沥青Ⅱ型防水卷材，厚度3mm，所使用材料与报验的材料一致。其中××防腐公司防水操作工12人，均为持证上岗人员，质检员、工长到位。基层阴阳角部位均已做成半径50mm的圆角，基层含水率符合要求。</td></tr>
<tr><td colspan="4">监理情况：防水基层的表面剂涂刷完整，附加层符合要求，卷材长边搭接长度100mm，短边搭接长度130mm。满铺满粘，牢固严密。</td></tr>
<tr><td colspan="4">发现问题：铺贴完毕后，未在横竖缝上热熔满粘宽度120mm的盖缝条。</td></tr>
<tr><td colspan="4">处理意见：要求防水施工人员在横竖缝上热熔满粘宽度120mm的盖缝条，且盖缝条的两边做密封处理。</td></tr>
<tr><td colspan="4">备注：后附照片001号</td></tr>
<tr><td colspan="2">承包单位名称：××防腐公司
质检员（签字）：×××
20××年×月×日</td><td colspan="2">监理单位名称：×××建设监理公司
旁站监理人员（签字）：×××
20××年×月×日</td></tr>
</table>

<table>
<tr><td colspan="2">竣工移交证书
表 B9</td><td>资料编号</td><td></td></tr>
<tr><td>工程名称</td><td colspan="3">×××商住楼工程</td></tr>
<tr><td colspan="4">致 ×××建设开发公司 （建设单位）：
兹证明施工单位 ×××建筑公司 施工的 ×××商住楼 工程，已按施工合同的要求完成，并验收合格，即日起该工程移交建设单位管理，并进入保修期。

附件：单位工程验收记录</td></tr>
<tr><td colspan="2">总监理工程师（签字）</td><td colspan="2">监理单位（章）</td></tr>
<tr><td colspan="2">×××</td><td colspan="2">日期：200×年×月×日</td></tr>
<tr><td colspan="2">建设单位代表（签字）</td><td colspan="2">建设单位（章）</td></tr>
<tr><td colspan="2">×××</td><td colspan="2">日期：200×年×月×日</td></tr>
</table>

注：本表由监理单位填写。

<table>
<tr><td colspan="2">**工作联系单**
表 B10</td><td>资料编号</td><td></td></tr>
<tr><td>工程名称</td><td>×××商住楼工程</td><td>日 期</td><td>200×年×月×日</td></tr>
<tr><td colspan="4">致 ×××建设开发公司 （单位）：
事由：
关于落实工程沉降观测的相关事宜。

内容：
因主体工程即将开始，按设计要求，目前需确定沉降观测点的设置，根据施工合同的约定及施工图的要求，请贵公司尽快委托有资质的测量单位进行施工过程及竣工后的沉降观测工作，明确沉降观测点的位置及埋设方式。

发出单位名称：×××建设监理公司　　单位负责人（签字）：×××</td></tr>
</table>

注：本表由提出单位填写。

<table>
<tr><td colspan="2">工程变更单
表 B11</td><td>资料编号</td><td>002</td></tr>
<tr><td>工程名称</td><td>×××商住楼工程</td><td>日　期</td><td>200×年×月×日</td></tr>
<tr><td colspan="4">致　×××建设监理公司　（监理单位）：
由于　为了增强基础底板防水功能，保证不渗漏　的原因，兹提出　在原一层 SBS 3mm 上增加一层 SBS 4mm　工程变更（内容详见附件），请予以审批。
附件：
工程洽商记录（编号：004）

提出单位名称：×××建筑公司　　　　提出单位负责人（签字）：×××</td></tr>
<tr><td colspan="4">一致意见：
同意</td></tr>
<tr><td>建设单位代表
（签　字）：
×××

日期：
200×年×月×日</td><td>设计单位代表
（签　字）：
×××

日期：
200×年×月×日</td><td>监理单位代表
（签　字）：
×××

日期：
200×年×月×日</td><td>施工单位代表
（签　字）：
×××

日期：
200×年×月×日</td></tr>
</table>

注：本表由提出单位填报。

<table>
<tr><td colspan="3">施工现场质量管理检查记录
表 C1-1</td><td>资料编号</td><td colspan="2"></td></tr>
<tr><td colspan="2">工程名称</td><td>×××工程</td><td>施工许可证
（开工证）</td><td colspan="2">京建施字［2009］第×××号</td></tr>
<tr><td colspan="2">建设单位</td><td>×××房地产公司</td><td>项目负责人</td><td colspan="2">×××</td></tr>
<tr><td colspan="2">设计单位</td><td>×××建筑设计研究院</td><td>项目负责人</td><td colspan="2">×××</td></tr>
<tr><td colspan="2">监理单位</td><td>×××监理公司</td><td>总监理工程师</td><td colspan="2">×××</td></tr>
<tr><td colspan="2">施工单位</td><td>×××建筑公司　项目经理</td><td>×××</td><td>项目技术负责人</td><td>×××</td></tr>
<tr><td>序号</td><td colspan="2">项　目</td><td colspan="3">内　容</td></tr>
<tr><td>1</td><td colspan="2">现场质量管理制度</td><td colspan="3">质量负责制等共 8 项</td></tr>
<tr><td>2</td><td colspan="2">质量责任制</td><td colspan="3">岗位责任制、设计交底制度、技术交底制度等</td></tr>
<tr><td>3</td><td colspan="2">主要专业工种操作上岗证书</td><td colspan="3">测量工、钢筋工、起重工、混凝土工、电工、电焊工、质检员、安全员等具备上岗证</td></tr>
<tr><td>4</td><td colspan="2">分包方资质与分包单位的管理制度</td><td colspan="3">资质合格，管理制度全（无分包，可不填）</td></tr>
<tr><td>5</td><td colspan="2">施工图审查情况</td><td colspan="3">审查报告及审查批准书 京设 0220</td></tr>
<tr><td>6</td><td colspan="2">地质勘察资料</td><td colspan="3">地质勘查报告</td></tr>
<tr><td>7</td><td colspan="2">施工组织设计、施工方案及审批</td><td colspan="3">施组（方案）编制、审核、批准手续齐全，方案合理</td></tr>
<tr><td>8</td><td colspan="2">施工技术标准</td><td colspan="3">有混凝土、模板、钢筋等技术标准 25 项</td></tr>
<tr><td>9</td><td colspan="2">工程质量检验制度</td><td colspan="3">有三检制、见证取样、质量验收制度</td></tr>
<tr><td>10</td><td colspan="2">搅拌站及计量设置</td><td colspan="3">设置合理，计量设备有控制措施</td></tr>
<tr><td>11</td><td colspan="2">现场材料、设备存放与管理</td><td colspan="3">材料设备按要求管理，设置相应库房与存放处</td></tr>
<tr><td>12</td><td colspan="2"></td><td colspan="3"></td></tr>
<tr><td colspan="6">检查结论：

施工管理制度齐全、完整，符合要求。

总监理工程师　　×××
（建设单位项目负责人）　　　　年　月　日</td></tr>
</table>

注：本表由施工单位填写。

<table>
<tr><td colspan="3">施 工 日 志
表 C1-2</td><td>资料编号</td><td></td></tr>
<tr><td></td><td>天气状况</td><td>风 力</td><td>最高/最低温度</td><td>备 注</td></tr>
<tr><td>白天</td><td>晴</td><td>2～3 级</td><td>30/22</td><td></td></tr>
<tr><td>夜间</td><td></td><td></td><td>22</td><td></td></tr>
<tr><td colspan="5">生产情况记录：(施工部位、施工内容、机械作业、班组工作，生产存在问题等）地上三层
一段（1—8/A—D轴）顶板钢筋绑扎，各工种埋件固定，塔吊（××型号）作业，钢筋班组10人。
二段（9—13/A—D轴）梁开始钢筋绑扎，塔吊（××）开始作业，钢筋班组6人。
发现问题：一段顶板钢筋绑扎时，钢筋保护层厚度不够，存在绑扣代替搭接扣现象。</td></tr>
<tr><td colspan="5">技术质量安全工作记录：(技术质量安全活动、检查评定验收、技术质量安全问题等)
1. 对施工中发现的地上三层一段顶板钢筋绑扎，应立即返修并整改复查，必须符合设计图纸和规范要求。
2. 安全生产方面；由安全员组织巡视检查，重点是“三宝、四口、五临边”，检查全面到位，杜绝安全隐患。
3. 对地下基础分部进行验收，参加验收人员：监理单位×××、施工单位×××、勘察单位×××、设计单位×××。</td></tr>
<tr><td>记录人</td><td>×××</td><td>日 期</td><td colspan="2">200×年 × 月 × 日</td></tr>
</table>

注：本表由施工单位填写。

工程技术文件报审表 表 C1-3		资料编号	
工程名称	×××工程	日　期	200×年×月×日

现报上关于 《土方开挖方案》和《测量方案》共 2 项 工程技术文件，请予以审定。

序号	类　别	编制人	册　数	页　数
1	土方开挖方案	×××	1	22
2	测量方案	×××	1	30

编制单位名称：×××建筑公司

技术负责人（签字）：×××　　　　申报人（签字）：×××

施工单位审核意见：

经审核符合施工图纸和规范要求。

有 /☑无　　附页

施工单位名称：×××建筑公司　　审核人（签字）：×××　　审核日期：200×年×月×日

监理单位审核意见：

同意按此方案施工，做好施工准备和生产。

审定结论：　☑同意　　□修改后再报　　□重新编制

监理单位名称：×××监理公司　　总监理工程师（签字）：×××　　日期：200×年×月×日

注：本表由施工单位填报，监理单位签署审批意见。

施工进度计划报审表 表 C1-4		资料编号	
工程名称		日　期	

致 ×××监理公司 (监理单位)：

现报上200×年 ×季 ×月工程施工进度计划，请予以审查和批准。

附件：1. ☐ 施工进度计划（说明、图表、工程量、工作量、资源配备）

1 份

2. ☐

施工单位名称：×××建筑公司　　　　项目经理（签字）：×××

审查意见：

符合实际生产进度情况，做好施工部署。

监理工程师（签字）：　　　　日期：200×年×月×日

审批结论：☑ 同意　　☐ 修改后再报　　☐ 重新编制

监理单位名称：×××监理公司　　总监理工程师（签字）：×××　　日期：200×年×月×日

注：本表由施工单位填报，监理单位签署审批意见。

<table>
<tr><td colspan="2">**工程动工报审表**
表 C1-5</td><td>资料编号</td><td></td></tr>
<tr><td>工程名称</td><td>×××商住楼工程</td><td>日　期</td><td>200×年×月×日</td></tr>
<tr><td colspan="4">致 ×××建设监理公司 （监理单位）：
根据合同约定，建设单位已取得主管单位审批的施工许可证，我方也完成了开工前的各项准备工作，计划于200×年 ×月 ×日开工，请审批。
已完成报审的条件有：
1. ☑ 北京市建设工程施工许可证（复印件）
2. ☑ 施工组织设计（含主要管理人员和特殊工种资格证明）
3. ☑ 施工测量放线
4. ☑ 主要人员、材料、设备进场
5. ☑ 施工现场道路、水、电、通讯等已达到开工条件
6. ☐

施工单位名称：×××建筑公司　　　　项目经理（签字）：×××</td></tr>
<tr><td colspan="4">审查意见：

同意开工。

监理工程师（签字）：×××　　日期：200×年×月×日</td></tr>
<tr><td colspan="4">审批结论：　　☑同意　　☐不同意

监理单位名称：×××监理公司　　总监理工程师（签字）：×××　　日期：200×年×月×日</td></tr>
</table>

注：本表由施工单位填报，监理单位签署审批意见。

分包单位资质报审表 表 C1-6		资料编号	
工程名称	×××商住楼工程	日　期	200×年×月×日

致　×××监理公司　（监理单位）：

经考察，我方认为拟选择的　××防腐公司　（分包单位）具有承担下列工程的施工资质和施工能力，可以保证本工程项目按合同的约定进行施工。分包后，我方仍然承担总承包单位的责任。请予以审查和批准。

附：

☑ 分包单位资质材料

☑ 分包单位业绩材料

☐ 中标通知书

分包工程名称（部位）	单　位	工程数量	其他说明
地下防水	m^2	15000	包工

施工单位名称：×××建筑公司　　　　项目经理（签字）：×××

监理工程师审查意见：

经审查，此分包单位资质，业绩材料齐全，防水施工人员均持证上岗，具有承担地下防水工程的施工资质和能力

监理工程师（签字）：×××　日期：200×年×月×日

总监理工程师审批意见：

同意。

监理单位名称：×××监理公司　总监理工程师（签字）：×××　日期：200×年×月×日

注：本表由施工单位填报，监理单位签署审批意见。

(×)月工、料、机动态表 表 C1-7	资料编号	

工程名称	×××商住楼工程	日期	200×年×月×日

	工种	钢筋工	混凝土工	木工	防水工			其他	合计
人工	人数	50	25	30	12				117
	持证人数	50	25	30	12				117

	名称	单位	上月库存量	本月进场量	本月消耗量	本月库存量
主要材料	预拌混凝土	m^3	0	5300	5300	0
	钢筋	t	0	900	820	80
	防水卷材	m^2	0	12000	9000	3000

	名称	生产厂家	规格型号	数量
主要机械	塔吊	××租赁公司	QTE 80F	2
	振捣棒	××机械厂	Hg50	25

附件：

塔吊安检资料及特殊工种岗位证书复印件

施工单位名称：×××建筑公司　　　　项目经理（签字）：×××

注：本表由施工单位于每月 25 日填报。

工程复工报审表 表 C1-8		资料编号	
工程名称	×××商住楼工程	日　期	200×年×月×日

致 ×××建设监理公司 （监理单位）：

×××商住楼 工程，由总监理工程师签发的第（1）号工程暂停令指出的原因已消除，经检查已具备了复工条件，请予审核并批准复工。

附件：具备复工条件的详细说明

1. 我公司已于×月×日组织20人将原2∶8回填土挖走，并运输到公司××项目工程回填需要。（附××项目工程接收单）

2. 我公司已于×月×日由技术经理牵头，组织工长、质检员重新进行设计交底和回填技术交底。

3. 经我公司质检员组织验收级配砂石、符合要求。

4. 已完成地基深挖处理回填土及配砂石。

施工单位名称：×××建筑公司　　　　项目经理（签字）：×××

审批意见：

1. 施工单位已按监理意见进行了整改，回填按要求已整改完毕，经验收合格。

2. 工程暂停的原因已消除。

审批结论：☑ 具备复工条件，同意复工。

☐ 不具备复工条件，暂不同意复工。

监理单位名称：×××监理公司　　总监理工程师（签字）：×××　　日期：200×年×月×日

注：本表由施工单位填报，监理单位签署审批意见。

（×）月工程进度款报审表 表 C1-9		资料编号	
工程名称	×××商住楼工程	日　期	200×年×月×日

致　×××监理公司　（监理单位）：

兹申报　200×　年　×　月份完成的工作量　623866.00 元　，请予以核定。

附件：月完成工作量统计报表。

施工单位名称：×××建筑公司　　　　项目经理（签字）：×××

经审核以下项目工作量有差异，应以核定工作量为准。本月度认定工程进度款为：

施工单位申报数（623866.00）＋监理单位核定差别数（－66.00）＝本月工程进度款数（623800.00）。

统计表序号	项目名称	单位	申报数			核定数		
			数量	单价（元）	合计（元）	数量	单价（元）	合计（元）
3	筏板基础	m^3	5300	80	424000	5296	80	423680
7	钢筋	t	120	300	36000	120	300	36000
	其他				104120			104120
	取费				60066			60000
合　计								623800

同意按核定后的款项支付×月份工程进度款。　　监理工程师（签字）：×××　日期：200×年×月×日

监理单位名称：×××监理公司　总监理工程师（签字）：×××　日期：200×年×月×日

注：本表由施工单位填报，监理单位签署审批意见。

工程变更费用报审表 表 C1-10		资料编号	
工程名称	×××商住楼工程	日　期	200×年×月×日

致 ×××监理公司 （监理单位）：

根据第（002）号工程变更单，申请费用如下表，请审核。

项目名称	变　更　前			变　更　后			工程款 增（+）减（-）
	工程量	单价	合价	工程量	单价	合价	
底板防水卷材	5000m^2	100	500000	10000m^2	100	1000000	+500000
合计							500000

施工单位名称：×××建筑公司　　　　项目经理（签字）：×××

监理工程师审核意见：

1. 工程量符合所报工程实际。
2. 符合《工程变更单》所包括的工作内容。
3. 同意变更费用申请。

监理工程师（签字）：×××　日期：200×年×月×日

监理单位名称：×××监理公司　　总监理工程师（签字）：×××　日期：200×年×月×日

注：本表由施工单位填报，监理单位签署审批意见。

费用索赔申请表 表 C1-11		资料编号	
工程名称	×××商住楼工程	日　期	200×年×月×日

致 ×××监理公司 （监理单位）：

根据施工合同第 × 条款的规定，由于 建设单位应在200×年×月×日前确定沉降观测相关事宜，而迟迟未确定 的原因，我方要求索赔金额共计人民币（大写） ××× 元，请批准。

索赔的详细理由及经过：

1. 我方已于×月×日向贵公司和建设单位申请确定沉降观测相关事宜（详见工作记录和签认）。
2. 按计划×月×日应进行主体施工，而现在仍未进行。
3. 因拖延造成工期延期的费用。

索赔金额的计算：（略）

附件：证明材料

1. 工作联名单；
2. 工程进度计划。

施工单位名称：×××建筑公司　　　　项目经理（签字）：×××

注：本表由施工单位填报。

<table>
<tr><td colspan="2">工程款支付申请表
表 C1-12</td><td>资料编号</td><td></td></tr>
<tr><td>工程名称</td><td>×××商住楼工程</td><td>日　期</td><td>200×年×月×日</td></tr>
<tr><td colspan="4">致 ×××监理公司 （监理单位）：
我方已完成了 基础底板的 工作，按施工合同的规定，建设单位应在 200× 年 × 月 × 日前支付该项工程款共计（大写） 陆拾贰万叁仟捌佰元整 ，（小写） ￥623800 ，现报上 ×××商住楼 工程付款申请表，请予以审查并开具工程款支付证书。

附件：
1. 工程量清单；
2. 计算方法。

施工单位名称：×××建筑公司　　　　项目经理（签字）：×××</td></tr>
</table>

注：本表由施工单位填报。

工程延期申请表 表 C1-13		资料编号	
工程名称	×××商住楼工程	日　期	200×年×月×日

致 ×××监理公司 （监理单位）：

根据合同条款 ×× 条的规定，由于 甲方提供的机电系统未按时到场 的原因，申请工程延期，请批准。

工程延期的依据及工期计算：

合同竣工日期：2010 年×月×日

申请延长竣工日期：2010 年×月×日

附：证明材料

施工单位名称：×××建筑公司　　　　项目经理（签字）：×××

注：本表由施工单位填报。

<table>
<tr><td colspan="2">监理通知回复单
表 C1-14</td><td>资料编号</td><td></td></tr>
<tr><td>工程名称</td><td>×××商住楼</td><td>日　期</td><td>200×年×月×日</td></tr>
<tr><td colspan="4">致 ×××监理公司 （监理单位）：
我方接到第（10）号监理通知后，已按要求完成了 二区工段给水系统干管材质及安装的不符合的整改 工作，特此回复，请予以复查。
详细内容：
我项目部收到（10号）《监理通知》后，立即组织有关人员对已安装的薄壁干管进行了全面的复查，发现共有10处，立即更换，并将不合格材料返回厂家。对安装位置、标高不符合规范要求的重新按设计要求安装，同时对水暖施工人员进行了质量意识教育，并保证在后续施工中严控进场验收和过程施工质量，从而确保工程质量。

施工单位名称：×××建筑公司　　　　项目经理（签字）：×××</td></tr>
<tr><td colspan="4">复查意见：
经复查对（10）号《监理通知》提出的全部问题，施工单位进行了全面整改，达到相关施工规范要求。

监理工程师（签字）：×××　日期：200×年×月×日
监理单位名称：×××监理公司　　总监理工程师（签字）：×××　日期：200×年×月×日</td></tr>
</table>

注：本表由施工单位填报。

<table>
<tr><td colspan="2">建设工程质量事故调（勘）查记录
表 C1-15</td><td>资料编号</td><td colspan="2"></td></tr>
<tr><td>工程名称</td><td>×××商住楼</td><td>日　期</td><td colspan="2">200×年×月×日</td></tr>
<tr><td>调（勘）查时间</td><td colspan="4">200×年×月×日×时×分至×时×分</td></tr>
<tr><td>调（勘）查地点</td><td colspan="4"></td></tr>
<tr><td>参加人员</td><td>单　位</td><td>姓 名</td><td>职 务</td><td>电 话</td></tr>
<tr><td>被调查人</td><td>×××建筑公司</td><td>马××</td><td>混凝土工长</td><td>139×××</td></tr>
<tr><td rowspan="2">陪同调（勘）查人员</td><td>×××建筑公司</td><td>王××</td><td>质检员</td><td>138×××</td></tr>
<tr><td>×××监理公司</td><td>李××</td><td>监理员</td><td>138×××</td></tr>
<tr><td>调（勘）查笔录</td><td colspan="4">200×年×月×日在浇筑地上二层梁、柱混凝土时，由于现场未按《冬施规程》做好保温，致使二层/B轴两根框架柱混凝土局部有受冻现象，预计损失费用3.5万元。</td></tr>
<tr><td>现场证物照片</td><td colspan="4">■有　　□无　　共 3 张　　共 2 页</td></tr>
<tr><td>事故证据资料</td><td colspan="4">■有　　□无　　共 8 条　　共 3 页</td></tr>
<tr><td>被调查人签字</td><td>×××</td><td>调（勘）查人</td><td colspan="2">×××</td></tr>
</table>

注：本表由调查人填写。

<table>
<tr><td colspan="2">建设工程质量事故报告书
表 C1-16</td><td>资料编号</td><td></td></tr>
<tr><td>工程名称</td><td>×××商住楼</td><td>建设地点</td><td>×××</td></tr>
<tr><td>建设单位</td><td>×××建设开发公司</td><td>设计单位</td><td>×××建筑设计院</td></tr>
<tr><td>施工单位</td><td>×××建筑公司</td><td>建筑面积（m^2）
工作量（元）</td><td></td></tr>
<tr><td>结构类型</td><td>框架</td><td>事故发生时间</td><td>200×年×月×日</td></tr>
<tr><td>上报时间</td><td>200×年×月×日</td><td>经济损失
（元）</td><td>35000 元以上</td></tr>
<tr><td colspan="4">事故经过、后果与原因分析：
200×年×月×日在浇筑地上二层柱混凝土时，由于施工现场未按《冬施规程》做好该部位的保温工作，致使二层 2/B 轴两根框架柱有局部受冻现象，预计损失费用 3.5 万元。</td></tr>
<tr><td colspan="4">事故发生后采取的措施：
经三方协商后决定采取返工处理，重新进行混凝土施工。</td></tr>
<tr><td colspan="4">事故责任单位、责任人及处理意见：
事故责任单位；×××建筑工程公司混凝土班组
责任人：混凝土工×××，质检员×××
处理意见：1. 对直接责任者进行质量意识教育，切实加强混凝土冬施规程培训学习及贯彻执行，并处以经济处罚。
2. 对所在班组进行通报批评，加强过程检查和控制。
3. 对项目经理、技术负责人及质检员各处以 500 元罚款。</td></tr>
</table>

负责人	×××	报告人	×××	日期	200×年×月×日

注：本表由报告人填写。

<table>
<tr><td colspan="3">技术交底记录
表 C2-1</td><td>资料编号</td><td></td></tr>
<tr><td>工程名称</td><td colspan="2">××工程</td><td>交底日期</td><td>200×年×月×日</td></tr>
<tr><td>施工单位</td><td colspan="2">×××建筑公司</td><td>分项工程名称</td><td>基　础</td></tr>
<tr><td>交底提要</td><td colspan="4">土方开挖</td></tr>
<tr><td colspan="5">交底内容：
1. 熟悉图纸及地质勘察报告，编制施工方案，土方量计算，放坡或支撑要求，挖土方法及顺序，降水方法，安全措施等。
2. 清理现场场地，及地下管线的迁移。
3. 放线：包括定位轴线，建筑物轴线，挖土边线测定水准点，并做好桩点保护。
4. 现场临时用水、电、道路等。
5. 本工程为机械超挖，挖槽深度为 3.20m。
6. 为防止超挖和保持边坡正确，开挖接近坑底和边坡应预留 30～50cm，人工开挖修坡。
7. 弃土应及时运出，坑边积土应距离坑边 3～5m 以上。
8. 基坑挖好后应对坑底抄平，不准扰动基土。
9. 挖土施工中四周应加护栏，夜间施工应有照明和灯管标志，坡道宽 4～5m，坡度大于 30°。
10. 挖土后应覆盖，以免施工扬尘。</td></tr>
</table>

审核人	×××	交底人	×××	接受交底人	×××

注：本表由施工单位填写。

图纸会审记录 表 C2-2			资料编号	001
工程名称	××工程		日　期	200×年×月×日
地　点	现场甲方办公室		专业名称	土建结构

序号	图　　号	图纸问题	图纸问题交底
1	结 2	基础地梁的混凝土强度等级	与底板混凝土相同，即 C30
2	结 4	地下油罐、建筑物底板、顶板钢筋布设	由单片筋改为双片筋
3	结 5	油罐顶部房间顶板	由原混凝土顶板改为彩色复合板
4	结 7	总说明中底板后浇带留置方式	将后浇带向内凹槽形式改为向外突出的三角做法

签字栏	建设单位	监理单位	设计单位	施工单位
	×××	×××	×××	×××

注：由施工单位整理、汇总。

<table>
<tr><td colspan="3">设计变更通知单
表 C2-3</td><td>资料编号</td><td></td></tr>
<tr><td>工程名称</td><td colspan="2">×××商住楼工程</td><td>专业名称</td><td>装饰工程</td></tr>
<tr><td>设计单位名称</td><td colspan="2">×××设计院</td><td>日　期</td><td>200×年×月×日</td></tr>
<tr><td>序号</td><td>图　号</td><td colspan="3">变 更 内 容</td></tr>
<tr><td>1</td><td>建施 01</td><td colspan="3">所有电气面板由 TCL 改为松下</td></tr>
<tr><td>2</td><td>建施 22</td><td colspan="3">办公室门厅上方增加射灯一盏</td></tr>
<tr><td rowspan="2">签字栏</td><td>建设（监理）单位</td><td>设计单位</td><td colspan="2">施工单位</td></tr>
<tr><td>×××</td><td>×××</td><td colspan="2">×××</td></tr>
</table>

注：本表由变更提出单位填写。

<table>
<tr><td colspan="3">工程变更洽商记录
表 C2-4</td><td>资料编号</td><td></td></tr>
<tr><td>工程名称</td><td colspan="2">××商住楼工程</td><td>专业名称</td><td>结构工程</td></tr>
<tr><td>提出单位名称</td><td colspan="2">×××建筑公司</td><td>日 期</td><td>200×年×月×日</td></tr>
<tr><td>内容摘要</td><td colspan="4"></td></tr>
<tr><td>序号</td><td>图 号</td><td colspan="3">洽 商 内 容</td></tr>
<tr><td>1</td><td>结施 22</td><td colspan="3">首层自动扶梯支撑钢梁做法，由于工期紧，自动扶梯首层支撑构件采用钢结构与基础连接，做法见附图。</td></tr>
<tr><td>2</td><td>结施 23</td><td colspan="3">①—⑩/Ⓐ—Ⓓ轴 C218 窗连梁高 600mm，底标高为窗口下－2.20m、窗高 160mm。</td></tr>
<tr><td rowspan="2">签字栏</td><td>建设单位</td><td>监理单位</td><td>设计单位</td><td>施工单位</td></tr>
<tr><td>×××</td><td>×××</td><td>×××</td><td>×××</td></tr>
</table>

注：本表由变更提出单位填写。

工程定位测量记录 表 C3-1		资料编号	
工程名称	××工程	委托单位	××建筑工程公司
图纸编号	总平面力、基础平面、首层建筑平面	施测日期	200×年×月×日
平面坐标依据	市测绘院 2006 普测 371226 号	复测日期	200×年×月×日
高程依据	市测绘院 2006 普测 371226 号	使用仪器	型号 DS23　自动安全水准仪 型号 J2—1　光学经纬仪
允许误差	$i<1/10000$；$h\leqslant\pm6\sqrt{n}$mm	仪器校验日期	200×年×月×日

定位抄测示意图：

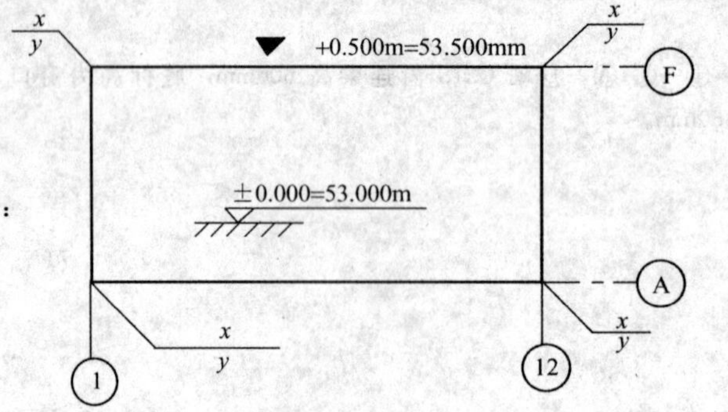

x、y 一定要标注

复测结果：
①/Ⓕ：①—⑫边±3mm　Ⓕ—Ⓐ边±1mm，角+3″；
⑫/Ⓐ：①—⑫边±2mm　Ⓕ—Ⓐ边 0mm，角+5″；
引测施工现场的施工标高±0.000=53.000m，三个误差都在 2mm 以内。

签字栏						
签字栏	施工单位	×××建筑公司	专业技术负责人	测量负责人	复测人	施测人
			×××	×××	×××	×××
	监理（建设）单位	×××监理公司		专业工程师	×××	

注：本表由施工单位填写。

基槽平面及标高实测记录 表 C3-2		资料编号	
工程名称	××工程	日 期	200×年×月×日

验线依据及内容：

依据：1. 定位控制桩①、⑫、Ⓐ、Ⓕ；

2. 市测绘院 BM1、BM2；

3. 基础平面图结—02；

4. 建筑工程施工测量规程；

5. 施工测量方案。

内容：基底外轮廓线，电梯井等

基槽平面、剖面简图：

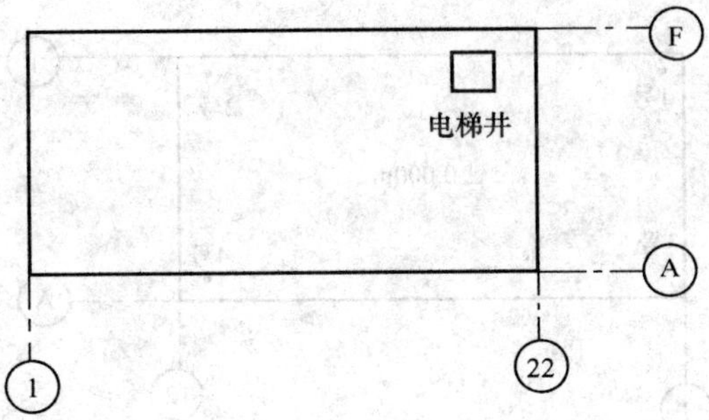

检查意见：

基底外轮廓及电梯井位置准确无误。

签字栏	施工单位	×××建筑公司	专业技术负责人	专业质检员	施测人
			×××	×××	×××
	监理（建设）单位	×××监理公司		专业工程师	×××

注：本表由施工单位填写。

楼层平面放线及标高实测记录 表 C3-3		资料编号	
工程名称	××工程	日 期	20××年×月×日
放线部位	首层①—⑥/Ⓐ—Ⓔ	放线内容	内外墙线

放线依据：

1. 定位控制桩 1、2、3、4；
2. 首层结构图结施 1；
3. 施工测量方案；
4. 建筑工程施工测量规程。

放线简图：

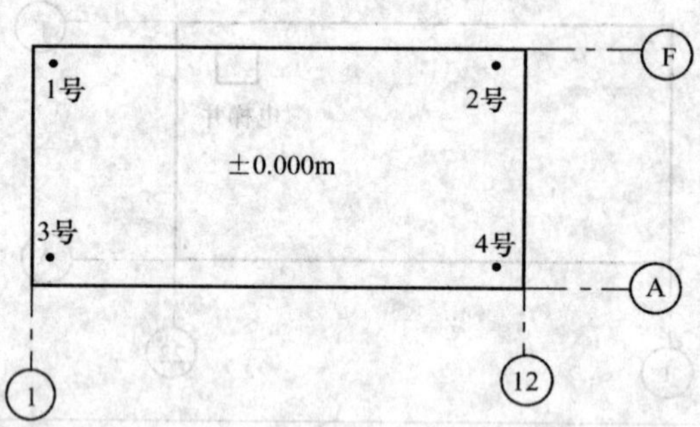

检查意见：

经核对控制段尺寸、设计施工图及放线成果资料一致无误。

符合设计要求，误差在±3mm 以内。

签字栏	施工单位	×××建筑公司	专业技术负责人	专业质检员	施测人
			×××	×××	×××
	监理（建设）单位	×××监理公司		专业工程师	×××

注：本表由施工单位填写。

楼层平面标高抄测记录 表 C3-4		资料编号	
工程名称	××工程	日　期	20××年×月×日
抄测部位	三层①—⑫/Ⓐ—Ⓕ轴	抄测内容	结构板标高

抄测依据：

1. 定位控制 1、2、3、4；
2. 首层+0.500m 线；
3. 三层平面图；
4. 施工测量方案；
5. 建筑工程施工测量规程。

抄测说明：

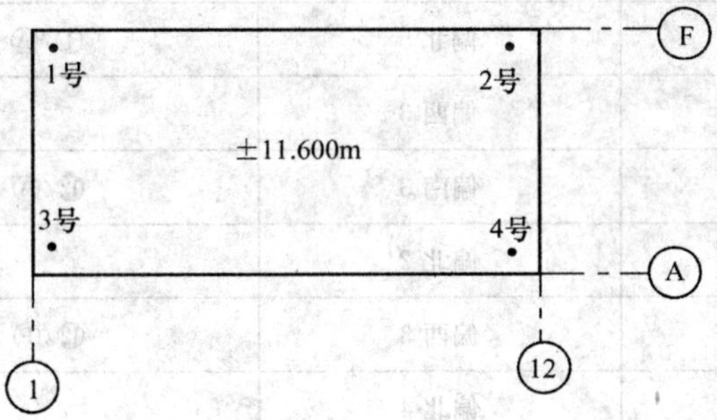

检查意见：

本层结构面标高+11.600m，符合设计要求。误差在±3mm 以内。

符合设计施工图标高及建筑工程施工测量规程精度要求。

签字栏	施工单位	×××建筑公司	专业技术负责人	专业质检员	施测人
			×××	×××	×××
	监理（建设）单位	×××监理公司		专业工程师	×××

注：本表由施工单位填写。

建筑物垂直度、标高测量记录 表 C3-5		资料编号	
工程名称			
施工阶段	单位工程需 2 张（结构完成一张，竣工一张）	观测日期	200×年×月×日

观测说明（附观测示意图）：

观测仪器：激光垂准仪

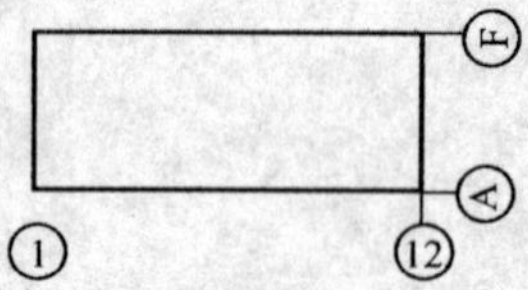

垂直度测量（全高）		标高测量（全高）	
观测部位	实测偏差（mm）	观测部位	实测偏差（mm）
①/Ⓐ	偏南 1	①/Ⓐ	+4
①/Ⓐ	偏西 2		
①/Ⓕ	偏北 5	①/Ⓐ	+5
①/Ⓕ	偏西 3		+4
⑫/Ⓐ	偏南 3	⑫/Ⓐ	+2
⑫/Ⓐ	偏北 2		+3
⑫/Ⓕ	偏西 3	⑫/Ⓕ	+2
⑫/Ⓕ	偏北 4		+4

结论：

经核对，设计施工图及对应有关资料无误。

经查验，总高垂直度偏差及标高高差值在允许范围之内。

符合设计及规程精度要求。

签字栏	施工单位	×××建筑公司	专业技术负责人	专业质检员	施测人
			×××	×××	×××
	监理（建设）单位	×××监理公司		专业工程师	×××

注：本表由施工单位填写。

<table>
<tr><td colspan="4">**半成品钢筋出厂合格证**
表 C4-1</td><td colspan="2">资料编号</td><td colspan="2"></td></tr>
<tr><td colspan="2">工程名称</td><td colspan="3">×××工程</td><td>合格证编号</td><td colspan="2">京 200×-759</td></tr>
<tr><td colspan="2">委托单位</td><td colspan="3">×××建筑公司</td><td>钢筋种类</td><td colspan="2">热轧带肋钢筋 HRB335</td></tr>
<tr><td colspan="2">供应总量（kg）</td><td colspan="2">2016</td><td>加工日期</td><td>200×年×月×日</td><td>供货日期</td><td>200×年×月×日</td></tr>
<tr><td>序号</td><td>级别、规格</td><td>供应数量（kg）</td><td>进货日期</td><td>生产厂家</td><td>原材报告编号</td><td>复试报告编号</td><td>使用部位</td></tr>
<tr><td>1</td><td>HRB335 Φ 12</td><td>120</td><td>200×年×月×日</td><td>××建材厂家</td><td>022</td><td>200×-1721</td><td>地下二层梁柱</td></tr>
<tr><td>2</td><td>HRB335 Φ 18</td><td>350</td><td>200×年×月×日</td><td>××建材公司</td><td>023</td><td>200×-1722</td><td>地下二层梁柱</td></tr>
<tr><td>3</td><td>HRB335 Φ 20</td><td>650</td><td>200×年×月×日</td><td>××建材公司</td><td>024</td><td>200×-1723</td><td>地下二层梁柱</td></tr>
<tr><td>4</td><td>HRB335 Φ 25</td><td>896</td><td>200×年×月×日</td><td>××建材公司</td><td>025</td><td>200×-1724</td><td>地下二层梁柱</td></tr>
<tr><td></td><td></td><td></td><td></td><td></td><td></td><td></td><td></td></tr>
<tr><td></td><td></td><td></td><td></td><td></td><td></td><td></td><td></td></tr>
<tr><td></td><td></td><td></td><td></td><td></td><td></td><td></td><td></td></tr>
<tr><td></td><td></td><td></td><td></td><td></td><td></td><td></td><td></td></tr>
<tr><td></td><td></td><td></td><td></td><td></td><td></td><td></td><td></td></tr>
<tr><td></td><td></td><td></td><td></td><td></td><td></td><td></td><td></td></tr>
<tr><td colspan="8">备注：</td></tr>
<tr><td colspan="3">供应单位技术负责人</td><td colspan="3">填表人</td><td colspan="2" rowspan="3">供应单位名称
（盖章）</td></tr>
<tr><td colspan="3">×××</td><td colspan="3">×××</td></tr>
<tr><td colspan="6">填表日期：200×年×月×日</td></tr>
</table>

注：本表由半成品钢筋供应单位提供。

<table>
<tr><td colspan="4">预制混凝土构件出厂合格证
表 C4-2</td><td>资料编号</td><td colspan="2"></td></tr>
<tr><td colspan="2">工程名称
及使用部位</td><td colspan="2">××工程 1～4 层</td><td>合格证编号</td><td colspan="2">200×-3571</td></tr>
<tr><td colspan="2">构件名称</td><td>过梁</td><td>型号规格</td><td>GL-2</td><td>供应数量</td><td>85 块</td></tr>
<tr><td colspan="2">制造厂家</td><td colspan="2">×××建材公司</td><td>企业等级证</td><td colspan="2">一级</td></tr>
<tr><td colspan="2">标准图号或
设计图纸号</td><td colspan="2">结 1，结 17</td><td>混凝土设计
强度等级</td><td colspan="2">C25</td></tr>
<tr><td colspan="2">混凝土浇筑
日期</td><td colspan="2">200×年×月×日至</td><td>构件出厂
日期</td><td colspan="2">200×年×月×日</td></tr>
<tr><td rowspan="10">性能检验评定结果</td><td colspan="3">混凝土抗压强度</td><td colspan="3">主　筋</td></tr>
<tr><td colspan="2">达到设计强度（%）</td><td>试验编号</td><td>力学性能</td><td colspan="2">工艺性能</td></tr>
<tr><td colspan="2">165</td><td>200×-3571</td><td>钢筋屈服点、抗拉强度、伸长率均符合要求</td><td colspan="2">见钢筋原材进场试验报告 200×-0036</td></tr>
<tr><td colspan="6">外 观</td></tr>
<tr><td colspan="3">质　量　状　况</td><td colspan="3">规格尺寸（mm）</td></tr>
<tr><td colspan="3">合　　格</td><td colspan="3">1800×200×80</td></tr>
<tr><td colspan="6">结　构　性　能</td></tr>
<tr><td colspan="2">承载力</td><td>挠 度</td><td>抗裂检验</td><td colspan="2">裂缝宽度</td></tr>
<tr><td colspan="2">1.70</td><td>1.34</td><td>1.40</td><td colspan="2">0.12≤0.15 [W_{max}]</td></tr>
<tr><td colspan="6"></td></tr>
<tr><td colspan="5">备注：生产厂家提供的合格证真实有效</td><td colspan="2">结论：
构件各项性能均符合规范规定，质量合格</td></tr>
<tr><td colspan="2">供应单位技术负责人</td><td colspan="3">填表人</td><td colspan="2" rowspan="3">供应单位名称
（盖章）</td></tr>
<tr><td colspan="2">×××</td><td colspan="3">×××</td></tr>
<tr><td colspan="5">填表日期：200×年×月×日</td></tr>
</table>

注：本表由预制混凝土构件供应单位提供。

<table>
<tr><td colspan="3">钢构件出厂合格证
表 C4-3</td><td>资料编号</td><td colspan="3"></td></tr>
<tr><td>工程名称</td><td colspan="2">××工程</td><td>合格证编号</td><td colspan="3">2006-372</td></tr>
<tr><td>委托单位</td><td colspan="2">×××建筑工程公司</td><td>焊药型号</td><td colspan="3"></td></tr>
<tr><td>钢材材质</td><td>Q345A</td><td>防腐状况</td><td>已做防腐处理</td><td>焊条或焊丝型号</td><td colspan="2">H7422</td></tr>
<tr><td>供应总量（t）</td><td>4.8</td><td>加工日期</td><td>200×年×月×日</td><td>出厂日期</td><td colspan="2">200×年×月×日</td></tr>
<tr><td>序号</td><td>构件名称及编号</td><td>构件数量</td><td>构件单重（kg）</td><td>原材报告编号</td><td>复试报告编号</td><td>使用部位</td></tr>
<tr><td>1</td><td>钢梁</td><td>4</td><td>942</td><td>200621271</td><td>200×-321</td><td>自动扶梯间</td></tr>
<tr><td>2</td><td>1# 钢柱</td><td>12</td><td>96</td><td>200603088</td><td>200×-0128</td><td>一层①—⑧/Ⓐ—Ⓓ</td></tr>
<tr><td>3</td><td>1# 桁架</td><td>4</td><td>40</td><td>200602077</td><td>200×-0139</td><td>三层屋面</td></tr>
<tr><td></td><td></td><td></td><td></td><td></td><td></td><td></td></tr>
<tr><td></td><td></td><td></td><td></td><td></td><td></td><td></td></tr>
<tr><td></td><td></td><td></td><td></td><td></td><td></td><td></td></tr>
<tr><td></td><td></td><td></td><td></td><td></td><td></td><td></td></tr>
<tr><td></td><td></td><td></td><td></td><td></td><td></td><td></td></tr>
<tr><td></td><td></td><td></td><td></td><td></td><td></td><td></td></tr>
<tr><td></td><td></td><td></td><td></td><td></td><td></td><td></td></tr>
<tr><td></td><td></td><td></td><td></td><td></td><td></td><td></td></tr>
<tr><td></td><td></td><td></td><td></td><td></td><td></td><td></td></tr>
<tr><td colspan="7">备注：</td></tr>
<tr><td colspan="3">供应单位技术负责人</td><td colspan="2">填表人</td><td colspan="2" rowspan="2">供应单位名称
（盖章）</td></tr>
<tr><td colspan="3">×××</td><td colspan="2">×××</td></tr>
<tr><td colspan="5">填表日期：200×年×月×日</td><td colspan="2"></td></tr>
</table>

注：本表由钢构件供应单位提供。

<table>
<tr><td colspan="3">预拌混凝土出厂合格证
表 C4-4</td><td>资料编号</td><td></td></tr>
<tr><td>使用单位</td><td colspan="2">××建筑工程公司</td><td>合格证编号</td><td>200×-3573</td></tr>
<tr><td>工程名称与浇筑部位</td><td colspan="4">××工程 2 层顶板</td></tr>
</table>

<table>
<tr><td>强度等级</td><td>C25</td><td>抗渗等级</td><td></td><td>供应数量（m^3）</td><td>170</td></tr>
<tr><td>供应日期</td><td colspan="2">200×年×月×日</td><td>至</td><td colspan="2">200×年×月×日</td></tr>
<tr><td>配合比编号</td><td colspan="5">200×-3573</td></tr>
</table>

<table>
<tr><td>原材料名称</td><td>水泥</td><td>砂</td><td>石</td><td colspan="2">掺合料</td><td>外加剂</td></tr>
<tr><td>品种及规格</td><td>P·O42.5</td><td>河砂</td><td>5～25 碎石</td><td>粉煤灰（Ⅰ级）</td><td></td><td>HH-6</td></tr>
<tr><td>试验编号</td><td>C-181</td><td>S-061</td><td>C-063</td><td>2005-F-030</td><td></td><td>200×-W-085</td></tr>
</table>

<table>
<tr><td rowspan="7">每组抗压强度值 MPa</td><td>试验编号</td><td>强度值</td><td>试验编号</td><td>强度值</td><td rowspan="12">备注：</td></tr>
<tr><td>200×-5014</td><td>34.2</td><td></td><td></td></tr>
<tr><td>200×-5018</td><td>35.2</td><td></td><td></td></tr>
<tr><td>200×-5029</td><td>34.0</td><td></td><td></td></tr>
<tr><td></td><td></td><td></td><td></td></tr>
<tr><td></td><td></td><td></td><td></td></tr>
<tr><td></td><td></td><td></td><td></td></tr>
<tr><td rowspan="4">抗渗试验</td><td>试验编号</td><td>指标</td><td>试验编号</td><td>指标</td></tr>
<tr><td></td><td></td><td></td><td></td></tr>
<tr><td></td><td></td><td></td><td></td></tr>
<tr><td></td><td></td><td></td><td></td></tr>
</table>

<table>
<tr><td colspan="3">抗压强度统计结果</td><td>结论</td></tr>
<tr><td>组数 n</td><td>平均值</td><td>最小值</td><td rowspan="2">符合规范要求</td></tr>
<tr><td>3</td><td>34.5</td><td>34</td></tr>
</table>

<table>
<tr><td>供应单位技术负责人</td><td>填表人</td><td>供应单位名称</td></tr>
<tr><td>×××</td><td>×××</td><td rowspan="2">（盖章）
×××</td></tr>
<tr><td>填表日期：200×年　×月　×日</td><td></td></tr>
</table>

注：本表由预拌混凝土供应单位提供。

关于我站C10混凝土碱含量的评估报告

一、我站使用材料介绍：

1. 水泥：琉璃河长城牌P·S42.5水泥，含碱量小于0.8%；

2. 掺合料：张家口新垣Ⅱ级粉煤灰，含碱量为1.29%；

3. 砂：王庄、三联或民旺中砂，细度模数，2.3～3.1，含泥量小于3%，泥块含量小于1%；

4. 石：王庄及大瓦窑0.5～2.5cm碎卵石，属C种碱活性集料；

5. 外加剂：FE-HS2普通减水剂，碱含量为2.49%。

二、我站C10混凝土总碱含量分析：

1. 我站所用C10混凝土配合比：(kg/m^3)

水灰比	水泥	水	掺合料	砂	石	外加剂
0.76	171	200	138	942	949	2.63

粉煤灰掺量为20%

2. 我站所用C10混凝土总碱含量计算（按各种原材料厂家提供碱含量数据计算）：

水泥碱含量：171×0.8%＝1.37kg/m^3

掺合料碱含量：138×1.29%×15%＝0.27kg/m^3

外加剂碱含量：2.63×2.49%＝0.07kg/m^3

总碱含量：1.37＋0.27＋0.07＝1.71kg/m^3

3. 根据北京市城乡建设委员会1999年颁发的《预防混凝土工程碱集料反应技术管理规定》（试行）第十一条，地下部分工程为Ⅱ类工程。依据第十五条要求，使用C种碱活性集料配制Ⅱ类工程用的混凝土，应控制混凝土的总含碱量低于3.0km/m^3。我站C10混凝土总碱含量评估值1.71kg/m^3，满足要求。

三、结论：

我站C10混凝土的总碱含量的评估值为1.71kg/m^3，符合北京市建设委员会颁发的《预防混凝土工程碱集料反应技术管理规定》（试行）的要求。

<table>
<tr><td colspan="4">预拌混凝土运输单（正本）
表 C4-5</td><td colspan="2">资料编号</td><td colspan="2"></td></tr>
<tr><td>合同编号</td><td colspan="3">××××-×××</td><td colspan="2">任务单号</td><td colspan="2">××××-×××</td></tr>
<tr><td>供应单位</td><td colspan="3">×××混凝土公司</td><td colspan="2">生产日期</td><td colspan="2">×年×月×日</td></tr>
<tr><td>工程名称及施工部位</td><td colspan="7">×××公建楼地下二层 1—16/A—D 轴外墙</td></tr>
<tr><td>委托单位</td><td colspan="2">××建筑公司</td><td colspan="2">混凝土强度等级</td><td>C40</td><td>抗渗等级</td><td>P8</td></tr>
<tr><td>混凝土输送方式</td><td colspan="2">泵送</td><td colspan="2">其他技术要求</td><td colspan="3">—</td></tr>
<tr><td>本车供应方量（m³）</td><td colspan="2">80</td><td colspan="2">要求坍落度（mm）</td><td>180±20</td><td>实测坍落度（mm）</td><td>190</td></tr>
<tr><td>配合比编号</td><td colspan="2">2009-0035</td><td colspan="2">配合比比例</td><td colspan="3">C∶W∶S∶G＝×∶×∶×∶×</td></tr>
<tr><td>运距（km）</td><td>10</td><td>车号</td><td>×××</td><td>车次</td><td>6</td><td>司机</td><td>×××</td></tr>
<tr><td colspan="2">出站时间</td><td>×日×时×分</td><td>到场时间</td><td>×日×时×分</td><td colspan="2">现场出罐温度（℃）</td><td>19</td></tr>
<tr><td colspan="2">开始浇筑时间</td><td>×日×时×分</td><td>完成浇筑时间</td><td>×日×时×分</td><td colspan="2">现场坍落度（mm）</td><td>190</td></tr>
<tr><td rowspan="2">签字栏</td><td colspan="2">现场验收人</td><td colspan="3">混凝土供应单位质量员</td><td colspan="2">混凝土供应单位签发人</td></tr>
<tr><td colspan="2">×××</td><td colspan="3">×××</td><td colspan="2">×××</td></tr>
</table>

<table>
<tr><td colspan="4">预拌混凝土运输单（副本）
表 C4-5</td><td colspan="2">资料编号</td><td colspan="2"></td></tr>
<tr><td>合同编号</td><td colspan="3">××××-×××</td><td colspan="2">任务单号</td><td colspan="2">××××-×××</td></tr>
<tr><td>供应单位</td><td colspan="3">×××混凝土公司</td><td colspan="2">生产日期</td><td colspan="2">×年×月×日</td></tr>
<tr><td>工程名称及施工部位</td><td colspan="7">×××公建楼地下二层 1—16/A—D 轴外墙</td></tr>
<tr><td>委托单位</td><td colspan="2">××建筑公司</td><td colspan="2">混凝土强度等级</td><td>C40</td><td>抗渗等级</td><td>P8</td></tr>
<tr><td>混凝土输送方式</td><td colspan="2">泵 送</td><td colspan="2">其他技术要求</td><td colspan="3">—</td></tr>
<tr><td>本车供应方量（m³）</td><td colspan="2">80</td><td colspan="2">要求坍落度（mm）</td><td>180±20</td><td>实测坍落度（mm）</td><td>190</td></tr>
<tr><td>配合比编号</td><td colspan="2">2009-0035</td><td colspan="2">配合比比例</td><td colspan="3">C∶W∶S∶G=×∶×∶×∶×</td></tr>
<tr><td>运距（km）</td><td>10</td><td>车号</td><td>×××</td><td>车次</td><td>6</td><td>司机</td><td>×××</td></tr>
<tr><td colspan="2">出站时间</td><td>×日×时×分</td><td>到场时间</td><td>×日×时×分</td><td colspan="2">现场出罐温度（℃）</td><td>19</td></tr>
<tr><td colspan="2">开始浇筑时间</td><td>×日×时×分</td><td>完成浇筑时间</td><td>×日×时×分</td><td colspan="2">现场坍落度（mm）</td><td>190</td></tr>
<tr><td rowspan="2">签字栏</td><td colspan="2">现场验收人</td><td colspan="3">混凝土供应单位质量员</td><td colspan="2">混凝土供应单位签发人</td></tr>
<tr><td colspan="2">×××</td><td colspan="3">×××</td><td colspan="2">×××</td></tr>
</table>

钢材试验报告 表 C4-6	资料编号	
	试验编号	200×-794
	委托编号	200×-1176

工程名称	××工程			试件编号	001
委托单位	××建筑工程公司			试验委托人	×××
钢材种类	热轧圆盘条	规格或牌号	ϕ6Q235B	生产厂	×××
代表数量	31.08t	来样日期	200×年 ×月×日	试验日期	200×年×月×日
公称直径 （厚度）	6.5mm		公称面积	33.18mm^2	

试验结果

力学性能					弯曲性能		
屈服点 （MPa）	抗拉强度 （MPa）	伸长率 （%）	$\sigma_{b实}/\sigma_{s实}$	$\sigma_{s实}/\sigma_{b标}$	弯心直径	角度	结果
290	435	28	1.50	1.23	3.25	180	合格
290	435	27	1.50	1.23	3.25	180	合格

化学分析							其他：
分析编号	化 学 成 分（%）						
	C	Si	Mn	P	S	C_{eq}	

结论：依据 GB 1499.1—2008 评定，拉伸、冷弯试验结果符合 Q235 热轧圆盘条钢筋标准。

批准	×××	审核	×××	试验	×××
试验单位	×××试验室				
报告日期	200×年×月×日				

注：本表由检测机构提供。

水泥试验报告 表 C4-7		资料编号	
		试验编号	200×-312
		委托编号	200×-12749
工程名称	××工程	试样编号	003
委托单位	××建筑工程公司	试验委托人	×××

品种及强度等级	P·S 32.5	出厂编号及日期	2002-08-11	厂别牌号	琉璃河，长城
代表数量	500t	来样日期	200×年×月×日	试验日期	200×年×月×日

试验结果

一、细度	1. 80μm 方孔筛余量			%
	2. 比表面积			m^2/kg
二、标准稠度用水量（P）	25.6			%
三、凝结时间	初凝	1h 44min	终凝	2h 39min
四、安定性	雷氏法	mm	饼法	合格
五、其他				
六、强度（MPa）				

抗折强度				抗压强度			
3d		28d		3d		28d	
单块值	平均值	单块值	平均值	单块值	平均值	单块值	平均值
4.3	4.2	8.2	8.7	16.2	16.2	50.0	50.2
				18.6		46.9	
4.1		8.6		16.1		49.2	
				15.6		52.2	
4.2		9.3		15.8		50.6	
				17.4		52.6	

结论：依据 GB 175—2007 标准，该水泥符合 P·S 32.5 水泥强度标准；安定性合格；初凝、终凝合格。

批准	×××	审核	×××	试验	×××
试验单位	×××试验室				
报告日期	200×年×月×日				

注：本表由检测机构提供。

<table>
<tr><td colspan="4" rowspan="3">砂试验报告
表 C4-8</td><td colspan="2">资料编号</td><td colspan="2"></td></tr>
<tr><td colspan="2">试验编号</td><td colspan="2">200×-149</td></tr>
<tr><td colspan="2">委托编号</td><td colspan="2">200×-5171</td></tr>
<tr><td colspan="2">工程名称</td><td colspan="2">××工程</td><td colspan="2">试样编号</td><td colspan="2">001</td></tr>
<tr><td colspan="2">委托单位</td><td colspan="2">××建筑工程公司</td><td colspan="2">试验委托人</td><td colspan="2">×××</td></tr>
<tr><td colspan="2">种 类</td><td colspan="2">河砂</td><td colspan="2">产 地</td><td colspan="2">天津</td></tr>
<tr><td colspan="2">代表数量</td><td>600m³</td><td>来样日期</td><td>200×年
×月×日</td><td>试验日期</td><td colspan="2">200×年
×月×日</td></tr>
<tr><td rowspan="9">试验结果</td><td rowspan="2">一、筛分析</td><td colspan="2">1. 细度模数（μ_f）</td><td colspan="4">2.2</td></tr>
<tr><td colspan="2">2. 级配区域</td><td colspan="4">Ⅲ　区</td></tr>
<tr><td>二、含泥量</td><td colspan="6">2.1　%</td></tr>
<tr><td>三、泥块含量</td><td colspan="6">0.5　%</td></tr>
<tr><td>四、表观密度</td><td colspan="6">kg/m³</td></tr>
<tr><td>五、堆积密度</td><td colspan="6">kg/m³</td></tr>
<tr><td>六、碱活性指标</td><td colspan="6"></td></tr>
<tr><td>七、其他</td><td colspan="6"></td></tr>
<tr><td colspan="8">结论：依据 JGJ 52—2006 标准，该砂子属Ⅲ区细砂，2.5mm 砂累计筛余超出 10%，含泥量不大于 3.0%，泥块含量不大于 1.0%。</td></tr>
<tr><td colspan="2">批准</td><td>×××</td><td>审核</td><td>×××</td><td>试验</td><td colspan="2">×××</td></tr>
<tr><td colspan="2">试验单位</td><td colspan="6">×××试验室</td></tr>
<tr><td colspan="2">报告日期</td><td colspan="6">200×年×月×日</td></tr>
</table>

注：本表由检测机构提供。

<table>
<tr><td colspan="3" rowspan="3">碎（卵）石试验报告
表 C4-9</td><td>资料编号</td><td colspan="3"></td></tr>
<tr><td>试验编号</td><td colspan="3">200×-0167</td></tr>
<tr><td>委托编号</td><td colspan="3">200×-14460</td></tr>
<tr><td colspan="2">工程名称</td><td>××工程</td><td>试样编号</td><td colspan="3">C-213</td></tr>
<tr><td colspan="2">委托单位</td><td>××建筑工程公司</td><td>试验委托人</td><td colspan="3">×××</td></tr>
<tr><td colspan="2">种类、产地</td><td>碎石、房山</td><td>公称粒径</td><td colspan="3">5～25mm</td></tr>
<tr><td colspan="2">代表数量</td><td>600t</td><td>来样日期</td><td>200×年
×月×日</td><td>试验日期</td><td>200×年
×月×日</td></tr>
<tr><td rowspan="11">试验结果</td><td rowspan="3">一、筛分析</td><td>级配情况</td><td colspan="4">□连续粒级　□单粒级</td></tr>
<tr><td>级配结果</td><td colspan="4"></td></tr>
<tr><td>最大粒径</td><td colspan="4">25mm</td></tr>
<tr><td>二、含泥量</td><td colspan="5">0.4%</td></tr>
<tr><td>三、泥块含量</td><td colspan="5">0.1%</td></tr>
<tr><td>四、针、片状颗粒含量</td><td colspan="5">1.6%</td></tr>
<tr><td>五、压碎指标值</td><td colspan="5">0.98%</td></tr>
<tr><td>六、表观密度</td><td colspan="5">—</td></tr>
<tr><td>七、堆积密度</td><td colspan="5">—</td></tr>
<tr><td>八、碱活性指标</td><td colspan="5">低碱活性</td></tr>
<tr><td>九、其他</td><td colspan="5">—</td></tr>
<tr><td colspan="7">结论：依据 JGJ 53—2006 标准，含泥量合格，泥块含量合格，针片状含量合格。级配范围 5～25mm，25mm 累计筛余 2，16mm 累计筛余 71。</td></tr>
<tr><td colspan="2">批准</td><td>×××</td><td>审核</td><td>×××</td><td>试验</td><td>×××</td></tr>
<tr><td colspan="2">试验单位</td><td colspan="5">×××试验室</td></tr>
<tr><td colspan="2">报告日期</td><td colspan="5">200×年×月×日</td></tr>
</table>

注：本表由检测机构提供。

<table>
<tr><td colspan="3" rowspan="3">外加剂试验报告
表 C4-10</td><td>资料编号</td><td colspan="2"></td></tr>
<tr><td>试验编号</td><td colspan="2">200×-53</td></tr>
<tr><td>委托编号</td><td colspan="2">200×-8721</td></tr>
<tr><td>工程名称</td><td colspan="2">××工程</td><td>试样编号</td><td colspan="2">002</td></tr>
<tr><td>委托单位</td><td colspan="2">××建筑工程公司</td><td>试验委托人</td><td colspan="2">×××</td></tr>
<tr><td>产品名称</td><td>RJ-1泵送剂</td><td>生产厂</td><td>×××建筑材料厂</td><td>生产日期</td><td>200×年
×月×日</td></tr>
<tr><td>代表数量</td><td>50t</td><td>来样日期</td><td>200×年
×月×日</td><td>试验日期</td><td>200×年
×月×日</td></tr>
<tr><td>试验项目</td><td colspan="5">钢筋锈蚀 28d 抗压强度比、压力泌水率比、坍落度保留值 30min、坍落度保留值 60min</td></tr>
<tr><td rowspan="7">试
验
结
果</td><td colspan="2">试验项目</td><td colspan="3">试验结果</td></tr>
<tr><td colspan="2">钢筋锈蚀</td><td colspan="3">对钢筋无锈蚀作用</td></tr>
<tr><td colspan="2">23d 抗压强度比</td><td colspan="3">99%</td></tr>
<tr><td colspan="2">压力泌水率比</td><td colspan="3">89%</td></tr>
<tr><td colspan="2">坍落度保留值 30min</td><td colspan="3">183mm</td></tr>
<tr><td colspan="2">坍落度保留值 60min</td><td colspan="3">148mm</td></tr>
<tr><td colspan="2"></td><td colspan="3"></td></tr>
<tr><td colspan="6">结论：依据《混凝土泵送剂》JC 473—2001 评定，该样品钢筋锈蚀、28d 抗压强度比、压力泌水率比、坍落度保留值符合泵送剂标准。</td></tr>
<tr><td>批准</td><td>×××</td><td>审核</td><td>×××</td><td>试验</td><td>×××</td></tr>
<tr><td>试验单位</td><td colspan="5">×××试验室</td></tr>
<tr><td>报告日期</td><td colspan="5">200×年×月×日</td></tr>
</table>

注：本表由检测机构提供。

<table>
<tr><td colspan="3" rowspan="3">掺合料试验报告
表 C4-11</td><td>资料编号</td><td colspan="2"></td></tr>
<tr><td>试验编号</td><td colspan="2">200×-010</td></tr>
<tr><td>委托编号</td><td colspan="2">200×-6510</td></tr>
<tr><td>工程名称</td><td colspan="2">××工程</td><td>试样编号</td><td colspan="2">001</td></tr>
<tr><td>委托单位</td><td colspan="2">××建筑工程公司</td><td>试验委托人</td><td colspan="2">×××</td></tr>
<tr><td>掺合料种类</td><td>粉煤灰</td><td>等 级</td><td>Ⅱ级</td><td>产 地</td><td>环电</td></tr>
<tr><td>代表数量</td><td>200t</td><td>来样日期</td><td>200×年×月×日</td><td>试验日期</td><td>200×年×月×日</td></tr>
<tr><td rowspan="7">试验结果</td><td rowspan="2">一、细度</td><td>1. 0.045mm 方孔筛筛余</td><td colspan="3">7.00%</td></tr>
<tr><td>2. 80μm 方孔筛筛余</td><td colspan="3">—</td></tr>
<tr><td colspan="2">二、需水量比</td><td colspan="3">104%</td></tr>
<tr><td colspan="2">三、吸铵值（%）</td><td colspan="3">—</td></tr>
<tr><td colspan="2">四、28d 水泥胶砂抗压强度比</td><td colspan="3">—</td></tr>
<tr><td colspan="2">五、烧失量（%）</td><td colspan="3">5.67%</td></tr>
<tr><td colspan="2">六、其他</td><td colspan="3">碱含量 1.19%</td></tr>
<tr><td colspan="6">结论：依据 GB/T 1596—2005 标准，该组试样细度、烧失量、需水量比指标符合Ⅱ级粉煤灰要求。</td></tr>
<tr><td>批准</td><td>×××</td><td>审核</td><td>×××</td><td>试验</td><td>×××</td></tr>
<tr><td>试验单位</td><td colspan="5">×××试验室</td></tr>
<tr><td>报告日期</td><td colspan="5">200×年×月×日</td></tr>
</table>

注：本表由检测机构提供。

防水涂料试验报告 表 C4-12			资料编号			
			试验编号	其他 200×-126		
			委托编号	200×-5275		
工程名称及部位	××工程 1#、2#卫生间		试件编号	03		
委托单位	××建筑工程公司		试验委托人	×××		
种类、型号	聚氨酯防水涂料		生产厂	×××防水材料厂		
代表数量	5t	来样日期	200×年×月×日	试验日期	200×年×月×日	
试验结果	一、延伸性	— mm				
	二、拉伸强度	1.70MPa				
	三、断裂伸长率	350%				
	四、粘结性	— MPa				
	五、耐热度	温度（℃）	—	评定	—	
	六、不透水性	0.3MPa、30min，合格				
	七、柔韧性（低温）	温度（℃）	−30℃	评定	合格	
	八、固体含量	94%				
	九、其他					
结论：参照 GB/T 19250—2003 评定，此样品拉伸强度、断裂延伸率、不透水性、低温柔性、固体含量符合《聚氨酯防水涂料》标准。						
批准	×××	审核	×××	试验	×××	
试验单位	×××试验室					
报告日期	200×年×月×日					

注：本表由检测机构提供。

防水卷材试验报告 表 C4-13			资料编号		
			试验编号	200×-101	
			委托编号	200×-5838	
工程名称及部位	××工程基础		试件编号	003	
委托单位	××建筑工程公司		试验委托人	×××	
种类、等级、牌号	SBS改性沥青卷材聚酯胎 3mm（I）		生产厂	××××建材有限公司	
代表数量	5000m^2	来样日期	200×年×月×日	试验日期	200×年×月×日

试验结果						
一、拉力试验	1. 拉力（N）	纵	460N	横	628N
	2. 拉伸强度（MPa）	纵	—	横	—
二、断裂伸长率（延伸率）		纵	58%	横	45%
三、耐热度	温度（℃）	90		评定	
四、不透水性	0.3MPa、30min，合格				
五、柔韧性（低温柔性、低温弯折性）	温度（℃）	－18		评定	合格
六、其他					

结论：依据 GB 18242—2008 评定，此样品拉力、最大拉力时延伸率、不透水性、柔度、耐热度符合标准。

批准	×××	审核	×××	试验	×××
试验单位	×××试验室				
报告日期	200×年×月×日				

注：本表由检测机构提供。

砖（砌块）试验报告 表 C4-14				资料编号	
				试验编号	200×-462
				委托编号	200×-24541
工程名称	××工程			试样编号	001
委托单位	××建筑工程公司			试验委托人	×××
种 类	轻集料混凝土小型空心砌块			生产厂	×××建材公司
强度等级	3.5 级	密度等级		代表数量	10000 块
试件处理日期	200×年 ×月×日	来样日期	200×年 ×月×日	试验日期	200×年 ×月×日

试验结果

烧结普通砖

抗压强度平均值 f (MPa)	变异系数 $\delta \leqslant 0.21$	变异系数 $\delta > 0.21$
	强度标准值 f_k (MPa)	单块最小强度值 f_k (MPa)
—	—	—

轻集料混凝土小型空心砌块

砌块抗压强度（MPa）		砌块干燥表观密度（kg/m³）
平均值	最小值	
3.9	3.9	

其他种类

抗压强度（MPa）						抗折强度（MPa）	
平均值	最小值	大面		条面		平均值	最小值
		平均值	最小值	平均值	最小值		
—	—	—	—	—	—	—	—

结论：依据 GB 15229—2002 评定，该组试件符合强度等级为 3.5 级的轻集料混凝土小型空心砌块标准。

批准	×××	审核	×××	试验	×××
试验单位	×××试验室				
报告日期	200×年×月×日				

注：本表由检测机构提供。

<table>
<tr><td colspan="3" rowspan="3">轻集料试验报告
表 C4-15</td><td>资料编号</td><td colspan="3"></td></tr>
<tr><td>试验编号</td><td colspan="3">200×-042</td></tr>
<tr><td>委托编号</td><td colspan="3">200×-0117</td></tr>
<tr><td colspan="2">工程名称</td><td colspan="2">××工程</td><td>试样编号</td><td colspan="2">200×-028</td></tr>
<tr><td colspan="2">委托单位</td><td colspan="2">××建筑工程公司</td><td>试验委托人</td><td colspan="2">×××</td></tr>
<tr><td colspan="2">种 类</td><td>粉煤灰陶粒</td><td>密度等级</td><td>轻粗集料 700</td><td>产 地</td><td>河北</td></tr>
<tr><td colspan="2">代表数量</td><td>25m³</td><td>来样日期</td><td>200×年
×月×日</td><td>试验日期</td><td>200×年
×月×日</td></tr>
<tr><td rowspan="9">试验结果</td><td rowspan="3">一、筛分析</td><td colspan="2">1. 细度模数（细集料）</td><td colspan="3">—</td></tr>
<tr><td colspan="2">2. 最大粒径（粗集料）</td><td colspan="3">20mm</td></tr>
<tr><td colspan="2">3. 级配情况</td><td colspan="3">☑连续粒级 □单粒级</td></tr>
<tr><td colspan="2">二、表观密度</td><td colspan="4">1150kg/m³</td></tr>
<tr><td colspan="2">三、堆积密度</td><td colspan="4">688kg/m³</td></tr>
<tr><td colspan="2">四、筒压强度</td><td colspan="4">5.2MPa</td></tr>
<tr><td colspan="2">五、吸水率（1h）</td><td colspan="4">4.5%</td></tr>
<tr><td colspan="2">六、粒型系数</td><td colspan="4">—</td></tr>
<tr><td colspan="2">七、其他</td><td colspan="4">含泥量：0.5% 空隙率：4.5%</td></tr>
<tr><td colspan="7">结论：依据 GB/T 17431.1.2—1998 标准，该粉煤灰陶粒符合轻集料质量标准。</td></tr>
<tr><td colspan="2">批准</td><td>×××</td><td>审核</td><td>×××</td><td>试验</td><td>×××</td></tr>
<tr><td colspan="2">试验单位</td><td colspan="5">×××试验室</td></tr>
<tr><td colspan="2">报告日期</td><td colspan="5">200×年×月×日</td></tr>
</table>

注：本表由检测机构提供。

<table>
<tr><td colspan="3" rowspan="3">材料试验报告（通用）
表 C4-16</td><td>资料编号</td><td colspan="2"></td></tr>
<tr><td>试验编号</td><td colspan="2">200×-274</td></tr>
<tr><td>委托编号</td><td colspan="2">200×-1570</td></tr>
<tr><td>工程名称及部位</td><td colspan="2">××工程屋面</td><td>试样编号</td><td colspan="2"></td></tr>
<tr><td>委托单位</td><td colspan="2">×××建筑工程公司</td><td>试验委托人</td><td colspan="2">×××</td></tr>
<tr><td>材料名称及规格</td><td colspan="2">SBS改性沥青防水卷材
（复合胎3mmⅡ型）</td><td>产地、厂别</td><td colspan="2">×××防水建材公司</td></tr>
<tr><td>代表数量</td><td>500卷</td><td>来样日期</td><td>200×年
×月×日</td><td>试验日期</td><td>200×年
×月×日</td></tr>
<tr><td colspan="6">要求试验项目及说明：1. 拉力试验，纵向拉力及横向拉力；
2. 耐热度；
3. 不透水性；
4. 柔韧性；
5. 撕裂强度</td></tr>
<tr><td colspan="6">试验结果：1. 拉力试验：纵向拉力892N，横向拉力765N；
2. 耐热度：90℃合格；
3. 不透水性：合格；
4. 柔韧性：−18℃合格；
5. 撕裂强度：纵向422N，横向407N</td></tr>
<tr><td colspan="6">结论：送检试样所测项目均符合GB 50207—2002中有关技术指标。</td></tr>
<tr><td>批准</td><td>×××</td><td>审核</td><td>×××</td><td>试验</td><td>×××</td></tr>
<tr><td>试验单位</td><td colspan="5">×××试验室</td></tr>
<tr><td>报告日期</td><td colspan="5">200×年×月×日</td></tr>
</table>

注：本表由检测机构提供。

<table>
<tr><td colspan="5">材料、构配件进场检验记录
表 C4-17</td><td>资料编号</td><td colspan="2"></td></tr>
<tr><td colspan="2">工程名称</td><td colspan="3">××工程</td><td>检验日期</td><td colspan="2">200×年×月×日</td></tr>
<tr><td>序号</td><td>名 称</td><td>规格
型号</td><td>进场
数量</td><td>生产厂家
合格证号</td><td>检验项目</td><td>检验结果</td><td>备 注</td></tr>
<tr><td>1</td><td>镀锌钢板</td><td>1000×2000
δ=0.75</td><td>1t</td><td>首钢</td><td>外观质量
证明文件</td><td>合格</td><td></td></tr>
<tr><td>2</td><td>镀锌钢板</td><td>1000×2000
δ=0.75</td><td>2t</td><td>L18-0346</td><td>外观质量
证明文件</td><td>合格</td><td></td></tr>
<tr><td>3</td><td>角钢</td><td>C30×30</td><td>3t</td><td>06-009</td><td>外观质量
证明文件</td><td>合格</td><td></td></tr>
<tr><td>4</td><td>角钢</td><td>C40×40</td><td>2t</td><td>06-013</td><td>外观质量
证明文件</td><td>合格</td><td></td></tr>
<tr><td></td><td></td><td></td><td></td><td></td><td></td><td></td><td></td></tr>
<tr><td></td><td></td><td></td><td></td><td></td><td></td><td></td><td></td></tr>
<tr><td></td><td></td><td></td><td></td><td></td><td></td><td></td><td></td></tr>
<tr><td></td><td></td><td></td><td></td><td></td><td></td><td></td><td></td></tr>
<tr><td></td><td></td><td></td><td></td><td></td><td></td><td></td><td></td></tr>
<tr><td></td><td></td><td></td><td></td><td></td><td></td><td></td><td></td></tr>
<tr><td></td><td></td><td></td><td></td><td></td><td></td><td></td><td></td></tr>
<tr><td colspan="8">检验结论：
以上材料经外观检查合格，材质、规格型号及数量经复检均符合设计及施工规范要求，产品质量证明文件齐全。</td></tr>
</table>

<table>
<tr><td rowspan="3">签
字
栏</td><td rowspan="2">施工单位</td><td rowspan="2">×××建筑公司</td><td>专业技术负责人</td><td>专业质检员</td><td>专业工长</td></tr>
<tr><td>×××</td><td>×××</td><td>×××</td></tr>
<tr><td>监理（建设）单位</td><td colspan="2">×××监理公司</td><td>专业工程师</td><td>×××</td></tr>
</table>

注：本表由施工单位填写。

<table>
<tr><td colspan="2">**设备开箱检验记录**
表 C4-18</td><td colspan="2">资料编号</td><td colspan="2"></td></tr>
<tr><td>工程名称</td><td>×××工程</td><td colspan="2">检查日期</td><td colspan="2">×年×月×日</td></tr>
<tr><td>设备名称</td><td>自动搅匀排污泵</td><td colspan="2">规格型号</td><td colspan="2">80JYW40-15-1600-4</td></tr>
<tr><td>生产厂家</td><td>××设备公司</td><td colspan="2">产品合格证编号</td><td colspan="2">2006-×××</td></tr>
<tr><td>总数量</td><td>12</td><td colspan="2">检验数量</td><td colspan="2">1</td></tr>
<tr><td colspan="6">进场检验记录</td></tr>
<tr><td>包装情况</td><td colspan="5">完好，无破损现象</td></tr>
<tr><td>随机文件</td><td colspan="5">齐全</td></tr>
<tr><td>备件与附件</td><td colspan="5">齐全、完好</td></tr>
<tr><td>外观情况</td><td colspan="5">良好</td></tr>
<tr><td>测试情况</td><td colspan="5">正常，符合要求</td></tr>
<tr><td colspan="6">缺、损附备件明细表</td></tr>
<tr><td>序号</td><td>名称</td><td>规格</td><td>单位</td><td>数量</td><td>备注</td></tr>
<tr><td></td><td></td><td></td><td></td><td></td><td></td></tr>
<tr><td></td><td></td><td></td><td></td><td></td><td></td></tr>
<tr><td></td><td></td><td></td><td></td><td></td><td></td></tr>
<tr><td></td><td></td><td></td><td></td><td></td><td></td></tr>
<tr><td></td><td></td><td></td><td></td><td></td><td></td></tr>
<tr><td colspan="6">结论：自动搅匀排污泵包装良好，附件及资料文件齐全，测试情况正常。</td></tr>
<tr><td rowspan="2">签字栏</td><td>建设（监理）单位</td><td colspan="2">施工单位</td><td colspan="2">供应单位</td></tr>
<tr><td>×××</td><td colspan="2">×××</td><td colspan="2">×××</td></tr>
</table>

注：本表由施工单位填写并保存。

设备及管道附件试验记录 表 C4-19				资料编号		
工程名称		×××工程		系统名称	通风系统	
设备/管道附件名称		风机盘管		试验日期	×年×月×日	
试验要求：						
型号、材质		YGFC	YGFC	YGFC		
规格		02-CC-3SL	04-CC-3S	04-CC-3S		
总数量		1	1	1		
试验数量		1	1	1		
公称或工作压力（MPa）						
强度试验	试验压力（MPa）	2.4	2.4	2.4		
	试验持续时间（s）	120	120	120		
	试验压力降（MPa）	0	0	0		
	渗漏情况	无	无	无		
	试验结论	合格	合格	合格		
严密性试验	试验压力（MPa）					
	试验持续时间（s）					
	试验压力降（MPa）					
	渗漏情况					
	试验结论					
签字栏	施工单位	×××建筑公司		专业技术负责人	专业质检员	专业工长
				×××	×××	×××
	监理（建设）单位	××监理公司			专业工程师	×××

注：本表由施工单位填写。

<table>
<tr><td colspan="2">**隐蔽工程检查记录
表 C5-1**</td><td>资料编号</td><td></td></tr>
<tr><td>工程名称</td><td colspan="3">××工程</td></tr>
<tr><td>隐检项目</td><td>钢筋机械连接</td><td>隐检日期</td><td>×年×月×日</td></tr>
<tr><td>隐检部位</td><td colspan="3">二层⑥—⑫/Ⓐ—Ⓓ轴线梁、柱标高 7.800m</td></tr>
<tr><td colspan="4">隐检依据：施工图图号结—12，结—13，设计变更/洽商（编号 ____________）及有关国家现行标准等。
主要材料名称及规格/型号：Φ25、Φ18、Φ12、Φ8、Φ6</td></tr>
<tr><td colspan="4">隐检内容：
1. 套筒、钢筋的合格证等质量证明文件齐全，套筒表面有规格标记，两端有保护套；
2. 钢筋端头螺纹加工按照标准规模，且牙形通 1 个；
3. 钢筋均无锈蚀，污染已清理干净，另附钢筋原材复试报告；进行量规检查，有螺纹加工检验记录，检验合格；
4. 连接时，钢筋规格和连接套的规格一致，型式、螺距、螺纹外径与连接套匹配并确保丝扣干净、完好无损；
5. 柱主筋>Φ16 时采用滚轧直螺纹连接，接头位置分离开≥90.0mm，受压区同一截面接头的百分率不大于 50%
申报人：×××</td></tr>
<tr><td colspan="4">检查意见：经检查，1. 套筒的品种、规格型号、配筋数量、位置、间距符合设计要求；2. 钢筋搭接长度、接头位置符合设计要求；3. 连接符合 JGJ 107—2003 规定，同意进入下道工序。
检查结论： ☑同意隐蔽 □不同意，修改后进行复查</td></tr>
<tr><td colspan="4">复查结论：

复查人： 复查日期：</td></tr>
</table>

签字栏					
	施工单位	×××建筑公司	专业技术负责人	专业质检员	专业工长
			×××	×××	×××
	监理（建设）单位	×××监理公司		专业工程师	×××

注：本表由施工单位填写，并附影像资料。

<table>
<tr><td colspan="2">交接检查记录
表 C5-2</td><td>资料编号</td><td></td></tr>
<tr><td>工程名称</td><td colspan="3">××工程</td></tr>
<tr><td>移交单位名称</td><td>××建筑工程公司</td><td>接收单位名称</td><td>×××电梯安装工程公司</td></tr>
<tr><td>交接部位</td><td>机房内部、井道结构</td><td>检查日期</td><td>200×年×月×日</td></tr>
<tr><td colspan="4">交接内容：1. 机房内部及井道结构必须符合电梯土建布置图要求；
2. 电源开关应符合 GB 50310—2002 第 4.2.2 条要求；
3. 井道必须符合 GB 50310—2002 第 4.2.3 条要求</td></tr>
<tr><td colspan="4">检查结果：经移交、接收、见证三方单位共同检查，机房内部井道结构均符合设计及 GB 50310—2002 施工质量要求，合格。</td></tr>
<tr><td colspan="4">复查意见：

复查人：　　　　复查日期：</td></tr>
<tr><td rowspan="2">签字栏</td><td>移交单位</td><td colspan="2">接收单位</td></tr>
<tr><td>×××建筑工程公司</td><td colspan="2">×××电梯安装工程公司</td></tr>
</table>

注：本表由移交单位填写。

<table>
<tr><td colspan="2">地基验槽检查记录
表 C5-3</td><td>资料编号</td><td colspan="3"></td></tr>
<tr><td colspan="2">工程名称</td><td colspan="2"></td><td>验槽日期</td><td></td></tr>
<tr><td>验槽部位</td><td colspan="5">①—⑫/Ⓐ—Ⓕ轴</td></tr>
<tr><td colspan="6">依据：施工图纸（施工图纸号 结－1，结－2 ）、设计变更/洽商（编号 / ）及有关规范、规程。</td></tr>
<tr><td colspan="6">验槽内容：
1. 基槽开挖至勘探报告第 3 层，持力层为 3 层。
2. 基底绝对高程和相对标高 39.90m 。
3. 土质情况 3层卵石 。
（附：☑钎探记录及钎探点平面布置图）
4. 桩位置＿＿、桩类型＿＿、数量＿＿，承载力满足设计要求。
（附：□ 施工记录、□ 桩检测报告）

注：若建筑工程无桩基或人工支护，则相应在第 4 条填写处画“/”。

申报人：×××</td></tr>
<tr><td colspan="6">检查意见：槽底土均匀密实，与地质勘探报告 200×—011 相符，基槽平面位置、几何尺寸、基底标高、定位检查符合设计要求。

检查结论：☑无异常，可进行下道工序 □需要地基处理</td></tr>
<tr><td rowspan="2">签字公章栏</td><td>建设单位</td><td>监理单位</td><td>设计单位</td><td>勘察单位</td><td>施工单位</td></tr>
<tr><td>×××</td><td>×××</td><td>×××</td><td>×××</td><td>×××</td></tr>
</table>

注：本表由施工单位填写。

<table>
<tr><td colspan="3">地基处理记录
表 C5-4</td><td colspan="2">资料编号</td><td colspan="2"></td></tr>
<tr><td colspan="2">工程名称</td><td>××工程</td><td colspan="2">日 期</td><td colspan="2">200×年×月×日</td></tr>
<tr><td colspan="7">处理依据及方式：1.《建筑地基基础工程施工质量验收规范》（GB 50202—2002）；
2.《建筑地基处理技术规范》（JCJ 79—2002）；
3. 本工程《基础施工方案》；
4. 钎探记录；
5. 工程洽商单 02 号</td></tr>
<tr><td colspan="7">处理部位及深度（或用简图表示）

☑有/□无 附页（图）</td></tr>
<tr><td colspan="7">处理结果：1. 继续下挖至老土层；
2. 清理坑内积水、淤泥等杂物；
3. 回填级配石、粒径不大于 10mm；
4. 振捣不少于三遍，密实后方可进行下道工序</td></tr>
<tr><td colspan="7">检查意见：经检查，基础处理结果符合勘察和设计部门要求，同意验槽。

检查日期：200×年×月×日</td></tr>
<tr><td rowspan="3">签字栏</td><td>监理单位</td><td>设计单位</td><td>勘察单位</td><td>施工单位</td><td colspan="2">××建筑工程公司</td></tr>
<tr><td rowspan="2">×××</td><td rowspan="2">×××</td><td rowspan="2">×××</td><td>专业技术负责人</td><td>专业质检员</td><td>专业工长</td></tr>
<tr><td>×××</td><td>×××</td><td>×××</td></tr>
</table>

注：本表由施工单位填写。

<table>
<tr><td colspan="3">地基钎探记录
表 C5-5</td><td colspan="2">资料编号</td><td colspan="4"></td></tr>
<tr><td colspan="2">工程名称</td><td colspan="2">××工程</td><td colspan="2">钎探日期</td><td colspan="3">200×年×月×日</td></tr>
<tr><td colspan="2">套锤重</td><td>10kg</td><td>自由落距</td><td colspan="2">50cm</td><td>钎径</td><td colspan="2">25mm</td></tr>
<tr><td rowspan="2">顺序号</td><td colspan="7">各步锤击数</td><td rowspan="2">备注</td></tr>
<tr><td>0～30
(cm)</td><td>30～60
(cm)</td><td>60～90
(cm)</td><td>90～120
(cm)</td><td>120～150
(cm)</td><td>150～180
(cm)</td><td>180～210
(cm)</td></tr>
<tr><td>1</td><td>16</td><td>39</td><td>72</td><td>85</td><td>25</td><td>72</td><td>88</td><td></td></tr>
<tr><td>2</td><td>14</td><td>14</td><td>78</td><td>57</td><td>28</td><td>35</td><td>43</td><td></td></tr>
<tr><td>3</td><td>18</td><td>48</td><td>87</td><td>29</td><td>16</td><td>18</td><td>29</td><td></td></tr>
<tr><td>4</td><td>14</td><td>40</td><td>46</td><td>98</td><td>35</td><td>36</td><td>65</td><td></td></tr>
<tr><td>5</td><td>18</td><td>55</td><td>89</td><td>40</td><td>24</td><td>42</td><td>34</td><td></td></tr>
<tr><td>6</td><td>18</td><td>81</td><td>143*</td><td></td><td></td><td></td><td></td><td></td></tr>
<tr><td>7</td><td>17</td><td>69</td><td>154*</td><td></td><td></td><td></td><td></td><td></td></tr>
<tr><td>8</td><td>15</td><td>56</td><td>58</td><td>32</td><td>26</td><td>82</td><td>69</td><td></td></tr>
<tr><td>9</td><td>12</td><td>34</td><td>56</td><td>31</td><td>29</td><td>56</td><td>65</td><td></td></tr>
<tr><td>10</td><td>18</td><td>65</td><td>75</td><td>48</td><td>19</td><td>29</td><td>33</td><td></td></tr>
<tr><td>11</td><td>24</td><td>75</td><td>106*</td><td></td><td></td><td></td><td></td><td></td></tr>
<tr><td>12</td><td>16</td><td>68</td><td>116*</td><td></td><td></td><td></td><td></td><td></td></tr>
<tr><td>13</td><td>16</td><td>68</td><td>113*</td><td></td><td></td><td></td><td></td><td></td></tr>
<tr><td>14</td><td>20</td><td>72</td><td>97</td><td>30</td><td>26</td><td>44</td><td>42</td><td></td></tr>
<tr><td>15</td><td>25</td><td>68</td><td>68</td><td>42</td><td>25</td><td>31</td><td>29</td><td></td></tr>
<tr><td>16</td><td>16</td><td>61</td><td>76</td><td>70</td><td>19</td><td>90</td><td>85</td><td></td></tr>
<tr><td>17</td><td>15</td><td>53</td><td>80</td><td>63</td><td>19</td><td>23</td><td>27</td><td></td></tr>
<tr><td>18</td><td>16</td><td>56</td><td>107*</td><td></td><td></td><td></td><td></td><td></td></tr>
<tr><td colspan="3">施工单位</td><td colspan="6">××建设集团有限公司</td></tr>
<tr><td colspan="3">专业技术负责人</td><td colspan="3">专业工长</td><td colspan="3">记录人</td></tr>
<tr><td colspan="3">×××</td><td colspan="3">×××</td><td colspan="3">×××</td></tr>
</table>

注：本表由施工单位填写，并附钎探点布置图。

*为超过100的，可不继续锤击了。

<table>
<tr><td colspan="2">**混凝土浇灌申请书**
表 C5-6</td><td>资料编号</td><td></td></tr>
<tr><td>工程名称</td><td>××工程</td><td>申请浇灌日期</td><td>200×年×月×日××时</td></tr>
<tr><td>申请浇灌部位</td><td>①—⑫/Ⓐ—Ⓕ轴
基础条基、地梁</td><td>申请方量（m^3）</td><td>100</td></tr>
<tr><td>技术要求</td><td>泵送</td><td>强度等级</td><td>C25</td></tr>
<tr><td>搅拌方式
（搅拌站名称）</td><td>机械</td><td>申请人</td><td>×××</td></tr>
<tr><td colspan="4">依据：施工图纸（施工图纸号 结—5 ）、
设计变更/洽商（编号 / ）和有关规范、规程。</td></tr>
<tr><td colspan="2">施工准备检查</td><td>专业工长
（质量员）签字</td><td>备注</td></tr>
<tr><td colspan="2">1. 隐检情况：☑已 □未完成隐检。</td><td>××</td><td></td></tr>
<tr><td colspan="2">2. 预检情况：☑已 □未完成预检。</td><td>××</td><td></td></tr>
<tr><td colspan="2">3. 水电预埋情况：☑已 □未完成并未经检查。</td><td>××</td><td></td></tr>
<tr><td colspan="2">4. 施工组织情况：☑已 □未完备。</td><td>××</td><td></td></tr>
<tr><td colspan="2">5. 机械设备准备情况：☑已 □未准备。</td><td>××</td><td></td></tr>
<tr><td colspan="2">6. 保温及有关准备：☑ 已□未完备</td><td>××</td><td></td></tr>
<tr><td colspan="2"></td><td></td><td></td></tr>
<tr><td colspan="2"></td><td></td><td></td></tr>
<tr><td colspan="4">审批意见：
1. 隐蔽检查及水电预埋工作已完成。
2. 施工方案及技术交底已落实。
3. 人员及机械已全部到位。
4. 计量设备已准备完毕。

审批结论：☑同意浇筑 □整改后自行浇筑 □不同意，整改后重新申请
审 批 人：××× 审批日期：200×年×月×日
施工单位名称：×××建筑工程公司</td></tr>
</table>

注：1. 本表由施工单位填写。

2. “技术要求”栏应依据混凝土合同的具体要求填写。

<table>
<tr><td colspan="4">混凝土拆模申请单
表 C5-7</td><td colspan="2">资料编号</td><td></td></tr>
<tr><td>工程名称</td><td colspan="6">××工程</td></tr>
<tr><td>申 请
拆模部位</td><td colspan="6">二层顶板①—⑫/Ⓐ—Ⓕ轴</td></tr>
<tr><td>混凝土
强度等级</td><td>C25</td><td>混凝土浇筑
完成时间</td><td>200×年
×月×日</td><td>申 请
拆模日期</td><td colspan="2">200×年
×月×日</td></tr>
<tr><td colspan="7">构件类型
（注：在所选择构件类型的□内画“√”）</td></tr>
<tr><td>□ 墙</td><td>□ 柱</td><td>板：
□跨度≤2m
☑ 2m<跨度≤8m
□跨度>8m</td><td>梁：
□跨度≤8m
□跨度>8m</td><td>□悬臂构件</td><td colspan="2"></td></tr>
<tr><td colspan="2">拆模时混凝土强度要求</td><td>龄期（d）</td><td>同条件混凝土
抗压强度
（MPa）</td><td>达到设计
强度等级
（%）</td><td colspan="2">强度报告
编 号</td></tr>
<tr><td colspan="2">应达到设计强度的75%
（或__MPa）</td><td>18</td><td>23.5</td><td>94</td><td colspan="2">200×-3792</td></tr>
<tr><td colspan="7">审批意见：二层顶板①—⑫/Ⓐ—Ⓕ轴顶板同条件养护混凝土试件达到设计强度 94%，符合 GB 50204—2002 规范规定，同意拆模。

批准拆模日期：200×年×月×日</td></tr>
<tr><td colspan="2">施工单位</td><td colspan="5">××建筑工程公司</td></tr>
<tr><td colspan="2">专业技术负责人</td><td colspan="2">专业质检员</td><td colspan="3">申 请 人</td></tr>
<tr><td colspan="2">×××</td><td colspan="2">×××</td><td colspan="3">×××</td></tr>
</table>

注：本表由施工单位填写。

混凝土搅拌测温记录 表 C5-8						资料编号					
工程名称		××工程									
混凝土 强度等级		C25				坍落度		180mm			
水泥品种 及强度等级		P·O 42.5				搅拌方式		机械			
测温时间				大气温度（℃）	原材料温度（℃）				出罐温度（℃）	入模温度（℃）	备注
年	月	日	时		水泥	砂	石	水			
200×	12	13	9	+5					18	16	商混凝土
200×	12	13	11	+6					18	16	商混凝土
200×	12	13	13	+7					19	17	商混凝土
200×	12	13	15	+6					18	15	商混凝土
200×	12	13	17	+5					19	16	商混凝土
施工单位				××建筑公司							
专业技术负责人				专业质检员				记录人			
×××				×××				×××			

注：本表由施工单位填写。

混凝土养护测温记录 表 C5-9									资料编号								
工程名称				××工程													
部 位				二层梁柱			养护方法		综合蓄热			测温方式			温度计		
测温时间			大气温度（℃）	各测孔温度（℃）												平均温度（℃）	间隔时间（h）	成熟度	
月	日	时		$1^{\#}$	$2^{\#}$	$3^{\#}$	$4^{\#}$	$5^{\#}$	$6^{\#}$	$7^{\#}$	$8^{\#}$	$9^{\#}$	$10^{\#}$	$11^{\#}$	$12^{\#}$			本次	累计
11	16	16	+10	+12	+12	+12	+14	+12	+10	+12	+12	+12	+10	+10	+14	11.8			
11	16	18	+7	+10	+10	+10	+10	+10	+12	+10	+10	+10	+10	+10	+10	10.2	2		
11	16	20	+5	+10	+7	+6	+5	+10	+8	+8	+8	+8	+10	+10	+10	8.3	2		
11	16	22	+1	+10	+7	+6	+5	+10	+8	+8	+7	+7	+8	+10	+10	8	2		
11	16	24	0	+10	+7	+6	+5	+10	+8	+8	+7	+7	+7	+7	+7	7.4	2		
11	17	2	+3	+10	+7	+6	+5	+10	+8	+8	+7	+7	+7	+7	+7	7.4	2		
11	17	4	+3	+10	+7	+6	+5	+10	+8	+7	+7	+7	+7	+7	+7	7.4	2		
11	17	6	+5	+10	+10	+10	+10	+10	+10	+10	+10	+10	+8	+8	+7	9.4	2		
11	17	8	+5	+10	+10	+10	+10	+10	+10	+10	+10	+10	+8	+8	+7	9.4	2		
11	18	8	+3	4	3	2	2	1	1	1	0	1	8	0	4	3	6		
11	18	14	+5	1	0	0	0	0	0	0	0	0	3	0	1	0	6		
施工单位							××公司												
专业技术负责人							专业工长						测温员						
×××							×××						×××						

注：本表由施工单位填写。

大体积混凝土测温记录 表 C5-10						资料编号							
工程名称		××工程				施工单位		×××建筑工程公司					
测温部位		二层梁柱		测温方式		温度计		养护方法			浇水覆盖		
测温时间			大气温度（℃）	入模温度（℃）	孔号	各测温孔温度（℃）		$t_{中}-t_{上}$（℃）	$t_{中}-t_{下}$（℃）	$t_{气}-t_{上}$（℃）	内外最大温差记录（℃）	裂缝宽度（mm）	
月	日	时											
						上	12						
10	6	16	+10	12	1	中	14	2	0	−2			
						下	14						
						上	12						
10	6	18	+7	+10	1	中	12	0	−2	−5	2	无	
						下	14						
						上	16						
10	6	20	+7	+10	1	中	12	2	0	−5			
						下	12						
						上							
						中							
						下							
						上							
						中							
						下							
						上							
						中							
						下							
						上							
						中							
						下							
						上							
						中							
						下							
						上							
						中							
						下							
						上							
						中							
						下							

审核意见：混凝土测温点布置正确，测温措施控制严格，各项数据符合设计及施工规范要求。

施工单位	××建筑工程公司	
专业技术负责人	专业工长	测 温 员
×××	×××	×××

注：本表由施工单位填写。

<table>
<tr><td colspan="6">构件吊装记录
表 C5-11</td><td>资料编号</td><td colspan="2"></td></tr>
<tr><td colspan="2">工程名称</td><td colspan="7">××工程</td></tr>
<tr><td colspan="2">使用部位</td><td colspan="4">二层自动扶梯钢梁</td><td>吊装日期</td><td colspan="2">200×年×月×日</td></tr>
<tr><td rowspan="2">序号</td><td rowspan="2">构件名称及编号</td><td rowspan="2">安装位置</td><td colspan="4">安装检查</td><td rowspan="2" colspan="2">备注</td></tr>
<tr><td>搁置与搭接尺寸</td><td>接头（点）处理</td><td>固定方法</td><td>标高检查</td></tr>
<tr><td>1</td><td>钢梁 GL1</td><td>③—④/ⓔ—ⓕ</td><td>100mm</td><td>焊接混凝土灌缝</td><td>焊接</td><td>+7.800m</td><td colspan="2"></td></tr>
<tr><td>2</td><td>钢梁 GL2</td><td>④—⑤/ⓔ—ⓕ</td><td>300mm</td><td>喷砂</td><td>高强度螺栓</td><td>+7.800m</td><td colspan="2"></td></tr>
<tr><td></td><td></td><td></td><td></td><td></td><td></td><td></td><td colspan="2"></td></tr>
<tr><td></td><td></td><td></td><td></td><td></td><td></td><td></td><td colspan="2"></td></tr>
<tr><td></td><td></td><td></td><td></td><td></td><td></td><td></td><td colspan="2"></td></tr>
<tr><td></td><td></td><td></td><td></td><td></td><td></td><td></td><td colspan="2"></td></tr>
<tr><td></td><td></td><td></td><td></td><td></td><td></td><td></td><td colspan="2"></td></tr>
<tr><td></td><td></td><td></td><td></td><td></td><td></td><td></td><td colspan="2"></td></tr>
<tr><td></td><td></td><td></td><td></td><td></td><td></td><td></td><td colspan="2"></td></tr>
<tr><td colspan="9">结论：钢梁有材质出厂合格证，检验报告、规格、质量、外观等各项指标均符合设计及施工规范；安装位置及检查结果符合设计要求及施工规范要求，合格。</td></tr>
<tr><td colspan="3">施工单位</td><td colspan="6">××建筑工程公司</td></tr>
<tr><td colspan="3">专业技术负责人</td><td colspan="3">专业质检员</td><td colspan="3">记 录 人</td></tr>
<tr><td colspan="3">×××</td><td colspan="3">×××</td><td colspan="3">×××</td></tr>
</table>

注：本表由施工单位填写。

焊接材料烘焙记录 表 C5-12				资料编号	
工程名称	××工程				
焊材牌号	E4303	规格（mm）	3.2×350	焊材厂家	××××
钢材材质	I 35	烘焙方法	电炉烘干法	烘焙日期	200×年×月×日

序号	施焊部位	烘焙数量（kg）	烘焙要求 烘干温度（℃）	烘焙要求 烘干时间（h）	实际烘焙（h） 烘焙日期	实际烘焙（h） 从 时 分	实际烘焙（h） 至 时 分	保温要求 降至恒温（℃）	保温要求 保温时间（h）	备注
1	二层自动扶梯钢梁	60	250	1	200×年×月×日	9时10分	10时10分	30	1	

说明：

1. 焊条、焊剂等在使用前，应按产品说明书及有关工艺文件规定的技术要求进行烘干。

2. 焊接材料烘干后应存放在保温箱内，随用随取；焊条由保温箱（筒）取出到施焊的时间不得超过 2h，酸性焊条不宜超过 4h。烘干温度 250～300℃。

施工单位	××建筑公司	
专业技术负责人	专业质检员	记录人
×××	×××	×××

注：本表由施工单位填写。

<table>
<tr><td colspan="3">地下工程防水效果检查记录
表 C5-13</td><td colspan="2">资料编号</td><td colspan="3"></td></tr>
<tr><td colspan="2">工程名称</td><td colspan="6">×××工程</td></tr>
<tr><td colspan="2">检查部位</td><td>首层外墙</td><td colspan="2">检查日期</td><td colspan="3">200×年×月×日</td></tr>
<tr><td colspan="8">检查方法及内容：
依据 GB 50208—2002 及施工方案要求，检查人员用于手触摸混凝土墙面及用吸墨纸粘附墙下角，检查有无湿渍现象，有无裂缝和渗水现象。</td></tr>
<tr><td colspan="8">检查结果：不存在渗漏现象，施工工艺及观感质量合格，符合设计及 GB 50208—2002 技术规范要求。</td></tr>
<tr><td colspan="8">复查意见：

复查人：　　　　复查日期：</td></tr>
<tr><td rowspan="3">签字栏</td><td rowspan="2">施工单位</td><td rowspan="2" colspan="2">×××建筑公司</td><td colspan="2">专业技术负责人</td><td>专业质检员</td><td>专业工长</td></tr>
<tr><td colspan="2">×××</td><td>×××</td><td>×××</td></tr>
<tr><td>监理（建设）单位</td><td colspan="4">×××监理公司</td><td>专业工程师</td><td>×××</td></tr>
</table>

注：本表由施工单位填写。

防水工程试水检查记录 表 C5-14		资料编号	
工程名称	××工程		
检查部位	屋面	检查日期	200×年×月×日
检查方式	☑第一次蓄水 □第二次蓄水	蓄水时间	从 200× 年 × 月 × 日 × 时 至200× 年 × 月 × 日 × 时
	□淋水 □雨期观察		

检查方法及内容：

200×年 10 月 18 日上午 8：00 开始用水管浇水，做屋面蓄水试验，最浅水位＞2cm，地漏周围挡高 5cm，至 200×年 10 月 19 日 9：00 蓄水完毕，蓄水时间 24h 以上，检查未发现渗漏现象。

检查结果：

经 24h 蓄水试验，屋面无渗漏现象，检查合格，符合设计和规范标准要求。

复查意见：

复查人：　　　　　　　　复查日期：

签字栏	施工单位	×××建筑公司	专业技术负责人	专业质检员	专业工长
			×××	×××	×××
	监理（建设）单位	×××监理公司		专业工程师	×××

注：本表由施工单位填写。

幕墙淋水检查记录

<table>
<tr><td>工程名称</td><td colspan="2">××工程</td><td>检查日期</td><td>200×年×月×日</td></tr>
<tr><td>检查部位</td><td colspan="2">③—⑨轴玻璃幕墙</td><td>淋水时间</td><td>从 200×年×月×日××时
至 200×年×月×日××时</td></tr>
<tr><td>检查方法及内容</td><td colspan="4">幕墙淋水试验装置安装在被检幕墙的外表面，喷水水嘴离幕墙 600mm，在被检幕墙表面形成连续水幕，每一检验区域喷淋面积为 2000mm×2000mm，喷水量 160L，喷淋时间持续 5 分钟。</td></tr>
<tr><td>检查结果</td><td colspan="4">经室内详细观察无渗漏现象，符合要求。</td></tr>
<tr><td colspan="2">经喷淋检查符合要求
检员：×××
×××
200×年×月×日</td><td>监理（建设）单位</td><td colspan="2">经核查符合要求
监理工程师：×××
（建设单位项目负责人）
200×年×月×日</td></tr>
</table>

通风（烟）道检查记录 表 C5-15					资料编号		
工程名称	××工程				检查日期	200×年×月×日	
检查部位和检查结果							
检查部位	主烟（风）道		副烟（风）道		检查人	复检人	
	烟道	风道	烟道	风道			
首层		√		√			
二层		√		√			
三层		√		√			
四层		√		√			
		√		√			
		√		√			
十九层		√		√			
二十层		√		√			
二十一层		√		√			
施 工 单 位		×××空调安装工程公司					
专业技术负责人		专业质检员			专业工长		
×××		×××			×××		

注：1. 主烟（风）道可先检查，检查部位按轴线记录；副烟（风）道可按户门编号记录。
2. 检查合格记（√），不合格记（×）。
3. 第一次检查不合格记录（×），复查合格后在（×）后面记录（√）。

注：本表由施工单位填写。

<table>
<tr><td colspan="2">预应力筋张拉记录（一）
表 C5-16</td><td>资料编号</td><td></td></tr>
<tr><td>工程名称</td><td>×××工程</td><td>张拉日期</td><td></td></tr>
<tr><td>施工部位</td><td>预应力板</td><td>预应力筋规格
及抗拉强度</td><td>Φ18
158MPa</td></tr>
<tr><td colspan="4">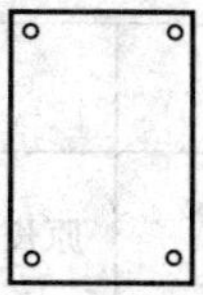
预置预应力筋长度→安装锚具→装千斤顶开始张拉→预应力达到设计值→顶紧锚具→退出千斤顶→量预应力筋长度→实测伸长值与计算伸长值比较

有☑无附页</td></tr>
<tr><td>张拉端锚具类型</td><td>夹片式</td><td>固定端锚具类型</td><td>夹片式</td></tr>
<tr><td>设计控制应力</td><td>365kN</td><td>实际张拉力</td><td>368kN</td></tr>
<tr><td rowspan="2">千斤顶编号</td><td>1号</td><td rowspan="2">压力表编号</td><td>21.1MPa</td></tr>
<tr><td>2号</td><td>22.3MPa</td></tr>
<tr><td>混凝土设计强度</td><td>C30</td><td>张拉时混凝土
实际强度</td><td>60MPa</td></tr>
<tr><td colspan="4">预应力筋计算伸长值：
$\Delta L=\frac{EP\cdot L}{AP\cdot ES}=\frac{368\times16600}{12\times18.6\times150}=182\text{mm}$</td></tr>
<tr><td colspan="4">预应力筋伸长值范围：
175～196mm</td></tr>
</table>

施工单位	××建筑工程公司	
专业技术负责人	专业质检员	记录人
×××	×××	×××

注：本表由施工单位填写。

<table>
<tr><td colspan="6">预应力筋张拉记录（二）
表 C5-16</td><td colspan="2">资料编号</td><td colspan="2"></td></tr>
<tr><td colspan="2">工程名称</td><td colspan="4">××工程</td><td colspan="2">张拉日期</td><td colspan="2">200×年×月×日</td></tr>
<tr><td colspan="2">施工部位</td><td colspan="8">预应力板</td></tr>
<tr><td rowspan="3">张拉顺序编号</td><td rowspan="3">计算值</td><td colspan="7">预应力筋张拉伸长实测值（cm）</td><td rowspan="3">备注</td></tr>
<tr><td colspan="3">一端张拉</td><td colspan="3">另一端张拉</td><td rowspan="2">总伸长</td></tr>
<tr><td>原长 L_1</td><td>实长 L_2</td><td>伸长 ΔL</td><td>原长 L'_1</td><td>实长 L'_2</td><td>伸长 $\Delta L'$</td></tr>
<tr><td>1</td><td>18.2</td><td>2.5</td><td>14.5</td><td>12</td><td>5.5</td><td>8.5</td><td>3</td><td>15</td><td></td></tr>
<tr><td>2</td><td>18.2</td><td>3.2</td><td>15.1</td><td>11.9</td><td>5.2</td><td>8.5</td><td>3.3</td><td>15.2</td><td></td></tr>
<tr><td>3</td><td>18.2</td><td>2.9</td><td>14.5</td><td>11.6</td><td>5</td><td>9</td><td>4</td><td>15.6</td><td></td></tr>
<tr><td>4</td><td>18.2</td><td>3</td><td>15.2</td><td>12.2</td><td>5.2</td><td>8.3</td><td>3.1</td><td>15.3</td><td></td></tr>
<tr><td></td><td></td><td></td><td></td><td></td><td></td><td></td><td></td><td></td><td></td></tr>
<tr><td></td><td></td><td></td><td></td><td></td><td></td><td></td><td></td><td></td><td></td></tr>
<tr><td></td><td></td><td></td><td></td><td></td><td></td><td></td><td></td><td></td><td></td></tr>
<tr><td></td><td></td><td></td><td></td><td></td><td></td><td></td><td></td><td></td><td></td></tr>
<tr><td></td><td></td><td></td><td></td><td></td><td></td><td></td><td></td><td></td><td></td></tr>
<tr><td></td><td></td><td></td><td></td><td></td><td></td><td></td><td></td><td></td><td></td></tr>
<tr><td></td><td></td><td></td><td></td><td></td><td></td><td></td><td></td><td></td><td></td></tr>
<tr><td colspan="2">☑有□无见证</td><td colspan="1">见证单位</td><td colspan="4">×××监理公司</td><td>见证人</td><td colspan="2">×××</td></tr>
<tr><td colspan="3">施工单位</td><td colspan="7">××建筑工程公司</td></tr>
<tr><td colspan="3">专业技术负责人</td><td colspan="4">专业质检员</td><td colspan="3">记录人</td></tr>
<tr><td colspan="3">×××</td><td colspan="4">×××</td><td colspan="3">×××</td></tr>
</table>

注：本表由施工单位填写。

有粘结预应力结构灌浆记录 表 C5-17				资料编号	
工程名称	××工程			灌浆日期	200×年 ×月×日
施工部位	预应力板				
灌浆配合比	水灰比 0.45～0.50			灌浆要求 压力值	0.4MPa
水泥强度等级	P·O 42.5	进厂日期	200×年 ×月×日	复试报告编号	200×-0075

灌浆点简图与编号：

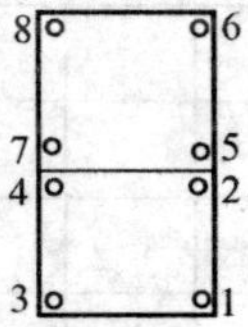

灌浆点编号	灌浆压力值 （MPa）	灌浆量 （L）	灌浆点编号	灌浆压力值 （MPa）	灌浆量 （L）
1	0.6	45			
2	0.5	45			
3	0.6	45			
4	0.6	45			
5	0.5	45			
6	0.5	45			
7	0.6	45			
8	0.6	45			

备注：

施工单位	××建筑工程公司	
专业技术负责人	专业质检员	记录人
×××	×××	×××

注：本表由施工单位填写。

<table>
<tr><td colspan="4">智能建筑工程安装质量检查记录
表 C5-18</td><td>资料编号</td><td></td></tr>
<tr><td>工程名称</td><td colspan="5">×××工程</td></tr>
<tr><td>系统名称</td><td colspan="2">安全防范系统</td><td>检查日期</td><td colspan="2">×年×月×日</td></tr>
</table>

检查项目 \ 检查部位	控制箱					执行器					传感器				
	1	2	3	4	5	1	2	3	4	5	1	2	3	4	5
机房	√	√	√	√	√	√	√	√	√	√	√	√	√	√	√

检查结论：设备安装质量合格。

<table>
<tr><td rowspan="3">签字栏</td><td rowspan="2">施工单位</td><td rowspan="2">××机电安装公司</td><td>专业技术负责人</td><td>专业质检员</td><td>专业工长</td></tr>
<tr><td>×××</td><td>×××</td><td>×××</td></tr>
<tr><td>（监理）建设单位</td><td colspan="2">××监理公司</td><td>专业工程师</td><td>×××</td></tr>
</table>

注：本表由施工单位填写。

<table>
<tr><td colspan="2">施工检查记录（通用）
表 C5-19</td><td>资料编号</td><td></td></tr>
<tr><td>工程名称</td><td>××工程</td><td>检查项目</td><td>砌筑</td></tr>
<tr><td>检查部位</td><td>首层①—⑫/Ⓐ—Ⓕ轴墙体</td><td>检查日期</td><td>200×年×月×日</td></tr>
<tr><td colspan="4">检查依据：1. 依据：结-10；
2.《砌体工程施工质量验收规范》(GB 50203—2002)</td></tr>
<tr><td colspan="4">检查内容：
瓦工班组 20 人砌筑首层①—⑫/Ⓐ—Ⓕ轴填充填，并于当日全部完成。材料采用蒸压加气混凝土砌块，在施工过程中，严格按设计要求留设构造柱，填充墙与构造柱之间以 ϕ6 拉结筋连接。</td></tr>
<tr><td colspan="4">检查结论：符合设计及 GB 50203—2002 规定，合格。</td></tr>
<tr><td colspan="4">复查意见：

复查人：　　　　　　　　　　　　　　　　　　复查日期：</td></tr>
<tr><td colspan="2">施工单位</td><td colspan="2">××建筑工程公司</td></tr>
<tr><td colspan="2">专业技术负责人</td><td>专业质检员</td><td>专业工长</td></tr>
<tr><td colspan="2">×××</td><td>×××</td><td>×××</td></tr>
</table>

注：本表由施工单位填写并保存。

土工击实试验报告 表 C6-1		资料编号	
		试验编号	200×—1736
		委托编号	200×—11237
工程名称部位	××工程基槽回填	试样编号	002
委托单位	××建筑公司	试验委托人	×××
结构类型	框架	填土部位	①—⑫/Ⓐ—Ⓓ轴基槽
要求压实系数 (λ_c)	0.90	土样种类	3∶7灰土
来样日期	200×年×月×日	试验日期	200×年×月×日
试验结果	最优含水量（w_{op}）=18.9%		
	最大干密度（ρ_{dmax}）=1.78g/cm³		
	控制指标（控制干密度） 最大干密度×要求压实系数=1.51g/cm³		

取样位置简图（附图）

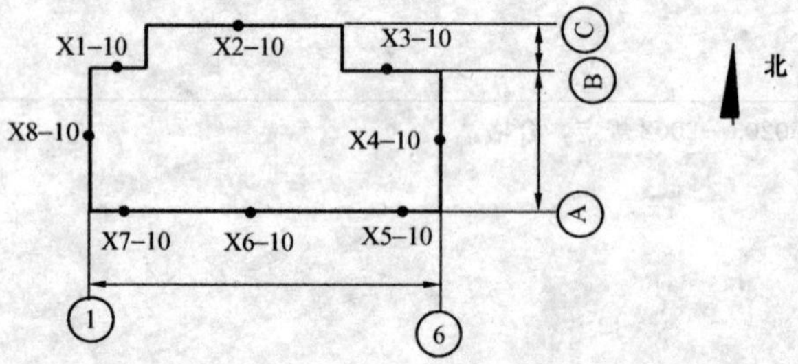

结论：依据 GB/T 50123—2002 标准，最优含水率为 18.9%，最大干密度为 1.78g/cm³，现场控制指标，最小干密度为 1.51g/cm³。

批准	×××	审核	×××	试验	×××
试验单位	×××试验室				
报告日期	200×年×月×日				

注：本表由检测机构提供。

回填土试验报告 表 C6-2	资料编号	
	试验编号	200×—137
	委托编号	200×—1152

工程名称部位	×××工程基础		
委托单位	××建筑公司	试验委托人	×××
要求压实系数 (λ_c)	0.90	回填土种类	3∶7 灰土
控制干密度 (ρ_d)	1.51g/cm^3	试验日期	200×年×月×日

点号 / 项目 / 步数	1	2	3								
	实测干密度（g/cm^3）										
	实测压实系数										
第五步	1.61	1.62	1.60								
	0.95	0.90	0.95								
第六步	1.60	1.62	1.61								
	0.90	0.95	0.95								
第七步	1.61	1.60	1.63								
	0.90	0.90	0.90								
第八步	1.65	1.62	1.61								
	0.90	0.95	0.90								

取样位置简图：（附）

结论：

批准	×××	审核	×××	试验	×××
试验单位	×××试验室				
报告日期	×年×月×日				

注：本表由检测机构提供。

钢筋连接试验报告 表 C6-3		资料编号	
		试验编号	200×—1136
		委托编号	200×—11345
工程名称及部位	×××工程　基础底板及墙柱	试件编号	002
委托单位	×××项目部	试验委托人	×××
接头类型	直螺纹连接	检验形式	工艺检验
设计要求 接头性能等级	Ⅰ级	代表数量	—

连接钢筋种类 及牌号	热轧带肋 HRB335	公称直径 (mm)	25mm	原材试验编号	200×—0021
操作人	×××	来样日期	200×年×月×日	试验日期	200×年×月×日

接头试件			母材试件		弯曲试件			备　注
公称面积 (mm^2)	抗拉强度 (MPa)	断裂特征 及位置	实测面积 (mm^2)	抗拉强度 (MPa)	弯心直径	角度	结果	
490.9	600	母材拉断 105	—	585				
490.9	605	母材拉断 123	—	595				
490.9	605	母材拉断 109	—	565				

结论：依据 JGJ 107—2003 标准，以上所检项目工艺检验符合机械连接Ⅰ级接头要求。

批准	×××	审核	×××	试验	×××
试验单位	××中心试验室（单位章）				
报告日期	200×年×月×日				

注：本表由检测机构提供。

<table>
<tr><td colspan="4" rowspan="2">砂浆配合比申请单
表 C6-4</td><td>资料编号</td><td></td></tr>
<tr><td>委托编号</td><td>200×年×月×日</td></tr>
<tr><td>工程名称</td><td colspan="5">××工程</td></tr>
<tr><td>委托单位</td><td colspan="3">××建筑工程公司</td><td>试验委托人</td><td>×××</td></tr>
<tr><td>砂浆种类</td><td colspan="3">混合砂浆</td><td>强度等级</td><td>M5</td></tr>
<tr><td>水泥品种</td><td colspan="3">P·O 42.5</td><td>厂别</td><td>×××水泥厂</td></tr>
<tr><td>水泥进场日期</td><td colspan="3">200×年×月×日</td><td>试验编号</td><td>200×—C—023</td></tr>
<tr><td>砂产地</td><td>卢沟桥</td><td>粗细级别</td><td>中砂</td><td>试验编号</td><td>200×—S—012</td></tr>
<tr><td>掺合料种类</td><td colspan="3">白灰膏</td><td>外加剂种类</td><td></td></tr>
<tr><td>申请日期</td><td colspan="3">200×年×月×日</td><td>要求使用日期</td><td>200×年×月×日</td></tr>
</table>

<table>
<tr><td colspan="3" rowspan="2">砂浆配合比通知单
表 C6-4</td><td colspan="2">配合比编号</td><td colspan="3">200×—M5—017</td></tr>
<tr><td colspan="2">试配编号</td><td colspan="3"></td></tr>
<tr><td>强度等级</td><td colspan="2">M5</td><td colspan="2">试验日期</td><td colspan="3">200×年×月×日</td></tr>
<tr><td colspan="8">配 合 比</td></tr>
<tr><td>材料名称</td><td>水泥</td><td>砂</td><td>白灰膏</td><td colspan="2">掺 合 料</td><td colspan="2">外 加 剂</td></tr>
<tr><td>每立方米用量
(kg/m³)</td><td>235</td><td>1587</td><td></td><td></td><td></td><td></td><td></td></tr>
<tr><td>比例</td><td>1</td><td>6.8</td><td></td><td></td><td></td><td></td><td></td></tr>
<tr><td colspan="8">注：砂浆稠度为70～100mm，白灰膏稠度为120±5mm。</td></tr>
<tr><td>批准</td><td>×××</td><td>审核</td><td>×××</td><td>试验</td><td colspan="3">×××</td></tr>
<tr><td>试验单位</td><td colspan="7">××试验室</td></tr>
<tr><td>报告日期</td><td colspan="7">200×年×月×日</td></tr>
</table>

注：本表由检测机构提供。

<table>
<tr><td colspan="7" rowspan="3">砂浆抗压强度试验报告
表 C6-5</td><td>资料编号</td><td colspan="2"></td></tr>
<tr><td>试验编号</td><td colspan="2">200×—0021</td></tr>
<tr><td>委托编号</td><td colspan="2">200×—0217</td></tr>
<tr><td colspan="2">工程名称及部位</td><td colspan="5">××工程　三层砌体</td><td>试验编号</td><td colspan="2">001</td></tr>
<tr><td colspan="2">委托单位</td><td colspan="5">××建筑工程公司</td><td>试验委托人</td><td colspan="2">×××</td></tr>
<tr><td colspan="2">砂浆种类</td><td>水泥混合砂浆</td><td colspan="2">强度等级</td><td colspan="2">M10</td><td>稠　度</td><td colspan="2">70mm</td></tr>
<tr><td colspan="2">水泥品种及强度等级</td><td colspan="5">P·O 42.5</td><td>试验编号</td><td colspan="2">200×—C—037</td></tr>
<tr><td colspan="2">砂产地及种类</td><td colspan="5">卢沟桥中砂</td><td>试验编号</td><td colspan="2">200×—S—027</td></tr>
<tr><td colspan="2">掺合料种类</td><td colspan="5"></td><td>外加剂种类</td><td colspan="2"></td></tr>
<tr><td colspan="2">配合比编号</td><td colspan="8">200×—M10—012</td></tr>
<tr><td colspan="2">试件成型日期</td><td>200×年×月×日</td><td colspan="2">要求龄期</td><td colspan="2">28d</td><td>要求试验日期</td><td colspan="2">200×年×月××日</td></tr>
<tr><td colspan="2">养护方法</td><td>标养</td><td colspan="2">试件收到日期</td><td colspan="2">200×年×月×日</td><td>试件制作人</td><td colspan="2">×××</td></tr>
<tr><td rowspan="8">试验结果</td><td rowspan="2">试压日期</td><td rowspan="2">实际龄期
(d)</td><td rowspan="2">试件边长
(mm)</td><td rowspan="2" colspan="2">受压面积
(mm²)</td><td colspan="2">荷载（kN）</td><td rowspan="2">抗压强度
(MPa)</td><td rowspan="2">达到设计强度等级
(%)</td></tr>
<tr><td>单块</td><td>平均</td></tr>
<tr><td rowspan="6">200×年×月×日</td><td rowspan="6">28</td><td rowspan="6">70.7</td><td rowspan="6" colspan="2">5000</td><td>51.2</td><td rowspan="6">54.9</td><td rowspan="6">10.9</td><td rowspan="6">109%</td></tr>
<tr><td>53.5</td></tr>
<tr><td>57.4</td></tr>
<tr><td>50.7</td></tr>
<tr><td>55.7</td></tr>
<tr><td>60.9</td></tr>
<tr><td colspan="10">结论：依据 JGJ/T 70—2009 标准该组试件合格。</td></tr>
<tr><td colspan="2">批准</td><td>×××</td><td colspan="2">审核</td><td colspan="2">×××</td><td>试验</td><td colspan="2">×××</td></tr>
<tr><td colspan="2">试验单位</td><td colspan="8">××试验室</td></tr>
<tr><td colspan="2">报告日期</td><td colspan="8">200×年×月×日</td></tr>
</table>

注：本表由检测机构提供。

砌筑砂浆试块强度统计、评定记录 表 C6-6						资料编号				
工程名称	××工程					强度等级		M5		
施工单位	××建筑工程公司					养护方法		标养		
统计期	200×年×月×日至 20×年×月×日					结构部位		填充墙		
试块组数 n	强度标准值 f_2 (MPa)		平均值 $f_{2,m}$ (MPa)			最小值 $f_{2,min}$ (MPa)		$0.75f_2$		
11	5		11.2			6.1		3.75		
每组强度值 MPa	12.8	7.8	11.3	6.1	10.9	8.7	15.6	16.1	11.3	11.5
	11.4									
判定式	$f_{2,m} \geqslant f_2$					$f_{2,min} \geqslant 0.75f_2$				
结果	$11.2 \geqslant 5$					$6.1 \geqslant 3.75$				
结论：经计算，该批砂浆试块强度满足设计要求。										
批准			审核				统计			
×××			×××				×××			
报告日期			200×年×月×日							

注：本表由施工单位填写。

混凝土配合比申请单 表 C6-7		资料编号			
		委托编号	200×—0036		
工程名称及部位	××工程 1～4 层顶板				
委托单位	×××建筑公司		试验委托人	×××	
设计强度等级	C25		要求坍落度或扩展度	160～180mm	
其他技术要求					
搅拌方法	机械搅拌	浇捣方法	机械振动	养护方法	标准
水泥品种及强度等级	P·O 42.5	厂别牌号	琉璃河 069.3	试验编号	200×—C—181
砂产地及种类	卢沟桥河砂			试验编号	200×—S—061
石产地及种类	三河碎石	最大粒径（mm）	25mm	试验编号	200×—C—063
外加剂名称	HH—6			试验编号	200×—W—085
掺合料名称	粉煤灰（Ⅰ）级华能电厂			试验编号	200×—F—060
申请日期	200×年×月×日	使用日期	200×年×月×日	联系电话	×××

混凝土配合比通知单 表 C6-7				配合比编号	200×—3671		
				试配编号	35—3		
强度等级	C25	水胶比	0.45	水灰比	—	砂率	44%
材料名称 项目	水泥	水	砂	石	外加剂 HH—6	掺合料	
每 1m³ 用量（kg/m³）	277	154	829	1055	8.88	78	
每盘用量（kg）	277	154	829	1055	8.88	78	
混凝土碱含量（kg/m³）	注：此栏只有遇Ⅱ类工程（按京建科［1999］230 号规定分类）时填写						
说明：本配合比所使用材料均为干材料，使用单位应根据材料含水情况随时调整。							
批准	×××	审核	×××	试验	×××		
试验单位	×××试验室						
报告日期	200×年×月×日						

注：本表由检测机构提供。

<table>
<tr><td rowspan="3" colspan="2">混凝土抗压强度试验报告
表 C6-8</td><td>资料编号</td><td></td></tr>
<tr><td>试验编号</td><td>200×—3025</td></tr>
<tr><td>委托编号</td><td>200×—4832</td></tr>
<tr><td>工程名称及部位</td><td>××工程 基础</td><td>试件编号</td><td>001</td></tr>
<tr><td>委托单位</td><td>××建筑工程公司</td><td>试验委托人</td><td>×××</td></tr>
<tr><td>设计强度等级</td><td>C10</td><td>实测坍落度
扩 展 度</td><td>180mm</td></tr>
<tr><td>水泥品种及强度等级</td><td>P·O 42.5</td><td>试验编号</td><td>200×—0231</td></tr>
<tr><td>砂种类</td><td>中砂</td><td>试验编号</td><td>200×—0167</td></tr>
<tr><td>石种类、公称直径</td><td>碎石 25mm</td><td>试验编号</td><td>200×—0209</td></tr>
<tr><td>外加剂名称</td><td>—</td><td>试验编号</td><td>—</td></tr>
<tr><td>掺合料名称</td><td>—</td><td>试验编号</td><td>—</td></tr>
<tr><td>配合比编号</td><td colspan="3">02—046</td></tr>
</table>

成型日期	200×年×月×日	要求龄期	28d	要求试验日期	200×年×月×日
养护方法	标准养护	收到日期	200×年×月×日	试块制作人	×××

<table>
<tr><td rowspan="5">试验结果</td><td rowspan="2">试验日期</td><td rowspan="2">实际龄期（d）</td><td rowspan="2">试件边长（mm）</td><td rowspan="2">受压面积（mm²）</td><td colspan="2">荷载（kN）</td><td rowspan="2">平均抗压强度（MPa）</td><td rowspan="2">折合 150mm 立方体抗压强度（MPa）</td><td rowspan="2">达到设计强度等级（%）</td></tr>
<tr><td>单块值</td><td>平均值</td></tr>
<tr><td rowspan="3">200×年×月×日</td><td rowspan="3">28</td><td rowspan="3">100</td><td rowspan="3">10000</td><td>210</td><td rowspan="3">199</td><td rowspan="3">19.9</td><td rowspan="3">18.0</td><td rowspan="3">180</td></tr>
<tr><td>196</td></tr>
<tr><td>190</td></tr>
<tr><td colspan="10">备注：合格。</td></tr>
</table>

批准	×××	审核	×××	试验	×××
试验单位	×××试验室				
报告日期	200×年×月×日				

注：本表由检测机构提供。

混凝土试块强度统计、评定记录 表 C6-9		资料编号	
工程名称	××工程	强度等级	C20
施工单位	×××建筑公司	养护方法	标养
统计期	×年×月×日至×年×月×日	结构部位	基础垫层

试块组 n	强度标准值 $f_{cu,k}$ (MPa)	平均值 $m_{f_{cu}}$ (MPa)	标准差 $s_{f_{cu}}$ (MPa)	最小值 $f_{cu,min}$ (MPa)	合格判定系数	
					λ_1	λ_2
6	20	25.63		24.1		

每组强度值MPa										
	26.0	25.4	24.9	28.4	25.0	24.1				

评定界限	□统计方法(二)			√ 非统计方法	
	$0.90f_{cu,k}$	$m_{f_{cu}}-\lambda_1\times s_{f_{cu}}$	$\lambda_2\times f_{cu,k}$	$1.15f_{cu,k}$	$0.95f_{cu,k}$
					19
判定式	$m_{f_{cu}}-\lambda_1\cdot S_{f_{cu}}\geqslant f_{cu,k}$		$f_{cu,min}\geqslant\lambda_2\times f_{cu,k}$	$m_{f_{cu}}\geqslant\lambda_3 f_{cu,k}$	$f_{cu,min}\geqslant\lambda_4 f_{cu,k}$
结果				25.63>23	24.1>19

结论:该组试块符合《混凝土强度检验评定标准》GB/T 50107—2010 要求。

批 准	审 核	统 计
×××	×××	×××
报告日期	×年×月×日	

注:本表由施工单位填写。

混凝土抗渗试验报告 表 C6-10				资料编号	
				试验编号	200×—476
				委托编号	200×—8596
工程名称及部位	××工程基础筏板			试件编号	002
委托单位	××建筑工程公司			委托试验人	×××
抗渗等级	P8			配合比编号	200×—235
强度等级	C30	养护条件	标养	收样日期	×年×月×日
成型日期	200×年×月×日	龄期	51d	试验日期	×年××月××日
试验情况： 由 0.1MPa 逐级加压到 0.9MPa 恒压 8h，端面未见渗水。					
结论： 依据 GB/T 50082—2009 标准，该试件符合混凝土抗渗 P8 要求。					
批准	×××	审核	×××	试验	×××
试验单位	×××试验室				
报告日期	×年×月×日				

注：本表由检测机构提供。

<table>
<tr><td colspan="4" rowspan="3">**饰面砖粘结强度试验报告**
表 C6-11</td><td>资料编号</td><td></td></tr>
<tr><td>试验编号</td><td>200×—023</td></tr>
<tr><td>委托编号</td><td>200×—046</td></tr>
<tr><td>工程名称</td><td colspan="3">×××工程</td><td>试件编号</td><td>001</td></tr>
<tr><td>委托单位</td><td colspan="3">×××建筑公司</td><td>试验委托人</td><td>×××</td></tr>
<tr><td>饰面砖品种及牌号</td><td colspan="3">彩色釉面陶瓷墙砖蒙娜丽莎</td><td>粘贴层数</td><td>一层</td></tr>
<tr><td>饰面砖生产厂及规格</td><td colspan="3">蒙娜丽莎 1050mm×1050mm</td><td>粘贴面积（mm²）</td><td>220000000</td></tr>
<tr><td>基体材料</td><td>混凝土</td><td>粘结材料</td><td>合成建筑胶</td><td>粘结剂</td><td>914 胶粘剂</td></tr>
<tr><td>抽样部位</td><td>一层外墙</td><td>龄期（d）</td><td>28</td><td>施工日期</td><td>200×年×月×日</td></tr>
<tr><td>检验类型</td><td>现场</td><td>环境温度（℃）</td><td>25</td><td>试验日期</td><td>200×年×月×日</td></tr>
<tr><td>仪器及编号</td><td colspan="5"></td></tr>
</table>

<table>
<tr><td rowspan="2">序号</td><td colspan="2">试件尺寸（mm）</td><td rowspan="2">受力面积（mm²）</td><td rowspan="2">拉力（kN）</td><td rowspan="2">粘结强度（MPa）</td><td rowspan="2">破坏状态</td><td rowspan="2">平均强度（MPa）</td></tr>
<tr><td>长</td><td>宽</td></tr>
<tr><td>1</td><td>105</td><td>50</td><td>525</td><td>4.65</td><td>1.88</td><td>3</td><td rowspan="2">1.25</td></tr>
<tr><td></td><td></td><td></td><td></td><td></td><td></td><td></td></tr>
<tr><td></td><td></td><td></td><td></td><td></td><td></td><td></td><td rowspan="4"></td></tr>
<tr><td></td><td></td><td></td><td></td><td></td><td></td><td></td></tr>
<tr><td></td><td></td><td></td><td></td><td></td><td></td><td></td></tr>
<tr><td></td><td></td><td></td><td></td><td></td><td></td><td></td></tr>
<tr><td colspan="8">结论：依据 JGJ 110—2008，符合粘结强度要求。</td></tr>
</table>

<table>
<tr><td>批准</td><td>×××</td><td>审核</td><td>×××</td><td>试验</td><td>×××</td></tr>
<tr><td>试验单位</td><td colspan="5">×××试验室</td></tr>
<tr><td>报告日期</td><td colspan="5">200×年×月×日</td></tr>
</table>

注：本表由检测机构提供。

超声波探伤报告 表 C6-12		资料编号	
		试验编号	DT2002—047
		委托编号	200×—09199
工程名称及施工部位	××工程		
委托单位	××建筑工程公司	试验委托人	×××
构件名称	主梁、次梁	检测部位	柱、梁对接焊缝
材　质	Q345B	板　厚 (mm)	20、18、16、14、12
仪器型号	CTS—22A	试　块	CSK—1A RB—1
耦合剂	CMC	表面补偿	4dB
表面状况	砂轮打磨面	执行处理	GB 11345—89
探头型号	2.5MHz 13×13680	探伤日期	200×年×月×日

探伤结果及说明：

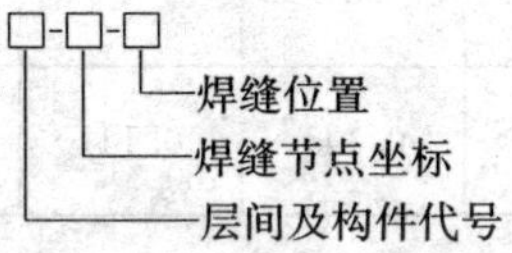

依据设计要求和《钢结构工程施工质量验收规范》(GB 50205—2001)、《钢焊缝手工超声波探伤方法和探伤结果的分级》(GB 11345—89)，对主梁、次梁按20%进行随机检测，符合规范要求，合格。

批准	×××	审核	×××	试验	×××
试验单位	×××检测有限公司				
报告日期	200×年×月×日				

注：本表由检测机构提供。

高强度大六角头螺栓连接副扭矩系数试验报告

<table>
<tr><td>送样编号</td><td colspan="4">×××</td><td colspan="2">试验编号</td><td colspan="2">×××</td></tr>
<tr><td>委托单位</td><td colspan="4">××建设集团有限公司</td><td colspan="2">委托日期</td><td colspan="2">200×年×月×日</td></tr>
<tr><td>工程名称</td><td colspan="4">××工程</td><td colspan="2">试验日期</td><td colspan="2">200×年×月×日</td></tr>
<tr><td>使用部位</td><td colspan="4">一层柱</td><td colspan="2">代表批量</td><td colspan="2">700套</td></tr>
<tr><td>生产厂家</td><td colspan="4">××钢结构制品有限公司</td><td colspan="2">螺栓规格</td><td colspan="2">M24×93</td></tr>
<tr><td>主要仪器设备</td><td colspan="4">抗扭矩测量仪　检定证书编号：××××</td><td colspan="2">螺栓级别</td><td colspan="2"></td></tr>
<tr><td>见证员</td><td colspan="8">单位：××建设监理公司　姓名：×××　编号：××××</td></tr>
<tr><td>执行标准</td><td colspan="8"></td></tr>
<tr><td>试件编号</td><td>1</td><td>2</td><td>3</td><td>4</td><td>5</td><td>6</td><td>7</td><td>8</td></tr>
<tr><td>扭矩系数</td><td>0.142</td><td>0.140</td><td>0.141</td><td>0.141</td><td>0.141</td><td>0.143</td><td>0.141</td><td>0.141</td></tr>
<tr><td>项　目</td><td colspan="4">标准要求</td><td colspan="4">试验结果</td></tr>
<tr><td>扭矩系数平均值</td><td colspan="4">0.11～0.150</td><td colspan="4">0.141</td></tr>
<tr><td>标准偏差</td><td colspan="4">≤0.010</td><td colspan="4">0.001</td></tr>
<tr><td>结论</td><td colspan="4">所检钢结构用大六角头螺栓连接副扭矩系数合格。抗滑移系数为0.53。

试验单位（章）：××检测中心　　200×年×月×日</td><td>备注</td><td colspan="3"></td></tr>
<tr><td colspan="3">试验人：×××</td><td colspan="3">审核人：×××</td><td colspan="3">技术负责人：×××</td></tr>
</table>

超声波探伤记录 表 C6-13		资料编号	
工程名称	××工程	报告编号	DT2005—047
施工单位	××建筑工程公司	检测单位	×××检测有限公司

焊缝编号（两侧）	板厚（mm）	折射角（度）	回波高度	*X*（mm）	*D*（mm）	*Z*（mm）	*L*（mm）	级别	评定结果	备注
ZH1—1	16	68°						Ⅲ	合格	
ZH1—2	16	68°						Ⅲ	合格	
ZH1—3	16	68°						Ⅲ	合格	
ZH1—4	16	68°						Ⅲ	合格	
ZH1—5	16	68°						Ⅲ	合格	
ZH1—6	16	68°						Ⅲ	合格	
ZH1—7	16	68°						Ⅲ	合格	

批准	审核	检测	检测单位名称（公章）
×××	×××	×××	
报告日期	200×年×月×日		

注：本表由检测机构提供。

钢构件射线探伤报告 表 C6-14		资料编号	
		试验编号	UT200×—047
		委托编号	200×—1327

工程名称	××工程				
委托单位	××建筑工程公司		试验委托人	×××	
检测单位	×××检测有限公司		检测部位	地上二层	
构件名称	主梁、次梁		构件编号		
材　质	Q345B	焊缝型式	对接	板厚（mm）	16
仪器型号	CTS—22A	增感方式		像质计型号	
胶片型号		像质指数		黑 度	
评定标准		焊缝全长		探伤比例与长度	

探伤结果：

符合设计及施工规范要求，合格。

底片编号	黑度	灵能度	主要缺陷	评级	示意图：
					备注：

批准	×××	审核	×××	试验	×××
试验单位	×××检测有限公司				
报告日期	200×年×月×日				

注：本表由检测机构提供。

<table>
<tr><td colspan="3">灌（满）水试验记录
表 C6-15</td><td colspan="2">资料编号</td><td colspan="2"></td></tr>
<tr><td colspan="2">工程名称</td><td>××工程</td><td colspan="2">试验日期</td><td colspan="2">200×年×月×日</td></tr>
<tr><td colspan="2">试验项目</td><td>排水管道灌水试验</td><td colspan="2">试验部位</td><td colspan="2">二层</td></tr>
<tr><td colspan="2">材　质</td><td>UPVC 排水管</td><td colspan="2">规　格</td><td colspan="2">DN100～DN50</td></tr>
<tr><td colspan="7">试验要求：
满水高度不应低于底层卫生器具的上边缘或底层地面高度，满水 15min 水面下降后，再次灌满观察 5min，液面不下降，管道各接口不渗不漏为合格。</td></tr>
<tr><td colspan="7">试验记录：
从上午 10 时开始，分别对各管道进行灌水，灌水高度为二层地面高度，分别灌满水后 15min 液面下降，再次灌满水观察 5min，液面均不下降，同时检查管道各接口，均不渗不漏，至上午 12 时，试验结束。</td></tr>
<tr><td colspan="7">试验结论：
整个试验过程符合设计及施工规范要求，合格。</td></tr>
<tr><td rowspan="3">签
字
栏</td><td rowspan="2">施工单位</td><td rowspan="2">×××建筑公司</td><td>专业技术负责人</td><td colspan="2">专业质检员</td><td>专业工长</td></tr>
<tr><td>×××</td><td colspan="2">×××</td><td>×××</td></tr>
<tr><td>监理（建设）
单位</td><td colspan="2">×××监理公司</td><td colspan="2">专业工程师</td><td>×××</td></tr>
</table>

注：本表由施工单位填写。

<table>
<tr><td colspan="2">强度严密性试验记录
表 C6-16</td><td>资料编号</td><td></td></tr>
<tr><td>工程名称</td><td>××工程</td><td>试验日期</td><td>200×年×月×日</td></tr>
<tr><td>试验项目</td><td>室内给水系统</td><td>试验部位</td><td>全 楼</td></tr>
<tr><td>材 质</td><td>镀锌钢管</td><td>规 格</td><td>DN80～DN150</td></tr>
<tr><td colspan="4">试验要求：
试验压力为 0.6MPa，由于本系统使用的材料是热镀锌钢管，所以在试验压力下，观察 10min 压力降不大于 0.02MPa，然后降至工作压力（即 0.4MPa）做外观检查，管道各接口不渗不漏为合格。</td></tr>
<tr><td colspan="4">试验记录：
对给水系统做强度严密性试验，在首层给水干管处设试验用压力表，试验压力为 0.6MPa，上午 8：30 开始对给水干管进行注水，在各立管顶端设阀门进行排气，注满水后慢慢升压。到 9：30 时，试验压力表值为 0.6MPa，关闭供水阀门后进行观察，至 9：40，压力表值为 0.59MPa（压力降为 0.01MPa），然后降压至 0.4MPa，同时进行外观检查，管道各接口不渗不漏。</td></tr>
<tr><td colspan="4">试验结论：
试验结果符合设计及施工规范要求，同意验收。</td></tr>
</table>

<table>
<tr><td rowspan="3">签字栏</td><td rowspan="2">施工单位</td><td rowspan="2">×××建筑公司</td><td>专业技术负责人</td><td>专业质检员</td><td>专业工长</td></tr>
<tr><td>×××</td><td>×××</td><td>×××</td></tr>
<tr><td>监理（建设）单位</td><td colspan="2">×××监理公司</td><td>专业工程师</td><td>×××</td></tr>
</table>

注：本表由施工单位填写。

<table>
<tr><td colspan="2">通水试验记录
表 C6-17</td><td>资料编号</td><td colspan="3"></td></tr>
<tr><td>工程名称</td><td>××工程</td><td>试验日期</td><td colspan="3">200×年×月×日</td></tr>
<tr><td>试验项目</td><td>排水系统</td><td>试验部位</td><td colspan="3">1～6 层污水管道</td></tr>
<tr><td>通水压力（MPa）</td><td>0.2</td><td>通水流量(m^3/h)</td><td colspan="3">4</td></tr>
<tr><td colspan="6">试验系统简述：
本工程给水系统竖向分为三个区，给水水源为 7 号楼泵房供给，工作压力为 0.78MPa。</td></tr>
<tr><td colspan="6">试验记录：
将全楼的给水阀门全部开启，同时开放 1/3 配水点，共计 15 个水嘴，供水压力流量正常。最不利点水嘴出水畅通。然后逐个检查各配水点，出水均畅通，接口无渗漏。</td></tr>
<tr><td colspan="6">试验结论：
试验结果符合设计和施工规范要求，合格。</td></tr>
<tr><td rowspan="3">签字栏</td><td rowspan="2">施工单位</td><td rowspan="2">×××建筑公司</td><td>专业技术负责人</td><td>专业质检员</td><td>专业工长</td></tr>
<tr><td>×××</td><td>×××</td><td>×××</td></tr>
<tr><td>监理（建设）单位</td><td colspan="2">×××监理公司</td><td>专业工程师</td><td>×××</td></tr>
</table>

注：本表由施工单位填写。

<table>
<tr><td colspan="2">冲（吹）洗试验记录
表 C6-18</td><td>资料编号</td><td colspan="3"></td></tr>
<tr><td>工程名称</td><td>××工程</td><td>试验日期</td><td colspan="3">200×年×月×日</td></tr>
<tr><td>试验项目</td><td>给水系统</td><td>试验部位</td><td colspan="3">1～4 层低区</td></tr>
<tr><td>试验介质</td><td>水</td><td>试验方式</td><td colspan="3">冲洗</td></tr>
<tr><td colspan="6">试验记录：
低区为两个进户，管径均为 DN50，分别进行冲洗。先从室外水表井接入临时冲洗管道和加压水泵，水泵扬程为 30m，关闭立管阀门，从导管末端（管径为 DN40）立管池水口接 DN32 排水管道，引主要外污水井。上午 9 时用加压泵往管道内加压进行冲洗，计算排水流速为 1.8m/s，从排放处观察水层，目测排水水质与供水水质一致，无杂质。然后拆掉临时排水管道，打开各立管阀门，所有水表暂不装用——短管代替。用加压泵往系统加压，分别打开各户给水阀门，从支管末端放水，直至无杂质，水色透明，至 10 时 50 分冲洗结束。</td></tr>
<tr><td colspan="6">试验结论：
经检查，整个试验符合设计和施工规范规定，合格。
低区给水系统冲洗试验符合设计要求和 GB 50242—2002 规范的规定，合格。</td></tr>
<tr><td rowspan="3">签字栏</td><td rowspan="2">施工单位</td><td rowspan="2">×××建筑公司</td><td>专业技术负责人</td><td>专业质检员</td><td>专业工长</td></tr>
<tr><td>×××</td><td>×××</td><td>×××</td></tr>
<tr><td>监理（建设）单位</td><td colspan="2">×××监理公司</td><td>专业工程师</td><td>×××</td></tr>
</table>

注：本表由施工单位填写。

通球试验记录 表 C6-19		资料编号	
工程名称	×××工程	试验日期	×年×月×日
试验项目	排水系统	管道材质	UPVC

试验要求：

排水主立管及水平干管管道均应做通球试验，通球球径不小于排水管道管径的2/3，通球率必须为100%。排水立管应自立管顶部将试球投入，在立管底部引出管的出口处进行检查，横干管及引出管在管段的始端投入，通水冲至引出管末端排出，以试球通畅无阻为合格。

试验部位	管段编号	通球管道管径（mm）	通球球径（mm）	通球情况
WL-3 及干管	03	150	100	通畅无阻
WL-4 及干管	02	110	80	通畅无阻

试验结论：

符合设计要求和《建筑给水排水及采暖工程施工质量验收规范》(GB 50242—2002) 规定，试验合格。

签字栏	施工单位	×××建筑公司	专业技术负责人	专业质检员	专业工长
			×××	×××	×××
	监理（建设）单位	××监理公司		专业工程师	×××

注：本表由施工单位填写。

补偿器安装记录 表 C6-20		资料编号	
工程名称	××工程	日期	200×年×月×日
设计压力（MPa）	0.8	安装部位	立主管
规格型号	0.17NY1000×2J	补偿器材质	不锈钢
固定支架间距（m）	30	管内介质温度（℃）	95℃水

补偿器安装记录及说明：

补偿器的安装及预拉值示意图和说明均由厂家完成。

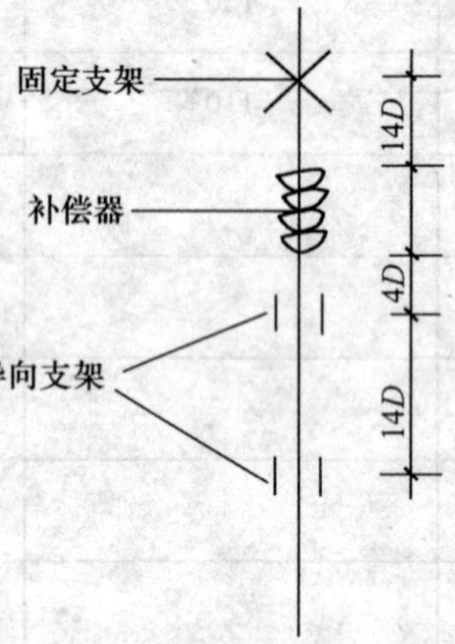

结论：

补偿器安装符合设计要求，同意验收。

签字栏					
签字栏	施工单位	×××建筑公司	专业技术负责人	专业质检员	专业工长
			×××	×××	×××
	监理（建设）单位	×××监理公司		专业工程师	×××

注：本表由施工单位填写。

<table>
<tr><td colspan="2">**消火栓试射记录**
表 C6-21</td><td>资料编号</td><td></td></tr>
<tr><td>工程名称</td><td>××工程</td><td>试射日期</td><td>200×年×月×日</td></tr>
<tr><td>试射消火栓位置</td><td>一层</td><td>启泵按钮</td><td>☑合格 □不合格</td></tr>
<tr><td>消火栓组件</td><td>☑合格 □不合格</td><td>栓口安装高度（m）</td><td>☑合格 □不合格</td></tr>
<tr><td>栓口水枪型号</td><td>☑合格 □不合格</td><td>卷盘间距（m）</td><td>☑合格 □不合格</td></tr>
<tr><td>栓口静压（MPa）</td><td>0.4</td><td>栓口动压（MPa）</td><td>0.2</td></tr>
<tr><td colspan="4">试验要求：
在首层取两处消火栓做试射试验，两股充实水柱应同时到达消火栓应达到最远点，首层的消火栓静压不大于0.8MPa。</td></tr>
<tr><td colspan="4">试验情况记录：
200×年×月×日上午11时，共同对一层XL7号XL12号立管的消火栓做试射试验，两栓的充实水柱同时到了应到达的最远点，同时观察两个消火栓出口压力均为0.2MPa。检查首层消火栓静压均为0.4MPa。</td></tr>
<tr><td colspan="4">试验结论：
试验结果符合设计及施工规范的要求。</td></tr>
</table>

<table>
<tr><td rowspan="3">签字栏</td><td rowspan="2">施工单位</td><td rowspan="2">×××建筑公司</td><td>专业技术负责人</td><td>专业质检员</td><td>专业工长</td></tr>
<tr><td>×××</td><td>×××</td><td>×××</td></tr>
<tr><td>监理（建设）单位</td><td colspan="2">×××监理公司</td><td>专业工程师</td><td>×××</td></tr>
</table>

注：本表由施工单位填写。

自动喷水灭火系统 质量验收缺陷项目判定记录 表 C6-22				资料编号		
工程名称	×××工程			建设单位	×××开发公司	
施工单位	×××建筑公司			监理单位	×××监理公司	
缺陷分类	严重缺陷（A）	缺陷款数	重缺陷（B）	缺陷款数	轻缺陷（C）	缺陷款数
包含条款	—	—	—	—	8.0.3 条第 1～5 款	1
	8.0.4 条第 1、2 款	0	—	—	—	—
	—	—	8.0.5 条第 1～3 款	1	—	—
	8.0.6 条第 4 款	0	8.0.6 条第 1、2、3、5、6 款	0	8.0.6 条第 7 款	0
	—	—	8.0.7 条第 1、2、3、4、6 款	0	8.0.7 条第 5 款	0
	8.0.8 条第 1 款	0	8.0.8 条第 4、5 款	0	8.0.8 条第 2、3、6、7 款	1
	8.0.9 条第 1 款	0	8.0.9 条第 2 款	0	8.0.9 条第 3～5 款	0
	—		8.0.10 条	0		
	8.0.11 条	0	—	—	—	—
	8.0.12 条第 3、4 款	0	8.0.12 条第 5～7 款	0	8.0.12 条第 1、2 款	0
	严重缺陷（A）合计	0	重缺陷（B）合计	1	轻缺陷（C）合计	2
合格判定条件	A	0	B	≤2	B+C	≤6
缺陷判定记录	A	0	B	1	B+C	3
判定结论	合格					
参加单位	建设单位项目负责人：××× （签章） ×年×月×日		监理单位监理工程师：××× （签章） ×年×月×日		施工单位项目负责人：××× （签章） ×年×月×日	

注：本表由施工单位填写。

<table>
<tr><td colspan="3">电气接地电阻测试记录
表 C6-23</td><td>资料编号</td><td colspan="3"></td></tr>
<tr><td colspan="2">工程名称</td><td>×××工程</td><td>测试日期</td><td colspan="3">×年×月×日</td></tr>
<tr><td colspan="2">仪表型号</td><td>ZC-8</td><td>天气情况</td><td>晴</td><td>气温（℃）</td><td>25</td></tr>
<tr><td>接地类型</td><td colspan="6">☑ 防雷接地　☐ 计算机接地　☐ 工作接地
☐ 保护接地　☐ 防静电接地　☐ 逻辑接地
☐ 重复接地　☐ 综合接地　☐ 医疗设备接地</td></tr>
<tr><td>设计要求</td><td colspan="6">☐ ≤10Ω　☐ ≤4Ω　☑ ≤1Ω
☐ ≤0.1Ω　☐ ≤0.05Ω　☐≤0.01Ω</td></tr>
<tr><td colspan="7">测试结论：
经测试计算，接地电阻为 0.1Ω，符合设计要求和 GB 50303—2002 规定。</td></tr>
</table>

<table>
<tr><td rowspan="3">签字栏</td><td rowspan="2">施工单位</td><td rowspan="2">×××建筑公司</td><td>专业技术负责人</td><td>专业质检员</td><td>专业工长</td></tr>
<tr><td>×××</td><td>×××</td><td>×××</td></tr>
<tr><td>监理（建设）单位</td><td colspan="2">×××监理公司</td><td>专业工程师</td><td>×××</td></tr>
</table>

注：本表由施工单位填写。

电气接地装置隐检平面示意图表 表 C6-24				资料 编号	
工程名称	××工程		图 号	电施 16	
接地类型	设备接地（重复接地）	组数	1	设计要求	≤1Ω
接地装置平面示意图（绘制比例要适当，注明各组别编号及有关尺寸）					

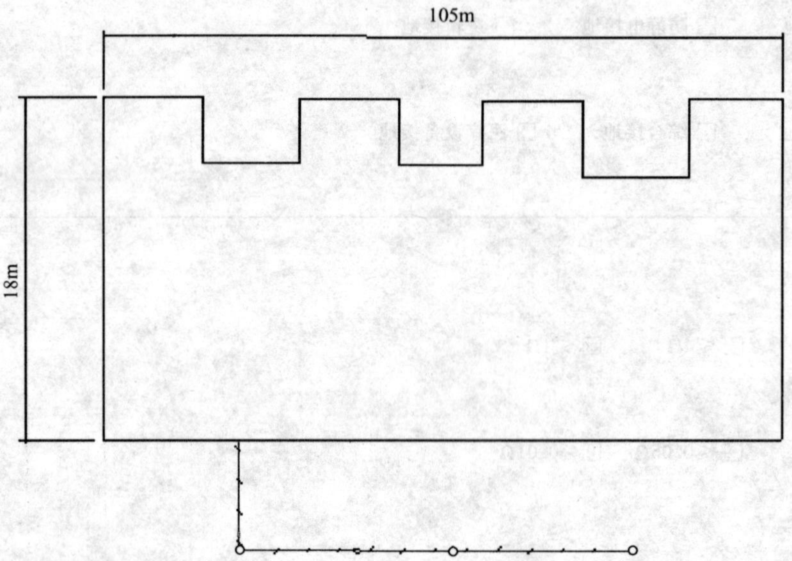

接地装置敷设情况检查表（尺寸单位：mm）			
槽沟尺寸	15×0.5×0.7（m）	土质情况	砂质黏土
接地极规格	ϕ21 镀锌圆钎	打进深度	2.5m
接地体规格	40×4 镀锌扁钢	焊接情况	四面焊接（立焊接）
防腐处理	焊接处均涂刷沥青油	接地电阻	（取最大值）0.2Ω
检验结论	符合设计和规范要求	检验日期	2009 年 7 月 31 日

签字栏					
签字栏	施工单位	×××建筑公司	专业技术负责人	专业质检员	专业工长
			×××	×××	×××
	监理（建设）单位	×××监理公司		专业工程师	×××

注：本表由施工单位填写。

电气接地装置隐检平面示意图表 表 C6-24				资料 编号		
工程名称	××工程			图 号	电施 26	
接地类型	综合接地	组数	1	设计要求	≤1Ω	

接地装置平面示意图（绘制比例要适当，注明各组别编号及有关尺寸）

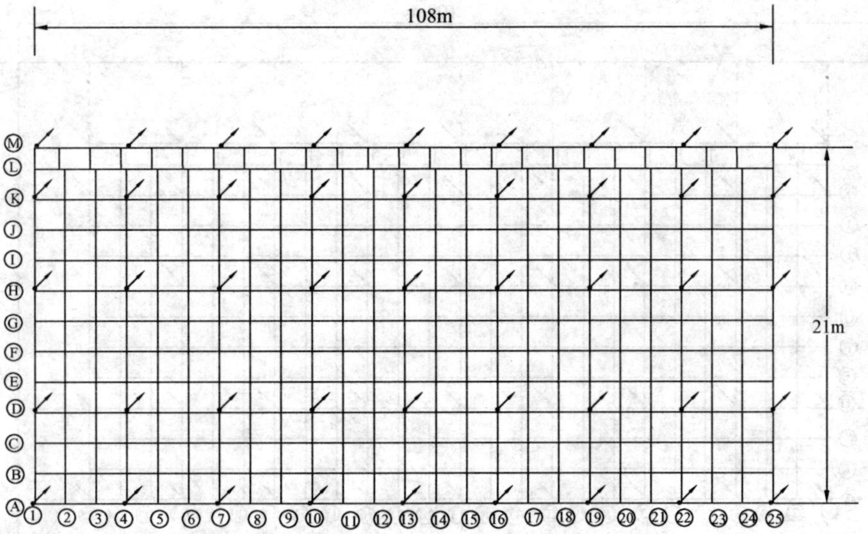

接地装置敷设情况检查表（尺寸单位：mm）

槽沟尺寸	108×21（m）	土质情况	砂质黏土
接地极规格	—	打进深度	0.8m
接地体规格	ϕ25 钢筋、40×4 镀锌扁钢	焊接情况	ϕ25 钢筋双面焊 6 倍、扁钢四面焊接，搭接长度扁钢宽度的 2 倍
防腐处理	焊接处均涂刷沥青油	接地电阻	（取最大值）0.2Ω
检验结论	符合设计和规范要求	检验日期	2009 年 7 月 31 日

签字栏					
	施工单位	×××建筑公司	专业技术负责人	专业质检员	专业工长
			×××	×××	×××
	监理（建设）单位	×××监理公司		专业工程师	×××

注：本表由施工单位填写。

电气接地装置隐检平面示意图表 表 C6-24				资料 编号			
工程名称	××工程			图　号	电施 26		
接地类型	辅助接地		组数	1组		设计要求	≤1Ω

接地装置平面示意图（绘制比例要适当，注明各组别编号及有关尺寸）

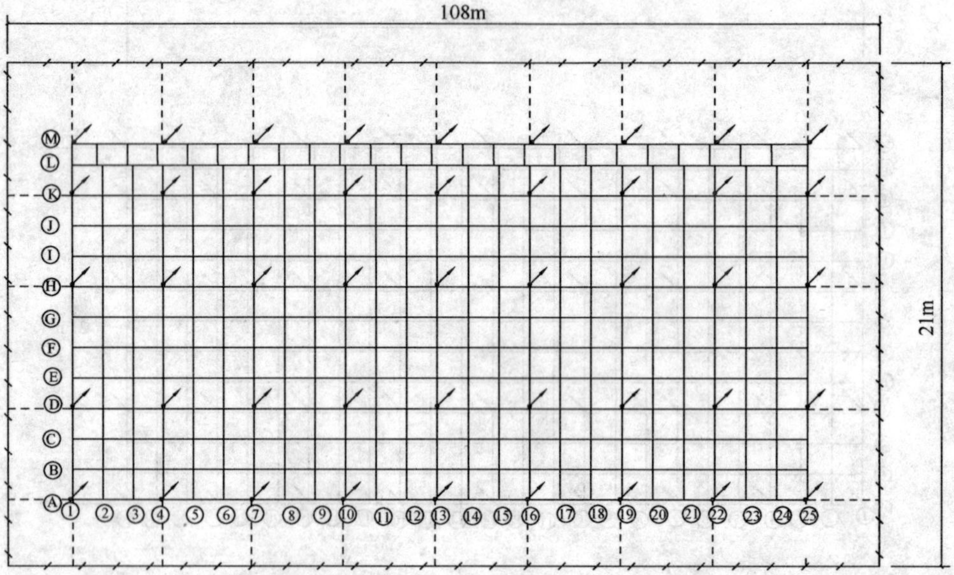

接地装置敷设情况检查表（尺寸单位：mm）

槽沟尺寸	108×21（m）	土质情况	砂质黏土
接地极规格	—	打进深度	0.8m
接地体规格	40×4 镀锌扁钢	焊接情况	四面焊接搭接长度，扁钢的 2 倍
防腐处理	焊接处均涂刷沥青油	接地电阻	（取最大值）0.2Ω
检验结论	符合设计和规范要求	检验日期	2009 年 7 月 31 日

签字栏	施工单位	×××建筑公司	专业技术负责人	专业质检员	专业工长
			×××	×××	×××
	监理（建设）单位	×××监理公司		专业工程师	×××

注：本表由施工单位填写。

电气绝缘电阻测试记录 表 C6-25	资料编号	

工程名称	××工程			天气情况	晴
计量单位	MΩ			填写日期	200×年×月×日
型号	2C-7	电压	1kV	气温	35℃

试验内容		相间			相对零			相对地			零对地
		L_1-L_2	L_2-L_3	L_3-L_1	L_1-N	L_2-N	L_3-N	L_1-PE	L_2-PE	L_3-PE	N—PE
层数·路别·名称·编号	3＃楼电缆										
	总电源	900	900	900	1000	1000	1000	1000	1000	1000	1000
	2门电源	1000	1000	1000	1000	1000	1000	1000	1000	1000	1000
	一、二层电源				1000			1000			1000
	三、四层电源					1000			1000		1000
	五、六层电源						1000			1000	1000

测试结论：经测试导线的绝缘电阻值符合验收规范（GB 50303—2002）的规定。

签字栏	施工单位	×××建筑公司	技术负责人	专业质检员	专业工长
			×××	×××	×××
	监理（建设）单位	×××监理公司		专业工程师	×××

注：本表由施工单位填写。

电气绝缘电阻测试记录 表 C6-25				资料编号	
工程名称	××工程		测试日期	200×年×月×日	
计量单位	MΩ		天气情况	阴	
型号	2C-7	电压	1kV	气温	35℃

试验内容	相间			相对零			相对地			零对地
	L_1-L_2	L_2-L_3	L_3-L_1	L_1-N	L_2-N	L_3-N	L_1-PE	L_2-PE	L_3-PE	N-PE
层数·路别·名称·编号：六层户内										
601 照明						650			650	650
601 空调 1#						700			700	700
601 空调 2#						700			700	700
601 普通插座						700			700	700
601 厨房插座						700			700	700
601 卫生间插座						700			700	700
601 照明						700			700	700
601 空调 1#						650			650	650
601 空调 2#						750			750	750
601 普通插座						700			700	700
601 厨房插座						750			750	750
601 卫生间插座						700			700	700
层电源						750			750	750

测试结论：经测试导线的绝缘电阻值符合验收规范（GB 50303－2002）的规定。

签字栏				
施工单位	×××建筑公司	技术负责人	专业质检员	专业工长
		×××	×××	×××
监理（建设）单位	×××监理公司		专业工程师	×××

注：本表由施工单位填写。

电气器具通电安全检查记录 表 C6-26		资料编号	
工程名称	××工程	检查日期	200×年×月×日
单元或区域场所	3＃楼		

层数	开关									灯具									插座								
	1	2	3	4	5	6	7	8	9	1	2	3	4	5	6	7	8	9	1	2	3	4	5	6	7	8	9
一层商业	✓	✓	✓	✓	✓	✓	✓	✓	✓	✓	✓	✓	✓	✓	✓	✓	✓	✓	✓	✓	✓	✓	✓	✓	✓	✓	✓
	✓	✓	✓	✓	✓	✓	✓	✓	✓	✓	✓	✓	✓	✓	✓	✓	✓	✓	✓	✓	✓	✓	✓	✓	✓	✓	✓
	✓	✓	✓	✓	✓	✓	✓			✓	✓	✓	✓	✓	✓	✓	✓	✓	✓	✓	✓	✓	✓	✓	✓	✓	✓
										✓	✓	✓	✓	✓	✓	✓	✓	✓	✓	✓	✓	✓	✓	✓	✓	✓	✓
										✓	✓	✓	✓	✓	✓	✓	×	✓									
										✓	✓	✓	✓	✓	✓	✓	✓	✓									
										✓	✓	✓	✓	✓	✓	✓	✓	✓									
										✓	X	✓	✓	✓	✓	✓	✓	✓									

试运行情况记录：经检查开关断相线，灯具有两个灯泡损坏属于质量问题，插座接线正确，灯泡当时已更换，经24h通电时运行；线路及结点温度、器具运行正常，符合设计及验收规范要求。

签字栏	施工单位	×××建筑公司	专业技术负责人	专业质检员	专业工长
			×××	×××	×××
	监理（建设）单位	×××监理公司		专业工程师	×××

注：本表由施工单位填写。

电气设备空载试运行记录 表 C6-27								资料编号	
工程名称	××工程								
试运项目	1＃电机（拆开联接轴）				填写日期		200×年×月×日		
试运时间	由 3 日 7 时 00 分开始到 3 日 9 时 00 分结束								
运行负荷记录	运行时间	运行电压			运行电流（A）			温度（℃）	
		L_1-N（L_1-L_2）	L_2-N（L_2-L_3）	L_3-N（L_3-L_1）	L_1 相	L_2 相	L_3 相		
	7：00	381	383	384	7.5	7.4	7.3	35	
	8：00	380	382	382	7.6	7.1	7.6	35	
	9：00	381	383	380	7.5	7.1	7.5	35	
试运行情况记录：经 2h 通电电机无负载运行，电动机转向和机械转动无异常情况，检查机身和轴承的温升符合电动机技术条件要求，配电线路、控制开关、电器元件和仪表等运行正常，符合设计和《建筑电气工程施工质量验收规范》（GB 50303—2002）的规定。									
签字栏	施工单位	×××建筑公司		专业技术负责人		专业质检员		专业工长	
				×××		×××		×××	
	监理（建设）单位	×××监理公司				专业工程师		×××	

注：本表由施工单位填写。

建筑物照明通电试运行记录 表 C6-28				资料编号			
工程名称	××工程					公建	
试运项目	3#楼照明系统			填写日期		200×年×月×日	
试运时间	由10日8时30分开始，至11日8时30分结束						
试运时间	运行电压（V）			运行电流（A）			温度（℃）
	L_1-N （L_1-L_2）	L_2-N （L_2-L_3）	L_3-N （L_3-L_1）	L_1 相	L_2 相	L_3 相	
10日8：30	222	223	222	11.5	11.2	11.2	30
10日10：30	218	219	220	11.1	11.2	11.1	30
10日12：30	222	224	223	11.7	11.1	11.2	30
10日14：30	218	229	220	12.1	11.2	11.1	30
10日16：30	222	224	223	11.2	11.2	11.1	30
10日18：30	221	222	220	12.2	11.1	11.3	31
10日20：30	225	222	230	13.01	10.9	11.7	32
10日22：30	218	225	226	11.1	10.9	11.29	29
11日24：30	228	210	228	10.9	11.3	11.0	31
11日2：30	230	228	215	10.9	11.5	10.7	30
11日4：30	232	228	232	11.3	10.9	10.7	29
11日6：30	232	230	230	12.5	10.9	10.7	31
11日8：30	220	222	222	10.9	11.3	11.15	32

运行情况记录：

照明系统灯具等电器均投入运行，经24h通电试验，配电控制正确，空气开关、电度表、线路结点温度及器具运行情况正常，符合设计和《建筑电气工程施工质量验收规范》（GB 50303—2002）的规定。

签字栏	施工单位	×××建筑公司	专业技术负责人	专业质检员	专业工长
			×××	×××	×××
	监理（建设）单位	×××监理公司		专业工程师	×××

注：本表由施工单位填写。

建筑物照明通电试运行记录 表 C6-28				资料编号	
工程名称	××工程			住宅	
试运项目	15＃楼照明系统			填写日期	200×年×月×日
试运时间	由 10 日 8 时 00：00 分开始，至 10 日 16 时 00：00 分结束				

试运时间	运行电压（V）			运行电流（A）			温度（℃）
	L_1-N (L_1-L_2)	L_2-N (L_2-L_3)	L_3-N (L_3-L_1)	L_1 相	L_2 相	L_3 相	
10 日 8：00	222	223	222	11.5	11.2	11.2	30
10 日 10：00	218	219	220	11.1	11.2	11.1	30
10 日 12：00	222	224	223	11.7	11.1	11.2	30
10 日 14：00	218	229	220	12.1	11.2	11.1	30
10 日 16：00	222	224	223	11.2	11.2	11.1	30

运行情况记录：

15＃楼照明系统灯具等电器均投入运行，经 8h 通电试验，配电控制正确，空气开关、电度表、线路结点温度及器具运行情况正常，符合设计和《建筑电气工程施工质量验收规范》（GB 50303—2002）的规定。

签字栏					
施工单位	×××建筑公司	专业技术负责人	专业质检员	专业工长
		×××	×××	×××
监理（建设）单位	×××监理公司		专业工程师	×××

注：本表由施工单位填写。

大型照明灯具承载试验记录 表 C6-29			资料编号	
工程名称	××工程			
楼层	3＃楼	试验日期	200×年×月×日	
灯具名称	安装部位	数量	灯具自重（kg）	试验载重（kg）
水晶灯	一层大厅	1	85	170
15 火花灯	二层会议室	2	15	30
21 火花灯	二层多功能厅	2	19	38
水晶吸顶灯	三层餐厅	1	45	90
检查结论	3＃楼使用安装的灯具、规格、型号符合设计要求，预制预埋螺栓直经符合验收规范要求，经做承载试验，试验载重为 70kg、30kg、38kg、90kg，试验时间全部为 15min，符合设计和《建筑电气工程施工质量验收规范》（GB 50303—2002）的规定。			

签字栏					
签字栏	施工单位	×××建筑公司	专业技术负责人	专业质检员	专业工长
			×××	×××	×××
	监理（建设）单位	×××监理公司		专业工程师	×××

注：本表由施工单位填写。

<table>
<tr><td colspan="5">漏电开关模拟试验记录
表 C6-30</td><td>资料编号</td><td></td></tr>
<tr><td>工程名称</td><td colspan="6">××工程</td></tr>
<tr><td>试验器具</td><td colspan="2">漏电开关检测仪（5406 型）</td><td colspan="2">试验日期</td><td colspan="2">200×年×月×日</td></tr>
<tr><td colspan="2" rowspan="2">安装部位</td><td rowspan="2">型　号</td><td colspan="2">设计要求</td><td colspan="2">实际测试</td></tr>
<tr><td>动作电流（mA）</td><td>动作时间（ms）</td><td>动作电流（mA）</td><td>动作时间（ms）</td></tr>
<tr><td colspan="2">低压配电室 1＃柜</td><td>Vigins400N-300A/3P</td><td>300</td><td>100</td><td>300</td><td>90</td></tr>
<tr><td colspan="2">低压配电室动力柜</td><td>Vigins50N-200A/3P</td><td>500</td><td>200</td><td>500</td><td>180</td></tr>
<tr><td colspan="2">一层 01 户箱厕所插座回路</td><td>DPNVIGI-16A</td><td>30</td><td>100</td><td>30</td><td>80</td></tr>
<tr><td colspan="2">一层 01 户箱厨房插座回路</td><td>DPNVIGI-10A</td><td>30</td><td>100</td><td>30</td><td>80</td></tr>
<tr><td colspan="2">电梯机房柜插座</td><td>DPNVIGI-10A</td><td>30</td><td>100</td><td>30</td><td>80</td></tr>
<tr><td colspan="2">普通插座</td><td>DPNVIGI-10A</td><td>30</td><td>100</td><td>30</td><td>80</td></tr>
<tr><td colspan="2"></td><td></td><td></td><td></td><td></td><td></td></tr>
<tr><td colspan="2"></td><td></td><td></td><td></td><td></td><td></td></tr>
<tr><td>测试结论</td><td colspan="6">经对全楼所有配电柜、箱（盘）内所有带漏电保护回路的测试，所有的漏电保护装置动作可靠，漏电保护动作电流和动作时间均符合设计及施工验收规范（GB 50303—2002）要求。</td></tr>
<tr><td rowspan="3">签字栏</td><td rowspan="2">施工单位</td><td rowspan="2">×××建筑公司</td><td>专业技术负责人</td><td>专业质检员</td><td colspan="2">专业工长</td></tr>
<tr><td>×××</td><td>×××</td><td colspan="2">×××</td></tr>
<tr><td>监理（建设）单位</td><td colspan="2">×××监理公司</td><td>专业工程师</td><td colspan="2">×××</td></tr>
</table>

注：本表由施工单位填写。

<table>
<tr><td colspan="4">大容量电气线路结点测温记录
表 C6-31</td><td>资料编号</td><td></td></tr>
<tr><td>工程名称</td><td colspan="5">××工程</td></tr>
<tr><td>测试地点</td><td colspan="2">地下室低压配电室（3＃楼）</td><td>测试品种</td><td colspan="2">导线</td></tr>
<tr><td>测试工具</td><td colspan="2">红外测温仪 DT-8806</td><td>测试日期</td><td colspan="2">200×年×月×日</td></tr>
<tr><td>测试回路</td><td>测试时间</td><td>电流 A</td><td>设计温度（℃）</td><td colspan="2">测试温度（℃）</td></tr>
<tr><td>地下配电室 1＃进线柜</td><td>10：30</td><td>400</td><td>60</td><td colspan="2">45</td></tr>
<tr><td>地下配电室 2＃进线柜</td><td>10：50</td><td>400</td><td>60</td><td colspan="2">45</td></tr>
<tr><td></td><td></td><td></td><td></td><td colspan="2"></td></tr>
<tr><td></td><td></td><td></td><td></td><td colspan="2"></td></tr>
<tr><td></td><td></td><td></td><td></td><td colspan="2"></td></tr>
<tr><td></td><td></td><td></td><td></td><td colspan="2"></td></tr>
<tr><td></td><td></td><td></td><td></td><td colspan="2"></td></tr>
<tr><td></td><td></td><td></td><td></td><td colspan="2"></td></tr>
<tr><td></td><td></td><td></td><td></td><td colspan="2"></td></tr>
<tr><td>测试结论</td><td colspan="5">设备在全负荷运行情况下，对电源的连接点测温，连接处温升值稳定且不大于设计值，符合设计和施工要求及规范。</td></tr>
<tr><td rowspan="3">签字栏</td><td rowspan="2">施工单位</td><td rowspan="2">×××建筑公司</td><td>专业技术负责人</td><td>专业质检员</td><td>专业工长</td></tr>
<tr><td>×××</td><td>×××</td><td>×××</td></tr>
<tr><td>监理（建设）单位</td><td colspan="2">×××监理公司</td><td>专业工程师</td><td>×××</td></tr>
</table>

注：本表由施工单位填写。

<table>
<tr><td colspan="4">大容量电气线路结点测温记录
表 C6-31</td><td>资料编号</td><td></td></tr>
<tr><td>工程名称</td><td colspan="5">××工程</td></tr>
<tr><td>测试地点</td><td colspan="2">地下室配电室（3＃楼）</td><td>测试品种</td><td colspan="2">开关</td></tr>
<tr><td>测试工具</td><td colspan="2">红外测温仪 DT-8806H</td><td>测试日期</td><td colspan="2">200×年×月×日</td></tr>
<tr><td>测试回路</td><td>测试时间</td><td>电流 A</td><td>设计温度（℃）</td><td colspan="2">测试温度（℃）</td></tr>
<tr><td>4＃楼电源空气开关</td><td>9：20</td><td>150</td><td>60</td><td colspan="2">50</td></tr>
<tr><td>8＃楼电源空气开关</td><td>10：00</td><td>120</td><td>60</td><td colspan="2">45</td></tr>
<tr><td>10＃楼电源空气开关</td><td>11：20</td><td>120</td><td>60</td><td colspan="2">45</td></tr>
<tr><td></td><td></td><td></td><td></td><td colspan="2"></td></tr>
<tr><td></td><td></td><td></td><td></td><td colspan="2"></td></tr>
<tr><td></td><td></td><td></td><td></td><td colspan="2"></td></tr>
<tr><td></td><td></td><td></td><td></td><td colspan="2"></td></tr>
<tr><td></td><td></td><td></td><td></td><td colspan="2"></td></tr>
<tr><td>测试结论</td><td colspan="5">设备在全负荷运行情况下，对配电空气开关上口、下口接线点进行测温，温升值稳定且不大于设计值，符合设计和施工要求及规范。</td></tr>
<tr><td rowspan="3">签字栏</td><td rowspan="2">施工单位</td><td rowspan="2">×××建筑公司</td><td>技术负责人</td><td>专业质检员</td><td>专业工长</td></tr>
<tr><td>×××</td><td>×××</td><td>×××</td></tr>
<tr><td>监理（建设）单位</td><td colspan="2">×××监理公司</td><td>专业工程师</td><td>×××</td></tr>
</table>

注：本表由施工单位填写。

<table>
<tr><td colspan="4">大容量电气线路结点测温记录
表 C6-31</td><td>资料编号</td><td></td></tr>
<tr><td>工程名称</td><td colspan="5">××工程</td></tr>
<tr><td>测试地点</td><td colspan="2">地下室配电室（3＃楼）</td><td>测试品种</td><td colspan="2">母线</td></tr>
<tr><td>测试工具</td><td colspan="2">红外测温仪 DT-8806</td><td>测试日期</td><td colspan="2">200×年×月×日</td></tr>
<tr><td>测试回路</td><td>测试时间</td><td>电流 A</td><td>设计温度（℃）</td><td colspan="2">测试温度（℃）</td></tr>
<tr><td>地下配电室 1＃柜 A 母线</td><td>10：20</td><td>550</td><td>60</td><td colspan="2">50</td></tr>
<tr><td>地下配电室 1＃柜 B 母线</td><td>10：40</td><td>545</td><td>60</td><td colspan="2">50</td></tr>
<tr><td>地下配电室 1＃柜 C 母线</td><td>11：00</td><td>545</td><td>60</td><td colspan="2">50</td></tr>
<tr><td></td><td></td><td></td><td></td><td colspan="2"></td></tr>
<tr><td></td><td></td><td></td><td></td><td colspan="2"></td></tr>
<tr><td></td><td></td><td></td><td></td><td colspan="2"></td></tr>
<tr><td></td><td></td><td></td><td></td><td colspan="2"></td></tr>
<tr><td></td><td></td><td></td><td></td><td colspan="2"></td></tr>
<tr><td>测试结论</td><td colspan="5">设备在全负荷运行情况下，对母线与电缆的连接点抽查测试，温度值稳定且不大于设计值，符合设计和施工要求及规范。</td></tr>
<tr><td rowspan="3">签字栏</td><td rowspan="2">施工单位</td><td rowspan="2">×××建筑公司</td><td>技术负责人</td><td>专业质检员</td><td>专业工长</td></tr>
<tr><td>×××</td><td>×××</td><td>×××</td></tr>
<tr><td>监理（建设）单位</td><td colspan="2">×××监理公司</td><td>专业工程师</td><td>×××</td></tr>
</table>

注：本表由施工单位填写。

避雷带支架拉力测试记录 表 C6-32						资料编号	
工程名称	××工程						
测试部位	1＃楼避雷带支架			检测时间	200×年×月×日		
序号	拉力（kg）	序号	拉力（kg）	序号	拉力（kg）	序号	拉力（kg）
1	8.5	18	9.1	35	5.8		
2	8.7	19	9.1	36	6.1		
3	8.6	20	9.2	37	6.5		
4	8.9	21	9.3	38	6.7		
5	8.9	22	9.4	39	8.1		
6	9.1	23	9.4				
7	9.3	24	5.6				
8	9.3	25	5.6				
9	9.5	26	5.7				
10	9.7	27	8.7				
11	9.6	28	8.6				
12	9.7	29	6.5				
13	9.5	30	6.5				
14	9.4	31	6.6				
15	9.4	32	6.5				
16	9.6	33	5.3				
17	9.2	34	5.9				
测试结果	西墙明装避雷带支架安装平正顺直，支持件固定点均匀、支持件间距不大于 1m，经对 39 点支架进行测试，(拉力器 10kg) 每个支持件均能承受大于 49N 的垂直拉力，固定牢固可靠，符合设计及电气工程质量验收规范要求。						
签字栏	施工单位	×××建筑公司		技术负责人	专业质检员	专业工长	
				×××	×××	×××	
	监理（建设）单位	×××监理公司			专业工程师	×××	

注：本表由施工单位填写。

<table>
<tr><td colspan="6">避雷带支架拉力测试记录
表 C6-32</td><td>资料
编号</td><td></td></tr>
<tr><td>工程名称</td><td colspan="7">××工程</td></tr>
<tr><td>测试部位</td><td colspan="3">1#楼避雷带支架</td><td>检测时间</td><td colspan="3">200×年×月×日</td></tr>
<tr><td>序号</td><td>拉力（kg）</td><td>序号</td><td>拉力（kg）</td><td>序号</td><td>拉力（kg）</td><td>序号</td><td>拉力（kg）</td></tr>
<tr><td>1</td><td>9.3</td><td>18</td><td>9.1</td><td>35</td><td>5.8</td><td>52</td><td>6.5</td></tr>
<tr><td>2</td><td>9.1</td><td>19</td><td>9.1</td><td>36</td><td>6.1</td><td>53</td><td>6.7</td></tr>
<tr><td>3</td><td>9.5</td><td>20</td><td>9.2</td><td>37</td><td>6.5</td><td>54</td><td>8.1</td></tr>
<tr><td>4</td><td>9.4</td><td>21</td><td>9.3</td><td>38</td><td>6.7</td><td>55</td><td>9.4</td></tr>
<tr><td>5</td><td>9.3</td><td>22</td><td>9.4</td><td>39</td><td>8.1</td><td>56</td><td>9.3</td></tr>
<tr><td>6</td><td>9.5</td><td>23</td><td>9.4</td><td>40</td><td>9.4</td><td>57</td><td>9.5</td></tr>
<tr><td>7</td><td>9.7</td><td>24</td><td>9.4</td><td>41</td><td>9.3</td><td>58</td><td>9.7</td></tr>
<tr><td>8</td><td>9.6</td><td>25</td><td>9.3</td><td>42</td><td>9.5</td><td>59</td><td>9.4</td></tr>
<tr><td>9</td><td>9.7</td><td>26</td><td>9.5</td><td>43</td><td>9.7</td><td>60</td><td>9.4</td></tr>
<tr><td>10</td><td>9.5</td><td>27</td><td>9.7</td><td>44</td><td>9.6</td><td>61</td><td>5.6</td></tr>
<tr><td>11</td><td>9.4</td><td>28</td><td>8.6</td><td>45</td><td>6.5</td><td>62</td><td>5.6</td></tr>
<tr><td>12</td><td>9.4</td><td>29</td><td>6.5</td><td>46</td><td>6.5</td><td>63</td><td>5.7</td></tr>
<tr><td>13</td><td>9.6</td><td>30</td><td>6.5</td><td>47</td><td>6.6</td><td>64</td><td>8.7</td></tr>
<tr><td>14</td><td>9.2</td><td>31</td><td>6.6</td><td>48</td><td>6.5</td><td>65</td><td>8.6</td></tr>
<tr><td>15</td><td>9.4</td><td>32</td><td>6.5</td><td>49</td><td>5.3</td><td>66</td><td>6.5</td></tr>
<tr><td>16</td><td>9.3</td><td>33</td><td>5.3</td><td>50</td><td>5.9</td><td>67</td><td>6.5</td></tr>
<tr><td>17</td><td>9.7</td><td>34</td><td>5.9</td><td>51</td><td>6.5</td><td>68</td><td>8.7</td></tr>
<tr><td>测试结果</td><td colspan="7">屋面避雷带支架安装平衡顺直，固定点支持件间距均不大于1m、拐角0.5m。经对全屋面避雷带支架（共计68处）进行拉力测试（拉力器10kg），大于49N的垂直拉力，固定牢固可靠，符合设计及电气工程质量验收规范要求。</td></tr>
<tr><td rowspan="3">签字栏</td><td rowspan="2">施工单位</td><td colspan="2" rowspan="2">×××建筑公司</td><td>技术负责人</td><td>专业质检员</td><td colspan="2">专业工长</td></tr>
<tr><td>×××</td><td>×××</td><td colspan="2">×××</td></tr>
<tr><td>监理（建设）单位</td><td colspan="3">×××监理公司</td><td>专业工程师</td><td colspan="2">×××</td></tr>
</table>

注：本表由施工单位填写。

避雷带支架拉力测试记录 表 C6-32							资料编号	
工程名称	××工程							
测试部位	1#楼避雷带支墩			检测时间	200×年×月×日			
序号	拉力（kg）	序号	拉力（kg）	序号	拉力（kg）	序号	拉力（kg）	
1	8.5	18	8.5					
2	8.7	19	8.7					
3	8.6	20	8.6					
4	8.9	21	8.4					
5	8.9	22	7.9					
6	9.1	23	7.5					
7	9.3	24	7.1					
8	9.3							
9	9.5							
10	9.7							
11	9.6							
12	9.7							
13	9.5							
14	9.4							
15	9.4							
16	9.6							
17	9.2							
测试结果	屋面避雷带支墩码放平稳顺直，支持件间距均不大于 1m，经对全屋面避雷带支墩（共计 24 处）进行测试（拉力器 10kg），每个支墩均能承受大于 49N 的垂直拉力，固定牢固可靠，符合设计及电气工程质量验收规范要求。							
签字栏	施工单位	×××建筑公司	技术负责人	专业质检员	专业工长			
			×××	×××	×××			
	监理（建设）单位	×××监理公司		专业工程师	×××			

注：本表由施工单位填写。

逆变应急电源测试记录 表 C6-33				资料编号		
工程名称	××工程			施工单位	××建筑安装公司	
安装部位	地下室逆变应急电源			检测时间	200×年×月×日	
规格型号	HDN-200VA			环境温度	24℃	
检查测试内容				额定值		测试值
输入电压（V）				380		380
输出电压（V）	空载			410		410
	满载	正常运行		400		400
		逆变应急运行		400		400
输出电流（A）	满载	正常运行		300		300
		逆变应急运行		300		300
能量恢复时间（h）				0.5		0.5
切换时间（s）				0.02		0.02
逆变储能供电能力（min）				90		90
过载能力（输出表现功率额定值120%的阴性负载）	正常运行	连续工作时间（min）		90		≥90
	逆变运行	连续工作时间（min）		90		≥90
噪声检测（dB）	正常运行			75		75
	逆变运行			75		75
测试结果	经测试 HDN-200VA 逆变应急电源输出电压空载、满载，能量恢复时间、切换时间、储能供电能力、噪声等相关指标均达到铭牌标注值和设计值，符合设计和运行规程及安装质量标准要求。					
签字栏	施工单位	×××建筑公司	技术负责人	专业质检员		检测人
			×××	×××		×××
	监理（建设）单位	×××监理公司		专业工程师		×××

注：本表由施工单位填写。

柴油发电机测试记录 表 C6-34			资料编号		
工程名称	××工程		施工单位	××建筑安装公司	
安装部位	地下室发电机房		检测时间	200×年×月×日	
规格型号	KHW400 柴油发电机组		环境温度	32℃	
检查测试内容				额定值	测试值
输出电压（V）	空载			400	400
	满载			390	390
输出电流（A）	满载			600	600
切换时间（s）				0.5	0.5
供电能力（min）				90	≥90
噪声检测（dB）	空载			75	75
	满载			75	75
测试结果	经测试柴油发电机组 KHW400，输出电压空载、满载时，电压稳定，输出电流、切换时间、供电能力、噪声检测等符合铭牌标注值要求，安装及运行符合安装规范，运行符合运行规程，施工安装质量符合验收规范要求。				
签字栏	施工单位	×××建筑公司	技术负责人	专业质检员	检测人
			×××	×××	×××
	监理（建设）单位	×××监理公司		专业工程师	×××

注：本表由施工单位填写。

<table>
<tr><td colspan="3">低压配电电源质量测试记录
表 C6-35</td><td>资料编号</td><td></td></tr>
<tr><td colspan="2">工程名称</td><td colspan="3">××工程</td></tr>
<tr><td colspan="2">施工单位</td><td>××建筑安装公司</td><td>检测时间</td><td>200×年×月×日</td></tr>
<tr><td colspan="3">测试设备名称及型号</td><td colspan="2">低压配电柜 AL 光柜</td></tr>
<tr><td colspan="3">检查测试内容</td><td>测试值（V）</td><td>偏差（%）</td></tr>
<tr><td rowspan="4">供电电压
420V</td><td rowspan="3">三相</td><td>A 相</td><td>192</td><td>0.02</td></tr>
<tr><td>B 相</td><td>192</td><td>0.02</td></tr>
<tr><td>C 相</td><td>192</td><td>0.02</td></tr>
<tr><td colspan="2">单相</td><td>225</td><td>0.01</td></tr>
<tr><td rowspan="3">公共电网谐波电压</td><td colspan="2">电压总谐波畸变率</td><td colspan="2"></td></tr>
<tr><td colspan="2">奇次谐波含有率</td><td colspan="2"></td></tr>
<tr><td colspan="2">偶次谐波含有率</td><td colspan="2"></td></tr>
<tr><td colspan="3">谐波电流</td><td colspan="2">附检测设备打印记录</td></tr>
<tr><td>测试结果</td><td colspan="4">经现场使用万用表测试（型号为 VC3266L+），供电电压 420V，A、B、C 相电压为 192V，均为正偏差，偏差值为 0.0290，单相电压 225V，偏差值为 0.019，电流质量符合设备运行要求，供电及设备安装符合验收规范和安装规程要求。</td></tr>
</table>

<table>
<tr><td rowspan="3">签字栏</td><td rowspan="2">施工单位</td><td rowspan="2">×××建筑公司</td><td>技术负责人</td><td>专业质检员</td><td>检测人</td></tr>
<tr><td>×××</td><td>×××</td><td>×××</td></tr>
<tr><td>监理（建设）单位</td><td colspan="2">×××监理公司</td><td>专业工程师</td><td>×××</td></tr>
</table>

注：本表由施工单位填写。

监测与控制节能工程检查记录 表C6-36			资料编号	
工程名称	××工程	检测时间	200×年×月×日	
序号	检查项目	检验内容及其规范标准要求	检查结果	
1	空调与采暖的冷源	控制及故障报警功能符合设计要求	控制及故障报警功能符合设计和验收规范要求	
2	空调与采暖的热源	控制及故障报警功能符合设计要求	控制及故障报警功能符合设计和验收规范要求	
3	空调水系统	控制及故障报警功能符合设计要求	控制及故障报警功能符合设计和验收规范要求	
4	通风与空调检测控制系统	控制及故障报警功能符合设计要求	控制及故障报警功能符合设计和验收规范要求	
5	供配电的监测与数据采集系统	检测采集的运行数据和报警功能等符合要求	监测采集的运行数据和报警功能符合设计和验收规范要求	
6	大型公共建筑的公用照明区	集中控制并按建筑使用条件分区、分组控制，并采取调光或降低照度的措施	使用条件、天然采光分区控制，调光或降低照度控制措施，各种功能符合设计要求	
7	宾馆、饭店每间客房	应设置节能控制型开关	控制及故障报警功能符合设计要求	
8	居住建筑有天然采光楼梯间、走廊一般照明	应设置节能控制型开关	节能自息措施符合设计和验收规范要求	
9	房间或场所有两列或多列灯具的控制	所控灯列与侧窗平行	所控灯列与侧窗平行符合设计要求	
		按靠近或远离讲台分组	多列灯具的控制符合设计要求	
10	庭院灯、路灯的控制	根据自然光变换	庭院灯、路灯根据自然光变换控制符合设计要求	
检测结论：经测符合节能环保要求，安装符合设计和安装质量验收规范规定要求。				
签字栏	施工单位	×××建筑公司	技术负责人	专业质检员	检测人
			×××	×××	×××
	监理（建设）单位	×××监理公司		专业工程师	×××

注：本表由施工单位填写。

智能建筑工程设备性能测试记录 表C6-37									资料编号			
工程名称	××工程								测试时间	200×年×月×日		
系统名称	设备监控系统											备注
设备名称	测试项目	测 试 记 录										
风机	风量	√	√	√	√	√	√	√	√	√	√	
		√	√	√	√	√	√	√	√	√	√	
	风速	√	√	√	√	√	√	√	√	√	√	
		√	√	√	√	√	√	√	√	√	√	
	风阀	√	√	√	√	√	√	√	√	√	√	
		√	√									
	加湿器	√	√	√	√							
	电动执行阀门	√	√	√	√	√	√	√	√	√	√	按照GB 50339中规定的数量要求，对现场设备性能进行测试。
		√	√									

测试结论：经测试风量、风速、风阀、加湿器，电动执行阀门均符合使用说明和设计要求，安装质量符合验收规范规定要求。

签字栏	施工单位	×××建筑公司	专业技术负责人	专业质检员	测试人
			×××	×××	×××
	监理（建设）单位	×××监理公司		专业工程师	×××

注：本表由施工单位填写。

智能建筑工程设备性能测试记录 表 C6-37								资料编号				
工程名称	××工程							测试时间	200×年×月×日			
系统名称	设备监控系统											备注
设备名称	测试项目	测试记录										
给水泵	运行状态	√	√	√	√	√	√	√	√			
	报警系统	√	√	√	√	√	√	√	√			
	液位	√	√	√	√	√	√	√	√	√	√	
		√	√	√								
	压力	√	√	√	√	√	√	√	√	√	√	
		√	√	√								
排水泵	运行状态	√	√	√	√							按照 GB 50339 中规定的数量要求，对现场设备性能进行测试。
	报警系统	√	√	√	√							
	液位	√	√	√	√	√						
	压力	√	√	√	√	√						
给水泵	一备一用（切换）	√	√	√	√	√	√	√	√			
排水泵	一备一用（切换）	√	√	√	√							
中水给水泵	一备一用（切换）	√	√	√	√							
	运行状态	√	√	√	√							
	报警系统	√	√	√	√							
	液位	√	√									
	压力	√	√									

测试结论：经测试给水泵、排水泵、中水泵、运行状态平稳，报警系统、切换、液位、压力均符合设计要求，安装质量符合质量验收规范规定要求。

签字栏					
签字栏	施工单位	×××建筑公司	专业技术负责人	专业质检员	测试人
			×××	×××	×××
	监理（建设）单位	×××监理公司		专业工程师	×××

注：本表由施工单位填写。

智能建筑工程设备性能测试记录 表 C6-37									资料编号			
工程名称	××工程								测试时间	200×年×月×日		
系统名称	设备监控系统											备注
设备名称	测试项目	测 试 记 录										
热泵	运行状态	√	√	√	√	√	√	√	√			
	报警系统	√	√	√	√	√	√	√	√			
	液位	√	√	√	√	√	√	√	√			
	压力	√	√	√	√	√	√	√	√			
热交换器	运行状态	√	√	√	√	√	√	√	√			
	报警系统	√	√	√	√	√	√	√	√			
	压力	√	√	√	√	√	√	√	√			按照 GB 50339 中规定的数量要求，对现场设备性能进行测试。
	压差	√	√	√	√	√	√	√	√			
控制系统	预定时间	√	√	√	√	√	√	√	√			
能耗	计量	√	√	√	√	√	√	√	√			
检测结论：经测试热泵、热交换器、控制系统、能耗，指标均符合设计要求，安装质量符合质量验收规范规定。												

签字栏	施工单位	×××建筑公司	专业技术负责人	专业质检员	测试人
			×××	×××	×××
	监理（建设）单位	×××监理公司		专业工程师	×××

注：本表由施工单位填写。

智能建筑工程设备性能测试记录 表 C6-37							资料编号					
工程名称	××工程						测试时间		200×年×月×日			
系统名称	设备监控系统											备注
设备名称	测试项目	测试记录										
公共照明	照度	√	√	√	√	√	√	√	√	√	√	按照 GB 50339 中规定的数量要求，对现场设备性能进行测试。
		√	√	√	√	√	√	√	√	√	√	
	应急照明时间	√	√	√	√	√	√	√	√	√	√	
		√	√	√	√	√	√	√	√	√	√	
	开关	√	√	√	√	√	√	√	√	√	√	
		√	√	√	√	√	√	√	√	√	√	

测试结论：经测试公共照明的照度、应急照明的时间、控制开关均符合设计要求，安装质量符合设计和质量验收规范规定。

签字栏	施工单位	×××建筑公司	专业技术负责人	专业质检员	测试人
			×××	×××	×××
	监理（建设）单位	×××监理公司		专业工程师	×××

注：本表由施工单位填写。

智能建筑工程设备性能测试记录 表C6-37									资料编号			
工程名称	××工程								测试时间	200×年×月×日		
系统名称	设备监控系统											备注
系统名称	测试项目	测 试 记 录										
空调	温度	√	√	√	√	√	√	√	√	√	√	按照GB 50339中规定的数量要求，对现场设备性能进行测试。
		√	√	√	√	√	√	√	√	√	√	
	相对湿度	√	√	√	√	√	√	√	√	√	√	
		√	√	√	√	√	√	√	√	√	√	
	压力	√	√	√	√	√	√	√	√	√	√	
		√	√	√	√	√	√	√	√	√	√	
	压差	√	√	√	√	√	√	√	√	√	√	
		√	√	√	√	√	√	√	√	√	√	

检测结论：经测试温度、相对湿度、压差、压力等符合设计要求，设备安装质量符合验收规范规定要求。

签字栏	施工单位	×××建筑公司	专业技术负责人	专业质检员	测试人
			×××	×××	×××
	监理（建设）单位	×××监理公司		专业工程师	×××

注：本表由施工单位填写。

智能建筑工程设备性能测试记录 表C6-37											资料编号	
工程名称	××工程										测试时间	200×年×月×日
系统名称	设备监控系统											备注
设备名称	测试项目	测试记录										按照GB 50339中规定的数量要求，对现场设备性能进行测试。
变配电	电压	√	√	√	√	√	√	√	√	√	√	
		√	√	√	√	√	√	√	√	√	√	
	电流	√	√	√	√	√	√	√	√	√	√	
		√	√	√	√	√	√	√	√	√	√	
	功率因数	√	√	√	√	√	√	√	√	√	√	
		√	√	√	√	√	√	√	√	√	√	
	用电量	√	√	√	√	√	√	√	√	√	√	
		√	√	√	√	√	√	√	√	√	√	

测试结论：经测试电压、电流、功率因数、用电量均符合使用说明和设计要求，变配电安装质量符合验收规范规定要求。

签字栏	施工单位	×××建筑公司	专业技术负责人	专业质检员	测试人
			×××	×××	×××
	监理（建设）单位	×××监理公司		专业工程师	×××

注：本表由施工单位填写。

综合布线系统工程电气性能测试记录 表C6-38								资料编号			
工程名称			××工程					检测时间		200×年×月×日	
测试仪表型号			NAVITEK 主动测试仪　IDEALVFF5 可视光纤检测器								
序号	编号			内容							记录
				电缆系统					光缆系统		
	地址号	缆线号	设备号	长度	接线图	衰减	近端串音（2端）	电缆屏蔽层连通情况	其他任选项目	衰减	长度
1	F1	01	01	90	正确	6.0dB	43.0dB	好	特性阻抗	5.6dB	90
2	F2	02	02	70	正确	5.8dB	40.5dB	好	107	6.0dB	20
测试结论：经测试电缆系统、光缆系统各项指标均达到设计和使用要求，安装质量符合验收规范规定。											

签字栏	施工单位	×××建筑公司	专业技术负责人	专业质检员	测试人
			×××	×××	×××
	监理（建设）单位	×××监理公司		专业工程师	×××

注：本表由施工单位填写。

建筑物照明系统照度测试记录 **表 C6-39**			资料编号		
工程名称	××工程				
测试器具名称、型号	照度计 TES—1330A		测试日期、时间	200×年×月×日 10 点	
测试部位	照度 (LUX)	功率密度 (kW/m^2)	测试部位	照度 (LUX)	功率密度 (kW/m^2)
3＃楼会议室	100	0.04	3＃楼经理室	100	0.08
3＃楼公共走廊	80	0.02	3＃阅览室	120	0.10
测试结论：经现场测试各个房间的照度和功率密度符合设计要求，安装质量符合验收规范规定的。					

签字栏	施工单位	×××建筑公司	专业技术负责人	专业工长	测试人员
			×××	×××	×××
	监理（建设）单位	×××监理公司		专业工程师	×××

注：本表由施工单位填写。

<table>
<tr><td colspan="4">通信网络系统
程控电话交换系统自检测记录
表C6-40</td><td>资料编号</td><td></td></tr>
<tr><td colspan="3">工程名称</td><td>××工程</td><td>检测时间</td><td>200×年×月×日</td></tr>
<tr><td colspan="3">部　　位</td><td colspan="3">网络机房和程控电话交换系统</td></tr>
<tr><td colspan="4">检　测　内　容</td><td>检测记录</td><td>备　注</td></tr>
<tr><td>1</td><td colspan="2">通电测试前检查</td><td>标称工作电压为−48V</td><td>−48V</td><td>允许变化范围−57～−40V</td></tr>
<tr><td>2</td><td colspan="2">硬件检查测试</td><td>可见可闻报警信号工作正常</td><td>正常</td><td rowspan="9">执行YD5077规定</td></tr>
<tr><td>3</td><td colspan="2">系统检查测试</td><td>装入测试程序，自检，确认硬件系统无故障</td><td>正常</td></tr>
<tr><td rowspan="22">4</td><td rowspan="22">初验测试</td><td rowspan="7">可靠性</td><td>不得导致50%以上的用户线、中继线不能进行呼叫处理</td><td>正常</td></tr>
<tr><td>每一用户群通话中断或停止接续，每群每月不大于0.1次</td><td>正常</td></tr>
<tr><td>中断群通话中断或停止接续：0.15次/月（≤64话路）；0.1次/月（64～480话路）</td><td>正常</td></tr>
<tr><td>个别用户不正常呼入、呼出接续：每千门用户，<0.5户次/月；每百条中继，≤0.5线次/月</td><td>正常</td></tr>
<tr><td>一个月内，处理机再启动指标为1～5次</td><td>正常</td></tr>
<tr><td>软件测试故障不大于8个/月，硬件更换印刷电路版每月不大于0.05次/100户及0.005次/30路PCM系统</td><td>正常</td></tr>
<tr><td>长时间通话，12对话机保持48h</td><td>正常</td></tr>
<tr><td colspan="2">障碍率测试：局内障碍率不大于3.4×10^{-4}</td><td>正常</td><td>同时40个用户模拟呼叫10次</td></tr>
<tr><td rowspan="8">性能测试</td><td>本局呼叫</td><td>正常</td><td>每抽测3次</td></tr>
<tr><td>出、入局呼叫</td><td>正常</td><td>中继100%测试</td></tr>
<tr><td>汇接中继测试（各种方式）</td><td>正常</td><td>各抽测5次</td></tr>
<tr><td>其他各类呼叫</td><td>正常</td><td></td></tr>
<tr><td>计费差错率指标不超过10^{-4}</td><td>正常</td><td></td></tr>
<tr><td>特服业务</td><td>正常</td><td>做100%测试</td></tr>
<tr><td>用户线接入调制解调器，传输速率为2400bps，数据误码率不大于1×10^{-5}</td><td>正常</td><td></td></tr>
<tr><td>2B+D用户测试</td><td>正常</td><td></td></tr>
<tr><td colspan="2">中继测试：中继电路呼叫测试，抽测2～3条电路（包括各种呼叫状态）</td><td>正常</td><td>主要为信令接口</td></tr>
<tr><td rowspan="3">接通率测试</td><td>局间接通率应达99.96%以上</td><td>正常</td><td>60对用户，万次</td></tr>
<tr><td>局间接通率应达98%以上</td><td>正常</td><td>呼叫200次</td></tr>
<tr><td>采用人机命令进行故障诊断测试</td><td>正常</td><td></td></tr>
<tr><td colspan="6">检测结论：经检测以上内容符合设计与规范中的规定，安装符合验收规范要求。</td></tr>
<tr><td rowspan="3">签字栏</td><td rowspan="2" colspan="2">施工单位</td><td rowspan="2">×××建筑公司</td><td>技术负责人</td><td>专业质检员</td><td>测试人</td></tr>
<tr><td>×××</td><td>×××</td><td>×××</td></tr>
<tr><td colspan="2">监理（建设）单位</td><td colspan="2">×××监理公司</td><td>专业工程师</td><td>×××</td></tr>
</table>

注：本表由施工单位填写。

<table>
<tr><td colspan="4">通信网络系统
公共广播与紧急广播系统自检测记录
表 C6-41</td><td>资料编号</td><td></td></tr>
<tr><td colspan="2">工程名称</td><td colspan="2">××工程</td><td>检测时间</td><td>200×年×月×日</td></tr>
<tr><td colspan="2">部　位</td><td colspan="2">网络机房广播系统</td><td></td><td></td></tr>
<tr><td colspan="4">检　测　内　容</td><td>检测记录</td><td>备注</td></tr>
<tr><td rowspan="4">1</td><td rowspan="4">安装质量</td><td colspan="2">不平衡度</td><td>符合设计</td><td rowspan="15">符合设计要求，合格</td></tr>
<tr><td colspan="2">音频线敷设</td><td>符合设计</td></tr>
<tr><td colspan="2">接地及安装</td><td>符合设计</td></tr>
<tr><td colspan="2">阻抗匹配</td><td>符合设计</td></tr>
<tr><td>2</td><td colspan="3">放声系统分布</td><td>符合设计</td></tr>
<tr><td rowspan="4">3</td><td rowspan="4">音质质量</td><td colspan="2">最高输出电平</td><td>符合设计</td></tr>
<tr><td colspan="2">输出信噪比</td><td>符合设计</td></tr>
<tr><td colspan="2">声压级</td><td>符合设计</td></tr>
<tr><td colspan="2">频宽</td><td>符合设计</td></tr>
<tr><td>4</td><td colspan="3">音响效果主观评价</td><td>好</td></tr>
<tr><td rowspan="4">5</td><td rowspan="4">功能检测</td><td colspan="2">业务内容</td><td>符合设计</td></tr>
<tr><td colspan="2">消防联动</td><td>符合设计</td></tr>
<tr><td colspan="2">功放冗余</td><td>符合设计</td></tr>
<tr><td colspan="2">分区划分</td><td>符合设计</td></tr>
<tr><td></td><td></td><td colspan="2"></td><td></td><td></td></tr>
<tr><td></td><td></td><td colspan="2"></td><td></td><td></td></tr>
<tr><td></td><td></td><td colspan="2"></td><td></td><td></td></tr>
<tr><td></td><td></td><td colspan="2"></td><td></td><td></td></tr>
<tr><td></td><td></td><td colspan="2"></td><td></td><td></td></tr>
<tr><td colspan="6">检测结论：经检测以上内容符合设计要求，安装质量符合验收规范规定要求。</td></tr>
</table>

<table>
<tr><td rowspan="3">签字栏</td><td rowspan="2">施工单位</td><td rowspan="2">×××建筑公司</td><td>技术负责人</td><td>专业质检员</td><td>施工员</td></tr>
<tr><td>×××</td><td>×××</td><td>×××</td></tr>
<tr><td>监理（建设）单位</td><td colspan="2">×××监理公司</td><td>专业工程师</td><td>×××</td></tr>
</table>

注：本表由施工单位填写。

<table>
<tr><td colspan="4">通信网络系统
会议电视系统自检测记录
表 C6-42</td><td>资料编号</td><td colspan="2"></td></tr>
<tr><td colspan="2">工程名称</td><td colspan="2">××工程</td><td>检测时间</td><td colspan="2">200×年×月×日</td></tr>
<tr><td colspan="2">部　　位</td><td colspan="5">3＃楼一层会议室机房</td></tr>
<tr><td colspan="4">检　测　内　容</td><td>检测记录</td><td colspan="2">备注</td></tr>
<tr><td>1</td><td>单机测试</td><td colspan="2">指标符合设计或生产厂家说明书要求</td><td>符合设计和说明书要求</td><td rowspan="8" colspan="2">执　行 YD5033 的规定或符合设计要求的为合格</td></tr>
<tr><td rowspan="4">2</td><td rowspan="4">信道测试（传输性能限值）</td><td colspan="2">国内段电视会议链路：传输信道速率 2048kbps，误比特率（BER）1×10^{-6}；1 小时最大误码数 7142；1 小时严重误码事件为 0；无误码秒（EFS%）92。</td><td>符合检测内容</td></tr>
<tr><td colspan="2">国际段电视会议链路：传输信道速率 2048kbps，误比特率（BER）1×10^{-6}；1 小时最大误码数 7142；1 小时严重误码事件为 2；无误码秒（EFS%）92。</td><td>符合检测内容</td></tr>
<tr><td colspan="2">国内、国际全程链路：传输信道速率 2048kbps，误比特率（BER）3×10^{-6}；1 小时最大误码数 21427；1 小时严重误码事件为 2；无误码秒（EFS%）92。</td><td>符合检测内容</td></tr>
<tr><td colspan="2">国内段电视会议链路：传输信道速率 64kbps，误比特率（BER）1×10^{-6}。</td><td>符合检测内容</td></tr>
<tr><td rowspan="2">3</td><td rowspan="2">系统效果质量检测</td><td colspan="2">主观评定画面质量和声音清晰度</td><td>好</td></tr>
<tr><td colspan="2">外接时钟度不低于 10～12 量级</td><td>好</td></tr>
<tr><td>4</td><td>监测管理系统检测</td><td colspan="2">具备本地、远端监测、诊断和实时显示功能</td><td>具备</td></tr>
<tr><td colspan="7">检测结论：经检测以上内容符合设计和厂家说明书中的要求，达到检测内容的规定要求，安装符合验收规范规定。</td></tr>
<tr><td rowspan="3">签字栏</td><td rowspan="2">施工单位</td><td rowspan="2">×××建筑公司</td><td>技术负责人</td><td>专业质检员</td><td colspan="2">施工员</td></tr>
<tr><td>×××</td><td>×××</td><td colspan="2">×××</td></tr>
<tr><td>监理（建设）单位</td><td colspan="2">×××监理公司</td><td>专业工程师</td><td colspan="2">×××</td></tr>
</table>

注：本表由施工单位填写。

<table>
<tr><td colspan="3">通信网络系统
接入网设备安装工程自检测记录
表 C6-43</td><td>资料编号</td><td></td></tr>
<tr><td colspan="2">工程名称</td><td>××工程</td><td>检测时间</td><td>200×年×月×日</td></tr>
<tr><td colspan="2">部　　位</td><td colspan="3">通信机房网络系统接入设备</td></tr>
<tr><td colspan="3">检　测　内　容</td><td>检测记录</td><td>备注</td></tr>
<tr><td rowspan="3">1</td><td rowspan="3">安装环境检查</td><td>机房环境</td><td>合　格</td><td rowspan="3">符合设计要求者为合格</td></tr>
<tr><td>电源</td><td>合　格</td></tr>
<tr><td>接地电阻值</td><td>合　格</td></tr>
<tr><td rowspan="2">2</td><td rowspan="2">设备安装检查</td><td>管线敷设</td><td>合　格</td><td rowspan="2">符合设计要求者为合格</td></tr>
<tr><td>设备机柜及模块</td><td>合　格</td></tr>
<tr><td rowspan="14">3</td><td rowspan="3">收发器线路接口</td><td>功率谱密度</td><td>合　格</td><td rowspan="14">符合设计要求者为合格</td></tr>
<tr><td>纵向平衡损耗</td><td>合　格</td></tr>
<tr><td>过压保护</td><td>合　格</td></tr>
<tr><td rowspan="4">用户网络接口</td><td>25.6Mbit/s 电接口</td><td>合　格</td></tr>
<tr><td>10BASE-T 接口</td><td>合　格</td></tr>
<tr><td>USB 接口</td><td>合　格</td></tr>
<tr><td>PCI 接口</td><td>合　格</td></tr>
<tr><td rowspan="2">业务节点接口（SNI）</td><td>STM-1（155Mbit/s）光接口</td><td>合　格</td></tr>
<tr><td>电信接口</td><td>合　格</td></tr>
<tr><td colspan="2">分离器测试</td><td>合　格</td></tr>
<tr><td colspan="2">传输性能测试</td><td>合　格</td></tr>
<tr><td rowspan="2">功能验证测试</td><td>传输功能</td><td rowspan="2">合　格</td></tr>
<tr><td>管理功能</td></tr>
<tr><td colspan="5">检测结论：经检测以上内容符合设计要求，安装质量符合验收规范规定要求。</td></tr>
</table>

<table>
<tr><td rowspan="3">签字栏</td><td rowspan="2">施工单位</td><td rowspan="2">×××建筑公司</td><td>技术负责人</td><td>专业质检员</td><td>检测人</td></tr>
<tr><td>×××</td><td>×××</td><td>×××</td></tr>
<tr><td>监理（建设）单位</td><td colspan="2">×××监理公司</td><td>专业工程师</td><td>×××</td></tr>
</table>

注：本表由施工单位填写。

通信网络系统 卫星数字电视系统自检测记录 表 C6-44			资料编号	
工程名称		××工程	检测时间	200×年×月×日
部　　位		3＃楼卫星电视系统		
检　测　内　容			检测记录	备注
1	卫星天线的安装质量		固定牢固可靠	符合国家现行规定
2	高频头至室内单元的线距		≤90m	
3	功放器及接收站位置		1＃楼一层网络室	
4	缆线连接的可靠性		压接牢固可靠	
5	系统输出电平（dBμm）		－50（dBμm）	－30～－60

检测结论：经检测以上五项内容安装质量符合验收规范规定，元器件安装位置、线缆连接、输出电平符合设计要求。

签字栏	施工单位	×××建筑公司	技术负责人	专业质检员	检测人
			×××	×××	×××
	监理（建设）单位	×××监理公司		专业工程师	×××

注：本表由施工单位填写。

<table>
<tr><td colspan="3">通信网络系统
有线电视系统自检测记录
表 C6-45</td><td>资料编号</td><td></td></tr>
<tr><td colspan="2">工程名称</td><td>××工程</td><td>检测时间</td><td>200×年×月×日</td></tr>
<tr><td colspan="2">部　　位</td><td colspan="3">1#楼1单元101室</td></tr>
<tr><td colspan="3">检　测　内　容</td><td>检测记录</td><td>备注</td></tr>
<tr><td>1</td><td colspan="2">系统输出电平
(dBμV)（系统内的所有频道）</td><td>75（dBμV）</td><td>60～80</td></tr>
<tr><td>2</td><td colspan="2">系统载噪比（系统总频道的10%）</td><td>无噪波干扰</td><td>无噪波，即无“雪花干扰”</td></tr>
<tr><td>3</td><td colspan="2">载波互调比（系统总频道的10%）</td><td>图像中无垂直倾斜水平条纹</td><td>图像中无垂直、倾斜或水平条纹</td></tr>
<tr><td>4</td><td colspan="2">交扰调制比（系统总频道的10%）</td><td>图像中无窜台图案</td><td>图像中无移动、垂直或斜图案，即无“窜台”</td></tr>
<tr><td>5</td><td colspan="2">回波值（系统总频道的10%）</td><td>图像中无重影现象</td><td>图像中无沿水平方向分布在右边一条或多条轮廓线，即无“重影”</td></tr>
<tr><td>6</td><td colspan="2">色/亮度时延差（系统总频道的10%）</td><td>图像中无彩色鬼影</td><td>图像中色、亮信息对齐，即无“彩色鬼影”</td></tr>
<tr><td>7</td><td colspan="2">载波交流声（系统总频道的10%）</td><td>图像中无滚动现象</td><td>图像中无上下移动的水平条纹，即无“滚道”现象</td></tr>
<tr><td>8</td><td colspan="2">伴音和调频广播的声音（系统总频道的10%）</td><td>音响中无噪声、丝丝声、蝉鸣声和噪声等</td><td>无背景噪声，如丝丝声、哼声、蜂鸣声和串音等</td></tr>
<tr><td>9</td><td colspan="2">电视图像主观评价≥4分</td><td>图像评价大于等于5分</td><td></td></tr>
<tr><td></td><td colspan="2"></td><td></td><td></td></tr>
<tr><td></td><td colspan="2"></td><td></td><td></td></tr>
<tr><td colspan="5">检测结论：经检测以上九条内容符合设计要求，检测内容符合验收规范规定。</td></tr>
</table>

<table>
<tr><td rowspan="3">签字栏</td><td rowspan="2">施工单位</td><td rowspan="2">×××建筑公司</td><td>技术负责人</td><td>专业质检员</td><td>检测人</td></tr>
<tr><td>×××</td><td>×××</td><td>×××</td></tr>
<tr><td>监理（建设）单位</td><td colspan="2">×××监理公司</td><td>专业工程师</td><td>×××</td></tr>
</table>

注：本表由施工单位填写。

<table>
<tr><td colspan="3">信息网络系统
计算机网络系统自检测记录
表 C6-46</td><td>资料编号</td><td></td></tr>
<tr><td colspan="2">工程名称</td><td>×××工程</td><td>检测时间</td><td>××年×月×日</td></tr>
<tr><td colspan="2">部　位</td><td colspan="3">全　楼　系　统</td></tr>
<tr><td colspan="3">检　测　内　容</td><td>检测记录</td><td>备注</td></tr>
<tr><td>1</td><td colspan="2">网络设备连通性</td><td>合格</td><td rowspan="5">执行 GB 50339 第 5.5.3 条中规定</td></tr>
<tr><td rowspan="3">2</td><td rowspan="3">各用户间通信性能</td><td>允许通信</td><td>合格</td></tr>
<tr><td>不允许通信</td><td>合格</td></tr>
<tr><td>符合设计规定</td><td>合格</td></tr>
<tr><td>3</td><td colspan="2">局域网与公用网连通性</td><td>合格</td></tr>
<tr><td>4</td><td colspan="2">路由检测</td><td>合格</td><td>执行 GB 50339 第 5.5.4 条中规定</td></tr>
<tr><td rowspan="5">5</td><td rowspan="5">容错功能检测</td><td>故障判断</td><td>合格</td><td rowspan="5">执行 GB 50339 第 5.3.5 条中规定</td></tr>
<tr><td>自动恢复</td><td>合格</td></tr>
<tr><td>切换时间</td><td>合格</td></tr>
<tr><td>故障隔离</td><td>合格</td></tr>
<tr><td>自动切换</td><td>合格</td></tr>
<tr><td rowspan="6">6</td><td rowspan="6">网络管理功能检测</td><td>拓扑图</td><td>合格</td><td rowspan="6">执行 GB 50339 第 5.3.6 条中规定</td></tr>
<tr><td>设备连接图</td><td>合格</td></tr>
<tr><td>自诊断</td><td>合格</td></tr>
<tr><td>节点流量</td><td>合格</td></tr>
<tr><td>广播率</td><td>合格</td></tr>
<tr><td>错误率</td><td>合格</td></tr>
<tr><td colspan="5">检测结论：经检测符合设计要求和 GB 50339 验收规范要求。</td></tr>
</table>

<table>
<tr><td rowspan="3">签字栏</td><td rowspan="2">施工单位</td><td rowspan="2">×××建筑公司</td><td>技术负责人</td><td>专业质检员</td><td>检测人</td></tr>
<tr><td>×××</td><td>×××</td><td>×××</td></tr>
<tr><td>监理（建设）单位</td><td colspan="2">×××监理公司</td><td>专业工程师</td><td>×××</td></tr>
</table>

注：本表由施工单位填写。

信息网络系统 网络安全系统自检测记录 表 C6-47			资料编号	
工程名称		××工程	检测时间	200×年×月×日
部　　位		信息网络安全系统		
检　测　内　容			检测记录	备注
1	安全产品认证		具有安全专用产品销售许可证	GB 50339 第 5.5.2 条中的规定
2	安全系统配置	防火墙	装有防火墙	GB 50339 第 5.5.3 条中的规定
		防病毒	具有防病毒	
3	信息安全性	来自防火墙外的模拟网络攻击	流行的攻击手段不能攻破	GB 50339 第 5.5.4 条中的规定
		对内部终端机的访问控制	内部访问符合要求	
		办公网络与控制网络的隔离	未经授权不能进入	
		防病毒系统测试	防病毒操作符合设计要求	
		入侵检测系统功能	能进行发现和阻断入侵软件	
		内容过滤系统的有效性	受限网址能被阻断	
4	操作系统安全性	操作系统	具有一定的安全程度	GB 50339 第 5.5.5 条中的规定
		文件系统	VISTA	
		用户账号	具有满足安全要求的口令	
		服务器	具有更换或升级程序	
		审计系统	审计日志具有正确记录	
5	应用系统安全性	身份认证	具有身份认证	
		访问控制	具有实施访问控制	
6	物理层安全	安全管理制度	具有安全管理制度	GB 50339 第 5.5.7 条中的规定
		中心机房的环境要求	符合第 11 章、12 章的规定	
		涉密单位的保密要求	具有 BMB5、BMZ1、MBZ3 规定	
7	应用系统安全	数据完整性	具有不被篡改、破坏性	GB 50339 第 5.5.8 条中的规定
		数据保密性	具有不应被非法用户获得	
		安全审计	具有必要的审计记录	

检测结论：经测试以上内容符合计算机网络系统设计和安全防范要求，安装符合验收规范规定。

签字栏	施工单位	×××建筑公司	技术负责人	专业质检员	检测人
			×××	×××	×××
	监理（建设）单位	×××监理公司		专业工程师	×××

注：本表由施工单位填写。

<table>
<tr><td colspan="4">信息网络系统
应用软件系统自检测记录
表C6-48</td><td>资料编号</td><td></td></tr>
<tr><td colspan="2">工程名称</td><td colspan="2">××工程</td><td>检测时间</td><td>200×年×月×日</td></tr>
<tr><td colspan="2">部　　位</td><td colspan="4">3＃楼一层信息网络机房</td></tr>
<tr><td colspan="4">检　测　内　容</td><td>检测记录</td><td>备注</td></tr>
<tr><td rowspan="2">1</td><td rowspan="2">功　能
性测试</td><td colspan="2">安装：按安装手册中的规定成功安装</td><td>符合功能需求</td><td rowspan="10">GB 50339 第5.4.4条中规定</td></tr>
<tr><td colspan="2">功能：按使用说明书中的范例逐项测试</td><td>符合说明书中的范例</td></tr>
<tr><td rowspan="4">2</td><td rowspan="4">性能测试</td><td colspan="2">响应时间</td><td>符合设计文件中的响应时间</td></tr>
<tr><td colspan="2">吞吐量</td><td>符合设计文件中的吞量</td></tr>
<tr><td colspan="2">辅助存储区</td><td>符合设计文件中的辅助存储器</td></tr>
<tr><td colspan="2">处理精度测试</td><td>符合设计文件处理精度</td></tr>
<tr><td>3</td><td colspan="3">文档测试</td><td>符合清晰性和准确性</td></tr>
<tr><td>4</td><td colspan="3">可靠性测试</td><td>符合对比软件测试记录</td></tr>
<tr><td>5</td><td colspan="3">互连测试</td><td>能验证两个以上互连</td></tr>
<tr><td>6</td><td colspan="3">回归（一致性）测试</td><td>能满足回归系统的设计要求</td></tr>
<tr><td>7</td><td colspan="3">操作界面测试</td><td>操作界面层次简洁，不具有二义性</td><td>GB 50339 第5.4.5条中规定</td></tr>
<tr><td>8</td><td colspan="3">可扩展性测试</td><td>预留可升级空间</td><td rowspan="2">GB 50339 第5.4.6条中规定</td></tr>
<tr><td>9</td><td colspan="3">可维护性测试</td><td>适应信息管理功能变动</td></tr>
<tr><td></td><td colspan="3"></td><td></td><td></td></tr>
<tr><td colspan="6">检测结论：经测试功能性、可靠性、互连性、回归性，符合设计要求，操作界面、可扩展性、可维护性符合规范中的规定，安装符合验收规范要求。</td></tr>
</table>

<table>
<tr><td rowspan="3">签字栏</td><td rowspan="2">施工单位</td><td rowspan="2">×××建筑公司</td><td>技术负责人</td><td>专业质检员</td><td>检测人</td></tr>
<tr><td>×××</td><td>×××</td><td>×××</td></tr>
<tr><td>监理（建设）单位</td><td colspan="2">×××监理公司</td><td>专业工程师</td><td>×××</td></tr>
</table>

注：本表由施工单位填写。

<table>
<tr><td colspan="3">建筑设备监控系统
变配电系统自检测记录
表 C6-49</td><td>资料编号</td><td></td></tr>
<tr><td colspan="2">工程名称</td><td>××工程</td><td>检测时间</td><td>200×年×月×日</td></tr>
<tr><td colspan="2">部　　位</td><td colspan="3">地下室变配机房</td></tr>
<tr><td colspan="3">检　测　内　容</td><td>检测记录</td><td>备注</td></tr>
<tr><td>1</td><td colspan="2">电气参数测量</td><td>合格</td><td rowspan="2">各类参数合格率100%时为检测合格</td></tr>
<tr><td>2</td><td colspan="2">电气设备工作状态测量</td><td>合格</td></tr>
<tr><td>3</td><td colspan="2">变配电系统故障报警</td><td>合格</td><td rowspan="6">各类参数合格率100%时为检测合格</td></tr>
<tr><td>4</td><td colspan="2">高低压配电柜运行状态</td><td>合格</td></tr>
<tr><td>5</td><td colspan="2">电力变压器温度</td><td>合格</td></tr>
<tr><td>6</td><td colspan="2">应急发电机组工作状态</td><td>合格</td></tr>
<tr><td>7</td><td colspan="2">储油罐液位</td><td>合格</td></tr>
<tr><td>8</td><td colspan="2">蓄电池组及充电设备工作状态</td><td>合格</td></tr>
<tr><td>9</td><td colspan="2">不间断电源工作状态</td><td>合格</td><td></td></tr>
<tr><td></td><td colspan="2"></td><td></td><td></td></tr>
<tr><td></td><td colspan="2"></td><td></td><td></td></tr>
<tr><td></td><td colspan="2"></td><td></td><td></td></tr>
<tr><td></td><td colspan="2"></td><td></td><td></td></tr>
<tr><td></td><td colspan="2"></td><td></td><td></td></tr>
<tr><td></td><td colspan="2"></td><td></td><td></td></tr>
<tr><td></td><td colspan="2"></td><td></td><td></td></tr>
<tr><td colspan="5">检测结论：经现场测量电压电流值正常，电气设备工作状态、故障报警、变压器温度、发电机组、储油罐液位、蓄电池组、不间断电源等正常，符合设计要求，安装符合验收规范规定。</td></tr>
</table>

<table>
<tr><td rowspan="3">签字栏</td><td rowspan="2">施工单位</td><td rowspan="2">×××建筑公司</td><td>技术负责人</td><td>专业质检员</td><td>检测人</td></tr>
<tr><td>×××</td><td>×××</td><td>×××</td></tr>
<tr><td>监理（建设）单位</td><td colspan="2">×××监理公司</td><td>专业工程师</td><td>×××</td></tr>
</table>

注：本表由施工单位填写。

建筑设备监控系统 电梯和自动扶梯系统自检测记录 表 C6-50			资料编号	
工程名称		××工程	检测时间	200×年×月×日
部　位		1#楼商业一层大厅		
检　测　内　容			检测记录	备注
1	电梯系统	电梯运行状态	平稳正常	各系统检测合格率100%时为检测合格
		故障检测记录与报警	正常	
2	自动扶梯系统	扶梯运行状态	平稳正常	各系统检测合格率100%时为检测合格
		故障检测记录与报警	正常	
检测结论：经现场检测电梯运行、扶梯运行平稳、无异常声响，故障检测记录与报警正常，符合设计要求，电梯、扶梯安装质量符合质量验收规范规定。				

签字栏	施工单位	×××建筑公司	技术负责人	专业质检员	检测人
			×××	×××	×××
	监理（建设）单位	×××监理公司		专业工程师	×××

注：本表由施工单位填写。

建筑设备监控系统 给排水系统自检测记录 表 C6-51				资料编号	
工程名称		××工程		检测时间	200×年×月×日
部　　位		1#楼地下管给、排水，中水系统			
检　测　内　容				检测记录	备注
1	给水系统	液位		合格	被检系统合格率 100% 时为系统检测合格
		压力		合格	
		水泵运行状态		合格	
		自动调节水泵转速		合格	
		水泵投运切换		合格	
		故障报警及保护		合格	
2	排水系统	液位		合格	同上
		压力		合格	
		水泵运行状态		合格	
		自动调节水泵转速		合格	
		水泵投运切换		合格	
		故障报警及保护		合格	
3	中水系统监控	液位		合格	同上
		压力		合格	
		水泵运行状态		合格	

检测结论：经现场检测给水、排水、中水等的液位、压力、水泵、水泵切换、故障报警等正常平稳，符合设计要求，安装符合质量验收规范规定。

签字栏	施工单位	×××建筑公司	技术负责人	专业质检员	检测人
			×××	×××	×××
	监理（建设）单位	×××监理公司		专业工程师	×××

注：本表由施工单位填写。

<table>
<tr><td colspan="4">建筑设备监控系统
公共照明系统自检测记录
表C6-52</td><td>资料编号</td><td></td></tr>
<tr><td colspan="2">工程名称</td><td colspan="2">××工程</td><td>检测时间</td><td>200×年×月×日</td></tr>
<tr><td colspan="2">部　位</td><td colspan="2">3#楼</td><td></td><td></td></tr>
<tr><td colspan="4">检　测　内　容</td><td>检测记录</td><td>备注</td></tr>
<tr><td rowspan="7">1</td><td rowspan="7">公共照明设备监　控</td><td colspan="2">公共区域1</td><td>合格</td><td rowspan="8">1. 以光照度或时间表为依据，检测控制动作正确性。
2. 抽检合格率100%时为检测合格</td></tr>
<tr><td colspan="2">公共区域2</td><td>合格</td></tr>
<tr><td colspan="2">公共区域3</td><td>合格</td></tr>
<tr><td colspan="2">公共区域4</td><td>合格</td></tr>
<tr><td colspan="2">公共区域5</td><td>合格</td></tr>
<tr><td colspan="2">公共区域6（园区或景观）</td><td>合格</td></tr>
<tr><td colspan="2">公共区域7（园区或景观）</td><td>合格</td></tr>
<tr><td>2</td><td colspan="3">检查手动开关功能</td><td>符合设计</td></tr>
<tr><td></td><td colspan="3"></td><td></td><td></td></tr>
<tr><td></td><td colspan="3"></td><td></td><td></td></tr>
<tr><td></td><td colspan="3"></td><td></td><td></td></tr>
<tr><td></td><td colspan="3"></td><td></td><td></td></tr>
<tr><td></td><td colspan="3"></td><td></td><td></td></tr>
<tr><td></td><td colspan="3"></td><td></td><td></td></tr>
<tr><td></td><td colspan="3"></td><td></td><td></td></tr>
<tr><td></td><td colspan="3"></td><td></td><td></td></tr>
<tr><td colspan="6">检测结论：经检测以上内容均符合设计和技术文件中的指标要求，安装质量符合设计和质量验收规范规定</td></tr>
</table>

<table>
<tr><td rowspan="3">签字栏</td><td rowspan="2">施工单位</td><td rowspan="2">×××建筑公司</td><td>技术负责人</td><td>专业质检员</td><td>检测人</td></tr>
<tr><td>×××</td><td>×××</td><td>×××</td></tr>
<tr><td>监理（建设）单位</td><td colspan="2">×××监理公司</td><td>专业工程师</td><td>×××</td></tr>
</table>

注：本表由施工单位填写。

建筑设备监控系统 空调与通风系统自检测记录 表 C6-53			资料编号	
工程名称		××工程	检测时间	200×年×月×日
部　　位		一层设备房		
检　测　内　容			检测记录	备注
1	空调系统温度控制	控制稳定性	合格	抽检设备合格率100%时系统检测合格
		响应时间	合格	
		控制效果	合格	
2	空调系统相对温度控制	控制稳定性	合格	
		响应时间	合格	
		控制效果	合格	
3	新风量自动控制	控制稳定性	合格	
		响应时间	合格	
		控制效果	合格	
4	预定时间表自动启停	控制稳定性	合格	
		响应时间	合格	
		控制效果	合格	
5	节能优化控制	控制稳定性	合格	
		响应时间	合格	
		控制效果	合格	
6	设备连锁控制	正确性	合格	
		实时性	合格	
7	故障报警	正确性	合格	
		实时性	合格	

检测结论：经检测以上内容均符合设计和技术文件中的指标要求，安装质量符合设计和质量验收规范规定。

签字栏	施工单位	×××建筑公司	技术负责人	专业质检员	检测人
			×××	×××	×××
	监理（建设）单位	×××监理公司		专业工程师	×××

注：本表由施工单位填写。

<table>
<tr><td colspan="3">建筑设备监控系统
冷冻和冷却水系统自检测记录
表C6-54</td><td>资料编号</td><td></td></tr>
<tr><td colspan="2">工程名称</td><td>××工程</td><td>检测时间</td><td>200×年×月×日</td></tr>
<tr><td colspan="2">部　位</td><td colspan="3">冷冻和冷却水系统</td></tr>
<tr><td colspan="3">检　测　内　容</td><td>检测记录</td><td>备注</td></tr>
<tr><td rowspan="6">1</td><td rowspan="6">冷冻水系统</td><td>参数检测</td><td>合格</td><td rowspan="6">各系统满足设计要求时为检测合格</td></tr>
<tr><td>系统负荷调节</td><td>合格</td></tr>
<tr><td>预定时间表启停</td><td>合格</td></tr>
<tr><td>节能优化控制</td><td>合格</td></tr>
<tr><td>故障检测记录与报警</td><td>合格</td></tr>
<tr><td>设备运行联动</td><td>合格</td></tr>
<tr><td rowspan="6">2</td><td rowspan="6">冷却水系统</td><td>参数检测</td><td>合格</td><td rowspan="6">各系统满足设计要求时为检测合格</td></tr>
<tr><td>系统负荷调节</td><td>合格</td></tr>
<tr><td>预定时间表启停</td><td>合格</td></tr>
<tr><td>节能优化控制</td><td>合格</td></tr>
<tr><td>故障检测记录与报警</td><td>合格</td></tr>
<tr><td>设备运行联动</td><td>合格</td></tr>
<tr><td>3</td><td colspan="2">能耗计量与统计</td><td>合格</td><td>满足设计要求为合格</td></tr>
<tr><td></td><td></td><td></td><td></td><td></td></tr>
<tr><td></td><td></td><td></td><td></td><td></td></tr>
<tr><td></td><td></td><td></td><td></td><td></td></tr>
<tr><td></td><td></td><td></td><td></td><td></td></tr>
<tr><td colspan="5">检测结论：经检测以上内容均符合设计和技术文件中的指标要求，安装质量符合设计和质量验收规范规定。</td></tr>
</table>

<table>
<tr><td rowspan="3">签字栏</td><td rowspan="2">施工单位</td><td rowspan="2">×××建筑公司</td><td>技术负责人</td><td>专业质检员</td><td>检测人</td></tr>
<tr><td>×××</td><td>×××</td><td>×××</td></tr>
<tr><td>监理（建设）单位</td><td colspan="2">×××监理公司</td><td>专业工程师</td><td>×××</td></tr>
</table>

注：本表由施工单位填写。

建筑设备监控系统 热源和热交换系统自检测记录 表 C6-55			资料编号	
工程名称	××工程		检测时间	200×年×月×日
部　位	系统设备间			
检　测　内　容			检测记录	备注
1	热源系统	参数检测	合格	系统合格率为100%时为检测合格
		系统负荷调节	合格	
		预定时间表启停	合格	
		节能优化控制	合格	
		故障检测记录与报警	合格	
2	热交换系统	参数检测	合格	同上
		系统负荷调节	合格	
		预定时间表启停	合格	
		节能优化控制	合格	
		故障检测记录与报警	合格	
3	能耗计量与统计		合格	满足设计要求时为合格

检测结论：经检测以上内容均符合设计和技术文件中的指标要求，安装质量符合设计和质量验收规范规定。

签字栏	施工单位	×××建筑公司	技术负责人	专业质检员	检测人
			×××	×××	×××
	监理（建设）单位	×××监理公司		专业工程师	×××

注：本表由施工单位填写。

<table>
<tr><td colspan="3">建筑设备监控系统
数据通信接口系统自检测记录
表 C6-56</td><td>资料编号</td><td></td></tr>
<tr><td colspan="2">工程名称</td><td>××工程</td><td>检测时间</td><td>200×年×月×日</td></tr>
<tr><td colspan="2">部　　位</td><td colspan="3">系统控制室</td></tr>
<tr><td colspan="3">检　测　内　容</td><td>检测记录</td><td>备注</td></tr>
<tr><td rowspan="3">1</td><td rowspan="3">子系统 1</td><td>工作状态参数</td><td>合格</td><td rowspan="12">1. 各子系统通信接口，在工作站检测子系统运行参数，核实实际状态；
2. 数据通信接口应按 GB 50339 第 3.2.7 条规定检测，检测合格率 100%时为检测合格</td></tr>
<tr><td>报警信息</td><td>合格</td></tr>
<tr><td>控制命令响应</td><td>合格</td></tr>
<tr><td rowspan="3">2</td><td rowspan="3">子系统 2</td><td>工作状态参数</td><td>合格</td></tr>
<tr><td>报警信息</td><td>合格</td></tr>
<tr><td>控制命令响应</td><td>合格</td></tr>
<tr><td rowspan="3">3</td><td rowspan="3">子系统 3</td><td>工作状态参数</td><td>合格</td></tr>
<tr><td>报警信息</td><td>合格</td></tr>
<tr><td>控制命令响应</td><td>合格</td></tr>
<tr><td rowspan="3">4</td><td rowspan="3">子系统 4</td><td>工作状态参数</td><td>合格</td></tr>
<tr><td>报警信息</td><td>合格</td></tr>
<tr><td>控制命令响应</td><td>合格</td></tr>
<tr><td></td><td></td><td></td><td></td><td></td></tr>
<tr><td></td><td></td><td></td><td></td><td></td></tr>
<tr><td></td><td></td><td></td><td></td><td></td></tr>
<tr><td></td><td></td><td></td><td></td><td></td></tr>
<tr><td colspan="5">检测结论：经检测以上内容均符合设计和技术文件中的指标要求，安装质量符合设计和质量验收规范规定。</td></tr>
</table>

<table>
<tr><td rowspan="3">签字栏</td><td rowspan="2">施工单位</td><td rowspan="2">×××建筑公司</td><td>技术负责人</td><td>专业质检员</td><td>检测人</td></tr>
<tr><td>×××</td><td>×××</td><td>×××</td></tr>
<tr><td>监理（建设）单位</td><td colspan="2">×××监理公司</td><td>专业工程师</td><td>×××</td></tr>
</table>

注：本表由施工单位填写。

<table>
<tr><td colspan="3">建筑设备监控系统
系统实时性、可维护性、可靠性自检测记录
表 C6-57</td><td>资料编号</td><td colspan="2"></td></tr>
<tr><td colspan="2">工程名称</td><td>××工程</td><td>检测时间</td><td colspan="2">200×年×月×日</td></tr>
<tr><td colspan="2">部　位</td><td colspan="4">监控设备全系统</td></tr>
<tr><td colspan="3">检　测　内　容</td><td>检测记录</td><td colspan="2">备注</td></tr>
<tr><td>1</td><td colspan="2">关键数据采样速度</td><td>合格（95%）</td><td colspan="2" rowspan="2">检测合格率达 90% 为合格</td></tr>
<tr><td>2</td><td colspan="2">系统响应时间</td><td>合格</td></tr>
<tr><td>3</td><td colspan="2">报警信号响应速度</td><td>合格</td><td colspan="2">检测合格率 100% 为合格</td></tr>
<tr><td>4</td><td colspan="2">应用软件在线编程和修改功能</td><td>合格</td><td colspan="2" rowspan="6">对相应功能进行验证，功能得到验证或工作正常时为合格</td></tr>
<tr><td>5</td><td colspan="2">设备故障自检测</td><td>合格</td></tr>
<tr><td>6</td><td colspan="2">网络通信故障自检测</td><td>合格</td></tr>
<tr><td>7</td><td colspan="2">系统可靠性：启停设备时</td><td>合格</td></tr>
<tr><td>8</td><td colspan="2">电源切换为 UPS 供电时</td><td>合格</td></tr>
<tr><td>9</td><td colspan="2">中央站冗余主机自动投入时</td><td>合格</td></tr>
<tr><td></td><td colspan="2"></td><td></td><td colspan="2"></td></tr>
<tr><td></td><td colspan="2"></td><td></td><td colspan="2"></td></tr>
<tr><td></td><td colspan="2"></td><td></td><td colspan="2"></td></tr>
<tr><td></td><td colspan="2"></td><td></td><td colspan="2"></td></tr>
<tr><td></td><td colspan="2"></td><td></td><td colspan="2"></td></tr>
<tr><td></td><td colspan="2"></td><td></td><td colspan="2"></td></tr>
<tr><td></td><td colspan="2"></td><td></td><td colspan="2"></td></tr>
<tr><td colspan="6">检测结论：经检测以上内容均符合设计和技术文件中的指标要求，安装质量符合设计和质量验收规范规定。</td></tr>
<tr><td rowspan="3">签字栏</td><td rowspan="2">施工单位</td><td rowspan="2">×××建筑公司</td><td>技术负责人</td><td>专业质检员</td><td>检测人</td></tr>
<tr><td>×××</td><td>×××</td><td>×××</td></tr>
<tr><td>监理（建设）单位</td><td colspan="2">×××监理公司</td><td>专业工程师</td><td>×××</td></tr>
</table>

注：本表由施工单位填写。

建筑设备监控系统 中央管理工作站及操作分站自记录 表C6-58		资料编号	
工程名称	××工程	检测时间	200×年×月×日
部　　位	设备监控系统中央管理站		
检 测 内 容		检测记录	备注
1	数据测量显示	合格	全部项目满足设计要求时为检测合格
2	设备运行状态显示	合格	
3	报警信息显示	合格	
4	报警信息存储统计和打印	合格	
5	设备控制和管理	合格	
6	数据存储和统计	合格	
7	历史数据趋势图	合格	
8	数据报表生成和打印	合格	
9	人机界面	合格	
10	操作权限设定	合格	
检测结论：经检测以上内容均符合设计和技术文件中的指标要求，安装质量符合设计和质量验收规范规定。			

签字栏	施工单位	×××建筑公司	技术负责人	专业质检员	检测人
			×××	×××	×××
	监理（建设）单位	×××监理公司		专业工程师	×××

注：本表由施工单位填写。

<table>
<tr><td colspan="4">火灾自动报警及消防联动系统自检测记录
表 C6-59</td><td>资料编号</td><td></td></tr>
<tr><td colspan="2">工程名称</td><td colspan="2">××工程</td><td>检测时间</td><td>200×年×月×日</td></tr>
<tr><td colspan="2">部　　位</td><td colspan="4">设备监控系统消防监控机房</td></tr>
<tr><td colspan="4">检　测　内　容</td><td>检测记录</td><td>备注</td></tr>
<tr><td rowspan="2">1</td><td rowspan="2">系统检测</td><td colspan="2">执行 GB 50166</td><td>合格</td><td rowspan="2">系统检测执行 GB 50166 规定，使用 GB 50166 的附录表格</td></tr>
<tr><td colspan="2">系统应为独立系统</td><td>合格</td></tr>
<tr><td>2</td><td>系统联动</td><td colspan="2">与其他系统联动</td><td>合格</td><td>满足设计要求为检测合格</td></tr>
<tr><td>3</td><td colspan="3">系统电磁兼容性防护</td><td>合格</td><td></td></tr>
<tr><td rowspan="2">4</td><td rowspan="2">火灾报警控制器人机界面</td><td colspan="2">汉化图形界面</td><td>合格</td><td rowspan="2">符合设计要求为检测合格</td></tr>
<tr><td colspan="2">中文屏幕菜单</td><td>合格</td></tr>
<tr><td rowspan="2">5</td><td rowspan="2">接口通信功能</td><td colspan="2">消防控制室与建筑设备监控系统</td><td>合格</td><td rowspan="2">符合设计要求为检测合格</td></tr>
<tr><td colspan="2">消防控制室与安全防范系统</td><td>合格</td></tr>
<tr><td rowspan="2">6</td><td rowspan="2">系统关联功能</td><td colspan="2">公共广播与紧急广播共用</td><td>合格</td><td rowspan="2">符合 GB 50166 有关规定符合设计要求为检测合格</td></tr>
<tr><td colspan="2">安全防范子系统对火灾响应与操作</td><td>合格</td></tr>
<tr><td rowspan="2">7</td><td rowspan="2">火灾探测器性能及安装状况</td><td colspan="2">智能性</td><td>合格</td><td rowspan="2">符合设计要求为检测合格</td></tr>
<tr><td colspan="2">普通性</td><td>合格</td></tr>
<tr><td rowspan="4">8</td><td rowspan="4">新型消防设施设置及功能</td><td colspan="2">早期烟雾探测</td><td>合格</td><td rowspan="4">符合设计要求为检测合格</td></tr>
<tr><td colspan="2">大空间早期检测</td><td>合格</td></tr>
<tr><td colspan="2">大空间红外图像矩阵火灾报警及灭火</td><td>合格</td></tr>
<tr><td colspan="2">可燃气体泄漏报警及联动</td><td>合格</td></tr>
<tr><td>9</td><td>消防控制室</td><td colspan="2">控制室与其他系统合用时要求</td><td>合格</td><td>符合 GB 50166、GB 50314 的有关规定</td></tr>
<tr><td></td><td></td><td colspan="2"></td><td></td><td></td></tr>
<tr><td colspan="6">检测结论：经检测以上内容均符合设计和技术文件中的指标要求，安装质量符合设计和质量验收规范规定。</td></tr>
<tr><td rowspan="3">签字栏</td><td rowspan="2">施工单位</td><td rowspan="2">×××建筑公司</td><td>技术负责人</td><td>专业质检员</td><td>检测人</td></tr>
<tr><td>×××</td><td>×××</td><td>×××</td></tr>
<tr><td>监理（建设）单位</td><td colspan="2">×××监理公司</td><td>专业工程师</td><td>×××</td></tr>
</table>

注：本表由施工单位填写。

安全防范系统 安全防范综合管理系统自检测记录 表C6-60				资料编号	
工程名称		××工程		检测时间	200×年×月×日
部　位		设备监控系统安全防范监控室			
检　测　内　容				检测记录	备注
1	数据通信接口	对子系统工作状态观测并核实		合格	各项系统功能和软件功能检测合格率100%时系统检测合格
		对各子系统报警信息观测并核实		合格	
		发送命令时子系统响应情况		合格	
2	综合管理系统	正确显示子系统工作状态		合格	
		对各类报警信息显示、记录、统计情况		合格	
		数据报表打印		合格	
		报警打印		合格	
		操作方便性		合格	
		人机界面友好、汉化、图形化		合格	
		对子系统的控制功能		合格	

检测结论：经检测以上内容均符合设计和技术文件中的指标要求，安装质量符合设计和质量验收规范规定。

签字栏	施工单位	×××建筑公司	技术负责人	专业质检员	检测人
			×××	×××	×××
	监理（建设）单位	×××监理公司		专业工程师	×××

注：本表由施工单位填写。

安全防范系统 出入口控制（门禁）系统自检测记录 表 C6-61			资料编号	
工程名称		××工程	检测时间	200×年×月×日
部　位		地下车库和1#楼门禁系统		
检　测　内　容			检测记录	备注
1	控制器独立工作时	准确性	合格	控制器，合格率100%为合格；各项系统功能和软件功能检测合格率100%时系统检测合格
		实时性	合格	
		信息存储	合格	
2	系统主机接入时	控制器工作情况	合格	
		信息传输功能	合格	
3	备用电源启动	准确性	合格	
		实时性	合格	
		信息的存储和恢复	合格	
4	系统报警功能	非法强行入侵报警	合格	
5	现场设备状态	接入率	合格	
		完好率	合格	
6	出入口管理系统	软件功能	合格	
		数据存储记录	合格	
7	系统性能要求	实时性	合格	
		稳定性	合格	
		图形化界面	合格	
8	系统安全性	分级授权	合格	
		操作信息记录	合格	
9	软件综合评审	需求一致性	合格	
		文档资料标准化	合格	
10	联动功能	是否符合设计要求	合格	
检测结论：经检测以上内容均符合设计和技术文件中的指标要求，安装质量符合设计和质量验收规范规定。				

签字栏	施工单位	×××建筑公司	技术负责人	专业质检员	检测人
			×××	×××	×××
	监理（建设）单位	×××监理公司		专业工程师	×××

注：本表由施工单位填写。

<table>
<tr><td colspan="3">安全防范系统
入侵报警系统自检测记录
表 C6-62</td><td>资料编号</td><td></td></tr>
<tr><td colspan="2">工程名称</td><td>××工程</td><td>检测时间</td><td>200×年×月×日</td></tr>
<tr><td colspan="2">部　位</td><td colspan="3">设备监控系统3#楼住宅</td></tr>
<tr><td colspan="3">检　测　内　容</td><td>检测记录</td><td>备注</td></tr>
<tr><td rowspan="2">1</td><td rowspan="2">探测器设置</td><td>探测器盲区</td><td>合格</td><td rowspan="17">探测器检测合格率为100%时为合格；各项系统功能和联动功能检测合格率为100%时系统检测合格</td></tr>
<tr><td>防动物功能</td><td>合格</td></tr>
<tr><td rowspan="3">2</td><td rowspan="3">探测器防破坏功能</td><td>防拆报警</td><td>合格</td></tr>
<tr><td>信号线开路、短路报警</td><td>合格</td></tr>
<tr><td>电源线被剪报警</td><td>合格</td></tr>
<tr><td>3</td><td>探测器灵敏度</td><td>是否符合设计要求</td><td>合格</td></tr>
<tr><td rowspan="4">4</td><td rowspan="4">系统控制功能</td><td>系统撤防</td><td>合格</td></tr>
<tr><td>系统布防</td><td>合格</td></tr>
<tr><td>关机报警</td><td>合格</td></tr>
<tr><td>后备电源自动切换</td><td>合格</td></tr>
<tr><td rowspan="2">5</td><td rowspan="2">系统通信功能</td><td>报警信息传输</td><td>合格</td></tr>
<tr><td>报警响应</td><td>合格</td></tr>
<tr><td rowspan="2">6</td><td rowspan="2">现场设备</td><td>接入率</td><td>合格</td></tr>
<tr><td>完好率</td><td>合格</td></tr>
<tr><td>7</td><td colspan="2">系统联动功能</td><td>合格</td></tr>
<tr><td>8</td><td colspan="2">报警系统管理软件</td><td>合格</td></tr>
<tr><td>9</td><td colspan="2">报警事件数据存储</td><td>合格</td></tr>
<tr><td>10</td><td colspan="2">报警信号联网</td><td>合格</td></tr>
<tr><td colspan="5">检测结论：经检测以上内容均符合设计和技术文件指标中的要求，安装质量符合验收规范规定。</td></tr>
</table>

<table>
<tr><td rowspan="3">签字栏</td><td rowspan="2">施工单位</td><td rowspan="2">×××建筑公司</td><td>技术负责人</td><td>专业质检员</td><td>检测人</td></tr>
<tr><td>×××</td><td>×××</td><td>×××</td></tr>
<tr><td>监理（建设）单位</td><td colspan="2">×××监理公司</td><td>专业工程师</td><td>×××</td></tr>
</table>

注：本表由施工单位填写。

安全防范系统 视频安防监控系统自检测记录 表 C6-63				资料编号	
工程名称		××工程		检测时间	200×年×月×日
部　　位		设备监控系统 3＃楼走廊及过道			
检　测　内　容				检测记录	备注
1	设备功能	云台转动		合格	设备检测合格率为100%时为合格；各项系统功能和联动功能检测合格率为100%时系统检测合格
		镜头调节		合格	
		图像切换		合格	
		防护罩效果		合格	
2	图像质量	图像清晰度		合格	
		抗干扰能力			
3	系统功能	监控范围		合格	
		设备接入率		合格	
		矩阵主机	切换控制	合格	
			编程	合格	
			巡检	合格	
			记录	合格	
		数字视频	主机死机	合格	
			显示速度	合格	
			联网通信	合格	
			存储速度	合格	
			检索	合格	
			回放	合格	
4	联动功能			合格	
5	图像记录保存时间				

检测结论：经检测以上内容均符合设计和技术文件指标中的要求，安装质量符合验收规范规定。

签字栏					
施工单位	×××建筑公司	技术负责人	专业质检员	检测人
		×××	×××	×××
监理（建设）单位	×××监理公司		专业工程师	×××

注：本表由施工单位填写。

<table>
<tr><td colspan="3">安全防范系统
停车场（库）管理系统自检测记录
表C6-64</td><td>资料编号</td><td></td></tr>
<tr><td colspan="2">工程名称</td><td>××工程</td><td>检测时间</td><td>200×年×月×日</td></tr>
<tr><td colspan="2">部　　位</td><td colspan="3">3#楼地下停车场管理系统</td></tr>
<tr><td colspan="3">检　测　内　容</td><td>检测记录</td><td>备注</td></tr>
<tr><td rowspan="2">1</td><td rowspan="2">车辆探测器</td><td>出入车辆灵敏度</td><td>合格</td><td rowspan="21">各项系统功能和软件功能检测合格率为100%时为合格；其中车辆识别系统对车辆识别率为98%时为合格</td></tr>
<tr><td>抗干扰性能</td><td>合格</td></tr>
<tr><td rowspan="2">2</td><td rowspan="2">自动栅栏</td><td>升降功能</td><td>合格</td></tr>
<tr><td>防砸车功能</td><td>合格</td></tr>
<tr><td rowspan="2">3</td><td rowspan="2">读卡器</td><td>无效卡识别</td><td>合格</td></tr>
<tr><td>非接触卡读卡距离和灵敏度</td><td>合格</td></tr>
<tr><td rowspan="2">4</td><td rowspan="2">发卡（票）器</td><td>吐卡功能</td><td>合格</td></tr>
<tr><td>入场日期及时间记录</td><td>合格</td></tr>
<tr><td>5</td><td>满位显示器</td><td>功能是否正常</td><td>合格</td></tr>
<tr><td rowspan="9">6</td><td rowspan="9">管理中心</td><td>计费</td><td>合格</td></tr>
<tr><td>显示</td><td>合格</td></tr>
<tr><td>收费</td><td>合格</td></tr>
<tr><td>统计</td><td>合格</td></tr>
<tr><td>信息存储记录</td><td>合格</td></tr>
<tr><td>与监控站通信</td><td>合格</td></tr>
<tr><td>防折返</td><td>合格</td></tr>
<tr><td>空车位显示</td><td>合格</td></tr>
<tr><td>数据记录</td><td>合格</td></tr>
<tr><td>7</td><td>有图像功能的管理系统</td><td>图像记录清晰度</td><td></td></tr>
<tr><td>8</td><td>联动功能</td><td></td><td>合格</td></tr>
<tr><td colspan="5">检测结论：经检测以上内容均符合设计和技术文件指标中的要求，安装质量符合验收规范规定。</td></tr>
</table>

<table>
<tr><td rowspan="3">签字栏</td><td rowspan="2">施工单位</td><td rowspan="2">×××建筑公司</td><td>技术负责人</td><td>专业质检员</td><td>检测人</td></tr>
<tr><td>×××</td><td>×××</td><td>×××</td></tr>
<tr><td>监理（建设）单位</td><td colspan="2">×××监理公司</td><td>专业工程师</td><td>×××</td></tr>
</table>

注：本表由施工单位填写。

<table>
<tr><td colspan="4">安全防范系统
巡更管理系统自检测记录
表 C6-65</td><td>资料编号</td><td></td></tr>
<tr><td colspan="2">工程名称</td><td colspan="2">××工程</td><td>检测时间</td><td>200×年×月×日</td></tr>
<tr><td colspan="2">部　　位</td><td colspan="4">3＃楼安全防范系统机房</td></tr>
<tr><td colspan="4">检　测　内　容</td><td>检测记录</td><td>备注</td></tr>
<tr><td rowspan="2">1</td><td rowspan="2">系统设备功能</td><td colspan="2">巡更终端</td><td>合格</td><td rowspan="16">巡更终端、读卡器检测合格率为 100% 时为合格；各项系统功能和软件功能检测合格率为 100% 时为合格</td></tr>
<tr><td colspan="2">读卡器</td><td>合格</td></tr>
<tr><td rowspan="2">2</td><td rowspan="2">现场设备</td><td colspan="2">接入率</td><td>合格</td></tr>
<tr><td colspan="2">完好率</td><td>合格</td></tr>
<tr><td rowspan="8">3</td><td rowspan="8">巡更管理系统</td><td colspan="2">编程、修改功能</td><td>合格</td></tr>
<tr><td colspan="2">撤防、布防功能</td><td>合格</td></tr>
<tr><td colspan="2">系统运行状态</td><td>正常</td></tr>
<tr><td colspan="2">信息传输</td><td>合格</td></tr>
<tr><td colspan="2">故障报警及准确性</td><td>合格</td></tr>
<tr><td colspan="2">对巡更人员的监督和记录</td><td>合格</td></tr>
<tr><td colspan="2">安全保障措施</td><td>合格</td></tr>
<tr><td colspan="2">报警处理手段</td><td>合格</td></tr>
<tr><td rowspan="2">4</td><td rowspan="2">联网巡更
管理系统</td><td colspan="2">电子地图显示</td><td>合格</td></tr>
<tr><td colspan="2">报警信号指示</td><td>合格</td></tr>
<tr><td>5</td><td colspan="3">联动功能</td><td>合格</td></tr>
<tr><td></td><td colspan="3"></td><td></td></tr>
<tr><td colspan="6">检测结论：经检测以上内容均符合设计和技术文件指标中的要求，安装质量符合验收规范规定。</td></tr>
</table>

<table>
<tr><td rowspan="3">签字栏</td><td rowspan="2">施工单位</td><td rowspan="2">×××建筑公司</td><td>技术负责人</td><td>专业质检员</td><td>检测人</td></tr>
<tr><td>×××</td><td>×××</td><td>×××</td></tr>
<tr><td>监理（建设）单位</td><td colspan="2">×××监理公司</td><td>专业工程师</td><td>×××</td></tr>
</table>

注：本表由施工单位填写。

<table>
<tr><td colspan="3">安全防范系统
综合防范功能自检测记录
表 C6-66</td><td>资料编号</td><td></td></tr>
<tr><td colspan="2">工程名称</td><td>××工程</td><td>检测时间</td><td>200×年×月×日</td></tr>
<tr><td colspan="2">部　　位</td><td colspan="3">3＃楼地监控系统综合机房</td></tr>
<tr><td colspan="3">检　测　内　容</td><td>检测记录</td><td>备注</td></tr>
<tr><td rowspan="2">1</td><td rowspan="2">防范范围</td><td>设防情况</td><td>合格</td><td rowspan="16">综合防范功能符合设计要求时为检测合格</td></tr>
<tr><td>防范功能</td><td>合格</td></tr>
<tr><td rowspan="2">2</td><td rowspan="2">重点防范部位</td><td>设防情况</td><td>合格</td></tr>
<tr><td>防范功能</td><td>合格</td></tr>
<tr><td rowspan="2">3</td><td rowspan="2">要害部门</td><td>设防情况</td><td>合格</td></tr>
<tr><td>防范功能</td><td>合格</td></tr>
<tr><td>4</td><td colspan="2">设备运行情况</td><td>合格</td></tr>
<tr><td>5</td><td colspan="2">防范子系统之间的联动</td><td>合格</td></tr>
<tr><td rowspan="2">6</td><td rowspan="2">监控中心图像记录</td><td>图像质量</td><td>合格</td></tr>
<tr><td>保存时间</td><td>符合设计</td></tr>
<tr><td rowspan="2">7</td><td rowspan="2">监控中心报警记录</td><td>完整性</td><td>合格</td></tr>
<tr><td>保存时间</td><td>符合设计</td></tr>
<tr><td rowspan="3">8</td><td rowspan="3">系统集成</td><td>系统接口</td><td>合格</td></tr>
<tr><td>通信功能</td><td>合格</td></tr>
<tr><td>信息传输</td><td>合格</td></tr>
<tr><td></td><td></td><td></td><td></td></tr>
<tr><td colspan="5">检测结论：经检测以上内容均符合设计和技术文件中的各项指标中的要求，安装质量符合验收规范规定。</td></tr>
</table>

<table>
<tr><td rowspan="3">签字栏</td><td rowspan="2">施工单位</td><td rowspan="2">×××建筑公司</td><td>技术负责人</td><td>专业质检员</td><td>检测人</td></tr>
<tr><td>×××</td><td>×××</td><td>×××</td></tr>
<tr><td>监理（建设）单位</td><td colspan="2">×××监理公司</td><td>专业工程师</td><td>×××</td></tr>
</table>

注：本表由施工单位填写。

综合布线系统性能自检测记录 表 C6-67			资料编号	
工程名称	××工程		检测时间	200×年×月×日
部　　位	8#设备间配线设备房			
检　测　内　容			检测记录	备注
1	工程电气性能检测	连接图	正常	执行 GB/T 50312 8.0.2 条的规定
		长度	＜90	
		衰减	合格	
		近端串音（两段）	合格	
		其他特殊规定的测试内容	符合设计	
2	光纤特性检测	连通性	合格	
		衰减	合格	
		长度	＜90	
3	综合布线管理系统		合格	执行 GB/T 50312 3.2.6 条的规定
4	中文平台管理软件		合格	
5	硬件设备图		合格	
6	楼层图		合格	
7	干线子系统及配线子系统配置		符合设计	
8	硬件设施工作状态		合格	

检测结论：经检测以上内容均符合设计和技术文件指标中的要求，安装质量符合验收规范规定。

签字栏					
施工单位	×××建筑公司	技术负责人	专业质检员	检测人
		×××	×××	×××
监理（建设）单位	×××监理公司		专业工程师	

注：本表由施工单位填写。

智能化集成系统 系统集成可维护性和安全性自检测记录 表 C6-68			资料编号	
工程名称		××工程	检测时间	200×年×月×日
部　　位		3＃楼设备监控机房		
检　测　内　容			检测记录	备注
1	系统可靠性维护	可靠性维护说明及措施	合格	执行 GB 50339 第10.3.13条、第10.3.14条、第10.3.15条的规定。符合设计要求的为合格
		设定系统故障检查	合格	
2	系统集成安全性	身份认证	合格	
		访问控制	合格	
		信息加密和解密	合格	
		抗病毒攻击能力	合格	
3	工程实施及质量控制记录	真实性	合格	
		准确性	合格	
		完整性	合格	

检测结论：经检测以上内容均符合设计以及技术资料中的各项指标，安装符合质量验收规范规定。

签字栏	施工单位	×××建筑公司	技术负责人	专业质检员	施工员
			×××	×××	×××
	监理（建设）单位	×××监理公司		专业工程师	×××

注：本表由施工单位填写。

<table>
<tr><td colspan="3">智能化集成系统
系统集成网络连接自检测记录
表 C6-69</td><td>资料编号</td><td></td></tr>
<tr><td colspan="2">工程名称</td><td>××工程</td><td>检测时间</td><td>200×年×月×日</td></tr>
<tr><td colspan="2">部　位</td><td colspan="3">3＃楼设备机房监控系统</td></tr>
<tr><td colspan="3">检　测　内　容</td><td>检测记录</td><td>备注</td></tr>
<tr><td>1</td><td colspan="2">连接线测试</td><td>合格</td><td rowspan="8">执行 GB 50339 第 10.3.6 条的规定
检测合格率 100% 时系统检测合格</td></tr>
<tr><td>2</td><td colspan="2">通信连接测试</td><td>合格</td></tr>
<tr><td>3</td><td colspan="2">专用网关接口连接测试</td><td>合格</td></tr>
<tr><td>4</td><td colspan="2">计算机网卡连接测试</td><td>合格</td></tr>
<tr><td>5</td><td colspan="2">通用路由器连接测试</td><td>合格</td></tr>
<tr><td>6</td><td colspan="2">交换机连接测试</td><td>合格</td></tr>
<tr><td>7</td><td colspan="2">系统连通性测试</td><td>合格</td></tr>
<tr><td>8</td><td colspan="2">网管工作站和网络设备通信测试</td><td>合格</td></tr>
<tr><td></td><td colspan="2"></td><td></td><td></td></tr>
<tr><td></td><td colspan="2"></td><td></td><td></td></tr>
<tr><td></td><td colspan="2"></td><td></td><td></td></tr>
<tr><td></td><td colspan="2"></td><td></td><td></td></tr>
<tr><td></td><td colspan="2"></td><td></td><td></td></tr>
<tr><td></td><td colspan="2"></td><td></td><td></td></tr>
<tr><td></td><td colspan="2"></td><td></td><td></td></tr>
<tr><td></td><td colspan="2"></td><td></td><td></td></tr>
<tr><td></td><td colspan="2"></td><td></td><td></td></tr>
<tr><td></td><td colspan="2"></td><td></td><td></td></tr>
<tr><td colspan="5">检测结论：经检测以上内容均符合设计以及技术资料中的各项指标，安装符合质量验收规范规定。</td></tr>
</table>

<table>
<tr><td rowspan="3">签字栏</td><td rowspan="2">施工单位</td><td rowspan="2">×××建筑公司</td><td>技术负责人</td><td>专业质检员</td><td>施工员</td></tr>
<tr><td>×××</td><td>×××</td><td>×××</td></tr>
<tr><td>监理（建设）单位</td><td colspan="2">×××监理公司</td><td>专业工程师</td><td>×××</td></tr>
</table>

注：本表由施工单位填写。

<table>
<tr><td colspan="4">智能化集成系统
系统集成综合管理及冗余功能自检测记录
表C6-70</td><td>资料编号</td><td></td></tr>
<tr><td colspan="2">工程名称</td><td colspan="2">××工程</td><td>检测时间</td><td>200×年×月×日</td></tr>
<tr><td colspan="2">部　　位</td><td colspan="4">3＃楼设备监控机房监控系统</td></tr>
<tr><td colspan="4">检　测　内　容</td><td>检测记录</td><td>备注</td></tr>
<tr><td>1</td><td colspan="3">综合管理功能</td><td>符合设计</td><td rowspan="15">执行 GB 50339 第10.3.9条、第10.3.10条、第10.3.11条、第10.3.12条的规定</td></tr>
<tr><td>2</td><td colspan="3">信息管理功能</td><td>合格</td></tr>
<tr><td>3</td><td colspan="3">信息服务功能</td><td>合格</td></tr>
<tr><td rowspan="3">4</td><td rowspan="3">视频图像接入时</td><td colspan="2">图像显示</td><td>合格</td></tr>
<tr><td colspan="2">图像切换</td><td>合格</td></tr>
<tr><td colspan="2">图像传输</td><td>合格</td></tr>
<tr><td rowspan="6">5</td><td rowspan="6">系统冗余和容错功能</td><td colspan="2">双机备份及切换</td><td>合格</td></tr>
<tr><td colspan="2">数据库备份</td><td>合格</td></tr>
<tr><td colspan="2">备用电源及切换</td><td>合格</td></tr>
<tr><td colspan="2">通信链路冗余及切换</td><td>合格</td></tr>
<tr><td colspan="2">故障自诊断</td><td>合格</td></tr>
<tr><td colspan="2">事故条件下的安全保障措施</td><td>合格</td></tr>
<tr><td>6</td><td colspan="3">与火灾自动报警系统相关性</td><td>合格</td></tr>
<tr><td></td><td colspan="3"></td><td></td></tr>
<tr><td></td><td colspan="3"></td><td></td></tr>
<tr><td colspan="6">检测结论：经检测以上内容均符合设计以及技术资料中的各项指标，安装符合质量验收规范规定。</td></tr>
</table>

<table>
<tr><td rowspan="3">签字栏</td><td rowspan="2">施工单位</td><td rowspan="2">×××建筑公司</td><td>技术负责人</td><td>专业质检员</td><td>施工员</td></tr>
<tr><td>×××</td><td>×××</td><td>×××</td></tr>
<tr><td>监理（建设）单位</td><td colspan="2">×××监理公司</td><td>专业工程师</td><td>×××</td></tr>
</table>

注：本表由施工单位填写。

<table>
<tr><td colspan="3">智能化集成系统
系统数据集成及整体协调自检测记录
表 C6-71</td><td>资料编号</td><td></td></tr>
<tr><td colspan="2">工程名称</td><td>××工程</td><td>检测时间</td><td>200×年×月×日</td></tr>
<tr><td colspan="2">部　　位</td><td colspan="3">3＃楼设备监控机房 1＃楼 101 户</td></tr>
<tr><td colspan="3">检　测　内　容</td><td>检测记录</td><td>备注</td></tr>
<tr><td rowspan="3">1</td><td rowspan="3">服务器端</td><td>人机界面</td><td>合格</td><td rowspan="9">执行 GB 50339 第 10.3.7 条的规定</td></tr>
<tr><td>显示数据</td><td>合格</td></tr>
<tr><td>响应时间</td><td>合格</td></tr>
<tr><td rowspan="3">2</td><td rowspan="3">客户端 1</td><td>人机界面</td><td>合格</td></tr>
<tr><td>显示数据</td><td>合格</td></tr>
<tr><td>响应时间</td><td>合格</td></tr>
<tr><td rowspan="3">3</td><td rowspan="3">客户端 2</td><td>人机界面</td><td>合格</td></tr>
<tr><td>显示数据</td><td>合格</td></tr>
<tr><td>响应时间</td><td>合格</td></tr>
<tr><td rowspan="2">4</td><td rowspan="2">系统的报警信息及处理</td><td>服务器端</td><td>合格</td><td rowspan="7">执行 GB 50339 第 10.3.8 条的规定</td></tr>
<tr><td>有权限的客户端</td><td>合格</td></tr>
<tr><td rowspan="2">5</td><td rowspan="2">设备连锁控制</td><td>服务器端</td><td>合格</td></tr>
<tr><td>有权限的客户端</td><td>合格</td></tr>
<tr><td rowspan="3">6</td><td rowspan="3">应急状态的联动逻辑检测</td><td>现场模拟火灾信号</td><td>合格</td></tr>
<tr><td>现场模拟非法侵入</td><td>合格</td></tr>
<tr><td>其他</td><td>合格</td></tr>
<tr><td colspan="5">检测结论：经检测以上内容均符合设计以及技术资料中的各项指标，安装符合质量验收规范规定。</td></tr>
</table>

<table>
<tr><td rowspan="3">签字栏</td><td rowspan="2">施工单位</td><td rowspan="2">×××建筑公司</td><td>技术负责人</td><td>专业质检员</td><td>施工员</td></tr>
<tr><td>×××</td><td>×××</td><td>×××</td></tr>
<tr><td>监理（建设）单位</td><td colspan="2">×××监理公司</td><td>专业工程师</td><td>×××</td></tr>
</table>

注：本表由施工单位填写。

电源与接地 防雷与接地系统自检测记录 表 C6-72			资料编号	
工程名称		××工程	检测时间	200×年×月×日
部　　位		配电室防雷接地系统		
检　测　内　容			检测记录	备注
1	防雷与接地系统引接 GB 50303 验收合格的共用接地装置		符合设计	执行 GB 50339 第 11.3.1 条
2	建筑物金属体作接地装置接地电阻不应大于 1Ω		符合设计	
3	采用单独接地装置	接地装置测试点的设置	合格	执行 GB 50303 第 24.1.1 条
		接地电阻值测试	合格	执行 GB 50303 第 24.1.2 条
		接地模块的埋没深度、间距和基坑尺寸	合格	执行 GB 50303 第 24.1.4 条
		接地模块设置应垂直或水平就位	合格	执行 GB 50303 第 24.1.5 条
4	其他接地装置	防过流、过压元件接地装置	合格	其他设置应符合设计要求，连接可靠
		防电磁干扰屏蔽接地装置	合格	
		防静电接地装置	合格	
5	等电位联结	建筑物等电位联结干线的连接及局部等电位箱间的连接	合格	执行 GB 50303 第 27.1.1 条
		等电位联结的线路最小允许截面积	合格	执行 GB 50303 第 27.1.2 条
6	防过流和防过压接地装置、防电磁干扰屏蔽接地装置、防静电接地装置	接地装置埋没深度、间距和搭接长度	符合设计	执行 GB 50303 第 24.2.1 条
		接地装置的材质和最小允许规格	合格	执行 GB 50303 第 24.2.2 条
		接地模块与干线的连接和干线材质选用	合格	执行 GB 50303 第 24.2.3 条
7	等电位联结	等电位联结的可接近裸露导体或其他金属部件、构件与支线的连接可靠，导通正常	合格	执行 GB 50303 第 27.2.1 条
		需等电位联结的高级装修金属部件或零件等电位联结的连接	合格	执行 GB 50303 第 27.2.2 条
检测结论：经检测以上内容均符合设计以及技术资料中的各项指标，安装符合质量验收规范规定。				

签字栏	施工单位	×××建筑公司	技术负责人	专业质检员	施工员
			×××	×××	×××
	监理（建设）单位	×××监理公司		专业工程师	×××

注：本表由施工单位填写。

<table>
<tr><td colspan="2">电源与接地
智能建筑电源自检测记录
表 C6-73</td><td>资料编号</td><td></td></tr>
<tr><td colspan="2">工程名称</td><td colspan="2">××工程</td></tr>
<tr><td colspan="2">检测时间</td><td colspan="2">200×年×月×日</td></tr>
<tr><td>部　位</td><td colspan="3">设备监控室及配电室接地系统</td></tr>
<tr><td colspan="2">检 测 内 容</td><td>检测记录</td><td>备　注</td></tr>
<tr><td>1</td><td>引接 GB 50303 验收合格的公用电源</td><td>合格</td><td>执行 GB 50339 第 11.2.1 条的规定</td></tr>
<tr><td>2</td><td>稳流稳压、不间断电源装置</td><td>合格</td><td>执行 GB 50303 第 9.1、9.2 节的规定</td></tr>
<tr><td>3</td><td>应急发电机组</td><td>合格</td><td>执行 GB 50303 第 8.1、8.2 节的规定</td></tr>
<tr><td>4</td><td>蓄电池组及充电设备蓄电池组及充电设备</td><td>合格</td><td>执行 GB 50303 第 6.1.8 条的规定</td></tr>
<tr><td>5</td><td>专用电源设备及电源箱</td><td>合格</td><td>执行 GB 50303 第 10.1.2 条及 10.2 节的规定</td></tr>
<tr><td>6</td><td>智能化主机房集中供电专用电源线路安装质量</td><td>合格</td><td>执行 GB 50303 第 12.1 条、第 12.2 条、第 13.1 条、第 13.2 条、第 14.1 条、第 14.2 条、第 15.1 条、第 15.2 条的规定</td></tr>
<tr><td></td><td></td><td></td><td></td></tr>
<tr><td></td><td></td><td></td><td></td></tr>
<tr><td></td><td></td><td></td><td></td></tr>
<tr><td colspan="4">检测结论：经检测以上内容均符合设计以及技术资料中的各项指标，安装符合质量验收规范规定。</td></tr>
</table>

<table>
<tr><td rowspan="4">签字栏</td><td rowspan="2">施工单位</td><td rowspan="2">×××建筑公司</td><td>技术负责人</td><td>专业质检员</td><td>施工员</td></tr>
<tr><td>×××</td><td>×××</td><td>×××</td></tr>
<tr><td>监理（建设）单位</td><td colspan="2">×××监理公司</td><td>专业工程师</td><td>×××</td></tr>
</table>

注：本表由施工单位填写。

<table>
<tr><td colspan="3">环境自检测记录
表 C6-74</td><td>资料编号</td><td></td></tr>
<tr><td>工程名称</td><td colspan="2">××工程</td><td>检测时间</td><td>200×年×月×日</td></tr>
<tr><td>部　　位</td><td colspan="4">设备监控机房、办公室、会议室</td></tr>
<tr><td colspan="3">检 测 内 容</td><td>检测记录</td><td>备　注</td></tr>
<tr><td rowspan="3">1</td><td rowspan="3">空间环境</td><td>主要办公区域天花板净高不小于 2.7m</td><td>合格</td><td rowspan="10">执行 GB 50339 第 12.2.1 条～第 12.2.4 条的规定</td></tr>
<tr><td>楼板满足预埋地下线槽（线管）的条件架空地板、网络地板的铺设</td><td>合格</td></tr>
<tr><td>网络布线及其他系统布线配线间</td><td>合格</td></tr>
<tr><td rowspan="4">2</td><td rowspan="4">室内空调环境</td><td>室内温度、湿度控制</td><td>合格</td></tr>
<tr><td>室内温度，冬季 18～22℃，夏季 24～28℃</td><td>合格</td></tr>
<tr><td>室内相对湿度，冬季 40%～60%，夏季 40%～65%</td><td>合格</td></tr>
<tr><td>室内风速，夏季不大于 0.3m/s
室内风速，冬季不大于 0.2m/s</td><td>合格</td></tr>
<tr><td rowspan="3">3</td><td rowspan="3">视觉照明环境</td><td>工作面水平照度不小于 500lx</td><td>合格</td></tr>
<tr><td>灯具满足眩光控制要求</td><td>合格</td></tr>
<tr><td>灯具布置应模数化，消除频闪</td><td>合格</td></tr>
<tr><td>4</td><td>电磁环境</td><td>符合 GB 9175 和 GB 8702 的要求</td><td>合格</td><td>符合时为合格</td></tr>
<tr><td rowspan="3">5</td><td rowspan="3">空间环境</td><td>室内装饰色彩合理组合装修用材符合 GB 50305 规定</td><td>合格</td><td rowspan="8">执行规范第 12.2.5 条～第 12.2.7 条的规定</td></tr>
<tr><td>地毯静电泄漏在 $1.0\times10^{5}\sim1.0\times10^{8}\Omega$ 之间</td><td>合格</td></tr>
<tr><td>降低噪声和隔声措施</td><td>合格</td></tr>
<tr><td rowspan="2">6</td><td rowspan="2">室内空调环境</td><td>室内 CO 含量率小于 $10\times10^{-6}g/m^{3}$</td><td>合格</td></tr>
<tr><td>室内 CO_2 含量率小于 $1000\times10^{-6}g/m^{3}$</td><td>合格</td></tr>
<tr><td rowspan="2">7</td><td rowspan="2">室内噪声</td><td>办公室推荐值 40～45dBA</td><td>合格</td></tr>
<tr><td>监控室推荐值 35～40dBA</td><td>合格</td></tr>
<tr><td></td><td></td><td></td><td></td></tr>
<tr><td colspan="5">检测结论：经检测以上内容均符合设计以及技术资料中的各项指标，安装符合质量验收规范规定。</td></tr>
</table>

<table>
<tr><td rowspan="3">签字栏</td><td rowspan="2">施工单位</td><td rowspan="2">×××建筑公司</td><td>技术负责人</td><td>专业质检员</td><td>施工员</td></tr>
<tr><td>×××</td><td>×××</td><td>×××</td></tr>
<tr><td>监理（建设）单位</td><td colspan="2">×××监理公司</td><td>专业工程师</td><td>×××</td></tr>
</table>

注：本表由施工单位填写。

<table>
<tr><td colspan="4">住宅（小区）智能化系统火灾自动
报警及消防联动系统自检测记录
表 C6-75</td><td>资料编号</td><td colspan="3"></td></tr>
<tr><td>工程名称</td><td colspan="3">××工程</td><td>检测时间</td><td colspan="3">200×年×月×日</td></tr>
<tr><td>部　　位</td><td colspan="7">3＃楼 101 住宅智能系统</td></tr>
<tr><td colspan="4">检测内容
（执行 GB 50339 第 13.3.1 条的规定）</td><td>检测记录</td><td colspan="3">备　　注</td></tr>
<tr><td>1</td><td colspan="3">符合本规范第 7 章规定</td><td>合格</td><td colspan="3">使用“火灾自动报警及消防联动系统自检测记录”</td></tr>
<tr><td rowspan="2">2</td><td rowspan="2">可燃气体泄漏报警系统检测</td><td colspan="2">可靠性</td><td>合格</td><td colspan="3" rowspan="5">满足设计要求及 GB 50339 规定时为检测合格</td></tr>
<tr><td colspan="2">报警效果</td><td>合格</td></tr>
<tr><td rowspan="2">3</td><td rowspan="2">可燃气体泄漏报警联动</td><td colspan="2">自动切断气源</td><td>合格</td></tr>
<tr><td colspan="2">打开排气装置</td><td>合格</td></tr>
<tr><td>4</td><td>可燃气体探测器</td><td colspan="2">不得重复接入家庭控制器</td><td>合格</td></tr>
<tr><td></td><td></td><td colspan="2"></td><td></td><td colspan="3"></td></tr>
<tr><td></td><td></td><td colspan="2"></td><td></td><td colspan="3"></td></tr>
<tr><td></td><td></td><td colspan="2"></td><td></td><td colspan="3"></td></tr>
<tr><td colspan="8">检测结论：经检测以上内容均符合设计以及技术资料中的各项指标，安装符合质量验收规范规定。</td></tr>
<tr><td rowspan="3">签字栏</td><td rowspan="2">施工单位</td><td colspan="3" rowspan="2">×××建筑公司</td><td>技术负责人</td><td>专业质检员</td><td>施工员</td></tr>
<tr><td>×××</td><td>×××</td><td>×××</td></tr>
<tr><td>监理（建设）单位</td><td colspan="4">×××监理公司</td><td>专业工程师</td><td>×××</td></tr>
</table>

注：本表由施工单位填写。

<table>
<tr><td colspan="4">住宅（小区）智能化系统
安全防范系统自检测记录
表 C6-76</td><td>资料编号</td><td></td></tr>
<tr><td>工程名称</td><td colspan="3">××工程</td><td>检测时间</td><td>200×年×月×日</td></tr>
<tr><td>部　　位</td><td colspan="5">3＃楼 1 单元 101 住宅智能系统</td></tr>
<tr><td colspan="3">检测内容
（执行 GB 50339 第 13.4 节的规定）</td><td>检测记录</td><td colspan="2">备注</td></tr>
<tr><td>1</td><td colspan="2">食品安防监控系统、入侵报警系统、出入口控制系统、巡更管理系统符合“GB 50339 规范”第 8 章有关规定（“GB 50339 规范”第 13.4.1 条规定）</td><td>合格</td><td colspan="2">使用第 8 章“安全防范系统”相关记录表</td></tr>
<tr><td rowspan="10">2</td><td rowspan="10">访客对讲系统（主控项目）（“GB 50339 规范”第 13.4.2 条规定）</td><td>室内机门铃及双方通话应清晰</td><td>合格</td><td colspan="2" rowspan="13">满足设计要求及 GB 50339 规定时为检测合格</td></tr>
<tr><td>通话保密性</td><td>合格</td></tr>
<tr><td>开锁</td><td>合格</td></tr>
<tr><td>呼叫</td><td>合格</td></tr>
<tr><td>可视对讲夜视效果</td><td>合格</td></tr>
<tr><td>密码开锁</td><td>合格</td></tr>
<tr><td>紧急情况电控锁释放</td><td>合格</td></tr>
<tr><td>通信及联网管理</td><td>合格</td></tr>
<tr><td>备用电源工作 8 小时</td><td>合格</td></tr>
<tr><td>管理员机与门口机、室内机呼叫与通话</td><td>合格</td></tr>
<tr><td rowspan="3">3</td><td rowspan="3">访客对讲系统（一般项目）（“GB 50339 规范”第 13.4.3 条规定）</td><td>定时关机</td><td>合格</td></tr>
<tr><td>可视图像清晰</td><td>合格</td></tr>
<tr><td>对门口机图像可监视</td><td>合格</td></tr>
<tr><td></td><td></td><td></td><td></td><td colspan="2"></td></tr>
<tr><td></td><td></td><td></td><td></td><td colspan="2"></td></tr>
<tr><td colspan="6">检测结论：经检测以上内容均符合设计以及技术资料中的各项指标，安装符合质量验收规范规定。</td></tr>
<tr><td rowspan="3">签字栏</td><td rowspan="2">施工单位</td><td rowspan="2">×××建筑公司</td><td>技术负责人</td><td>专业质检员</td><td>施工员</td></tr>
<tr><td>×××</td><td>×××</td><td>×××</td></tr>
<tr><td>监理（建设）单位</td><td colspan="2">×××监理公司</td><td>专业工程师</td><td>×××</td></tr>
</table>

注：本表由施工单位填写。

住宅（小区）智能化系统 室外设备及管网自检测记录 表 C6-77			资料编号		
工程名称	××工程		检测时间	200×年×月×日	
部　　位	室外配电箱及埋设的管路				
检 测 内 容 （执行 GB 50339 第 13.7 节的规定）				检测记录	备注
1	室外设备箱安装	应有防水、防潮、防晒、防锈措施		合格	符合现行国家标准及设计要求
		设备浪涌过电压防护器设置		合格	
		接地联结		合格	
2	室外电缆及导管	室外电缆导管敷设		合格	执行 GB 50303 中的有关规定
		室外线路敷设		合格	
检测结论：经检测以上内容均符合设计，安装符合质量验收规范规定。					

签字栏	施工单位	×××建筑公司	技术负责人	专业质检员	施工员
			×××	×××	×××
	监理（建设）单位	×××监理公司		专业工程师	×××

注：本表由施工单位填写。

<table>
<tr><td colspan="3">住宅（小区）智能化系统
物业管理系统自检测记录
表 C6-78</td><td>资料编号</td><td></td></tr>
<tr><td colspan="2">工程名称</td><td>××工程</td><td>检测时间</td><td>××年×月×日</td></tr>
<tr><td colspan="2">部　　位</td><td colspan="3">全楼系统</td></tr>
<tr><td colspan="3">检测内容
（执行 GB 50339 第 13.5 节的规定）</td><td>检测记录</td><td>备　　注</td></tr>
<tr><td rowspan="4">1</td><td rowspan="4">表具数据自动抄收及远传系统</td><td>水、电、气、热（冷）表具选择</td><td>合格</td><td rowspan="4">表具应符合国家产品标准，具有产品合格证书和计量检定证书，功能检测符合设计要求时为合格</td></tr>
<tr><td>系统查询、统计、打印、费用计算</td><td>合格</td></tr>
<tr><td>断电数据保存四个月以上；电源恢复后数据不丢失</td><td>合格</td></tr>
<tr><td>系统应具有时钟、故障报警、防破坏报警功能</td><td>合格</td></tr>
<tr><td>2</td><td>建筑设备监控系统</td><td>符合本规范第 6 章有关规定，还应具有饮用水过滤设备报警、消毒设备故障报警功能</td><td>合格</td><td>符合设计要求时为检测合格，使用第 6 章记录</td></tr>
<tr><td>3</td><td>公共广播与紧急广播系统</td><td>符合本规范第 4.2.10 条的规定</td><td>合格</td><td>使用第 4 章记录</td></tr>
<tr><td rowspan="4">4</td><td rowspan="4">住宅（小区）物业管理系统</td><td>应包括人员管理、房产维修、费用查询收取、公共设施管理、工程图纸管理等功能</td><td>合格</td><td rowspan="4">符合设计要求时为检测合格，其中信息安全应符合 GB 50339 第 5.5 节的要求</td></tr>
<tr><td>信息服务项目可包括家政服务、电子商务、远程教育、远程医疗、电子银行、娱乐项目等</td><td>合格</td></tr>
<tr><td>物业人事管理、企业管理、财务管理</td><td>合格</td></tr>
<tr><td>物业管理系统信息安全符合本规范 5.5 节要求</td><td>合格</td></tr>
<tr><td>5</td><td>表具数据自动抄收及远传系统</td><td>表具采集与远传数据一致性</td><td>合格</td><td>每类表具检测合格率 100%时为检测合格</td></tr>
<tr><td rowspan="2">6</td><td rowspan="2">建筑设备监控系统</td><td>园区照明时间设定、控制回路开启设定、灯光场景设定、照度调整</td><td>合格</td><td rowspan="2">符合设计要求时为检测合格</td></tr>
<tr><td>浇灌水泵监视控制、中水设备监视控制</td><td>合格</td></tr>
<tr><td rowspan="3">7</td><td rowspan="3">住宅（小区）物业管理系统</td><td>房产出租管理、房产二次装修管理</td><td>合格</td><td rowspan="3">符合设计要求时为检测合格，其中管理系统软件检测应符合 GB 50339 第 5.4 节的要求</td></tr>
<tr><td>住户投诉处理</td><td>合格</td></tr>
<tr><td>数据资料的记录、保存、查询</td><td>合格</td></tr>
<tr><td colspan="5">检测结论：经检测符合设计要求和 GB 50339 验收规范。</td></tr>
</table>

<table>
<tr><td rowspan="3">签字栏</td><td rowspan="2">施工单位</td><td rowspan="2">×××建筑公司</td><td>技术负责人</td><td>专业质检员</td><td>检测人</td></tr>
<tr><td>×××</td><td>×××</td><td>×××</td></tr>
<tr><td>监理（建设）单位</td><td colspan="2">×××监理公司</td><td>专业工程师</td><td>×××</td></tr>
</table>

注：本表由施工单位填写。

住宅（小区）智能化系统智能家庭信息平台 自检测记录 表 C6-79			资料编号	
工程名称	××工程		检测时间	200×年×月×日
部　位	设备监控系统住宅智能系统			
检测内容 （执行 GB 50339 第 13.5 节的规定）			检测记录	备　注
1	表具数据自动抄收及远传系统	水、电、气、热（冷）表具选择	合格	表具应符合国家产品标准，具有产品合格证书和计量检定证书，功能检测符合设计要求时为合格。
		系统查询、统计、打印、费用计算	合格	
		断电数据保存四个月以上；电源恢复后数据不丢失	合格	
		系统应具有时钟、故障报警、防破坏报警功能	合格	
2	建筑设备监控系统	符合本规范第 6 章有关规定，还应具有饮用水过滤设备报警、消毒设备故障报警功能	合格	符合设计要求时为检测合格，使用第 6 章记录
3	公共广播与紧急广播系统	符合本规范第 4.2.10 条的规定	合格	使用第 4 章记录
4	住宅（小区）物业管理系统	应包括人员管理、房产维修、费用查询收取、公共设施管理、工程图纸管理等功能	合格	符合设计要求时为检测合格；发射频率及功率检测应符合国家有关规定。
		信息服务项目可包括家政服务、电子商务、远程教育、远程医疗、电子银行、娱乐项目等	合格	
		物业人事管理、企业管理、财务管理	合格	
		物业管理系统信息安全符合本规范 5.5 节要求	合格	
5	表具数据自动抄收及远传系统	表具采集与远传数据一致性	合格	每类表具检测合格率 100%时为检测合格。
6	建筑设备监控系统	园区照明时间设定、控制回路开启设定、灯光场景设定、照度调整	合格	符合设计要求时为检测合格。
		浇灌水泵监视控制、中水设备监视控制	合格	
7	住宅（小区）物业管理系统	房产出租管理、房产二次装修管理	合格	符合设计要求时为检测合格，其中管理系统软件检测应符合 GB 50339 第 5.4 节的要求。
		住户投诉处理	合格	
		数据资料的记录、保存、查询	合格	
检测结论：经检测以上内容均符合设计，安装符合质量验收规范规定。				

签字栏	施工单位	×××建筑公司	技术负责人	专业质检员	施工员
			×××	×××	×××
	监理（建设）单位	×××监理公司		专业工程师	×××

注：本表由施工单位填写。

<table>
<tr><td colspan="4">住宅（小区）智能化系统
智能家庭信息平台自检测记录
表 C6-79</td><td>资料编号</td><td colspan="2"></td></tr>
<tr><td>工程名称</td><td colspan="3">××工程</td><td>检测时间</td><td colspan="2">200×年×月×日</td></tr>
<tr><td>部　位</td><td colspan="6">3#楼1单元101室</td></tr>
<tr><td colspan="4">检测内容
（执行GB 50339第13.6节的规定）</td><td>检测记录</td><td colspan="2">备　注</td></tr>
<tr><td rowspan="4">1</td><td rowspan="4">家庭报警功能检测（主控项目）</td><td colspan="2">感烟探测器、感温探测器、燃气探测器检测</td><td>合格</td><td colspan="2" rowspan="4">探测器检测应符合国家现行产品标准；入侵报警探测器检测执行GB 50339第8.3.7条规定；其他符合设计要求。</td></tr>
<tr><td colspan="2">入侵报警探测器检测</td><td>合格</td></tr>
<tr><td colspan="2">家庭报警撤防、布防</td><td>合格</td></tr>
<tr><td colspan="2">控制功能</td><td>合格</td></tr>
<tr><td rowspan="4">2</td><td rowspan="4">家庭紧急求助功能检测（主控项目）</td><td colspan="2">可靠性</td><td>合格</td><td colspan="2" rowspan="4">符合设计要求时为检测合格。</td></tr>
<tr><td colspan="2">可操作性</td><td>合格</td></tr>
<tr><td colspan="2">防破坏报警</td><td>合格</td></tr>
<tr><td colspan="2">故障报警</td><td>合格</td></tr>
<tr><td rowspan="4">3</td><td rowspan="4">家用电器监控功能检测（主控项目）</td><td colspan="2">监控功能</td><td>合格</td><td colspan="2" rowspan="4">符合设计要求时为检测合格；发射频率及功率检测应符合国家有关规定。</td></tr>
<tr><td colspan="2">误操作处理</td><td>合格</td></tr>
<tr><td colspan="2">故障报警处理</td><td>合格</td></tr>
<tr><td colspan="2">发射频率及功率检测</td><td>合格</td></tr>
<tr><td rowspan="4">4</td><td rowspan="4">家庭紧急求助报警装置检测（一般项目）</td><td colspan="2">每户宜装一处以上的紧急求助报警装置</td><td>合格</td><td colspan="2" rowspan="4"></td></tr>
<tr><td colspan="2">宜有一种以上的报警方式（手动、遥控、感应等）</td><td>区别求助内容</td></tr>
<tr><td colspan="2">区别求助内容</td><td>夜间显示</td></tr>
<tr><td colspan="2">夜间显示</td><td>合格</td></tr>
<tr><td colspan="7">检测结论：经检测以上内容均符合设计以及技术资料中的各项指标，安装符合质量验收规范规定。</td></tr>
<tr><td rowspan="4">签字栏</td><td rowspan="2">施工单位</td><td colspan="2" rowspan="2">×××建筑公司</td><td>技术负责人</td><td>专业质检员</td><td>施工员</td></tr>
<tr><td>×××</td><td>×××</td><td>×××</td></tr>
<tr><td>监理（建设）单位</td><td colspan="3">×××监理公司</td><td>专业工程师</td><td>×××</td></tr>
</table>

注：本表由施工单位填写。

智能系统试运行记录 表 C6-80			资料编号	
工程名称		××工程	系统名称	室外设备及营网
施工单元		××建设安装公司	试运行部位	住宅智能
序号	日期/时间	系统试运转记录	值班人	备注
01	2009.7.5 上午 8：00	正常	××	系统运行栏中，注明正常/不正常，并每班至少填写一次；不正常的在此要说明情况（包括修复日期）。
02	2009.7.5 下午 16：00	正常	××	
03	2009.7.5 夜 24：00	正常	××	
检测结论：住宅智能室外设备和营网试运行正常，各项指标均符合设计和质量验收规范规定。				

签字栏					
签字栏	施工单位	×××建筑公司	技术负责人	专业质检员	施工员
			×××	×××	×××
	监理（建设）单位	×××监理公司		专业工程师	×××

注：本表由施工单位填写。

智能系统试运行记录 表 C6-80			资料编号	
工程名称		××工程	系统名称	环境
施工单元		××建设安装合同	试运行部位	住宅智能
序号	日期/时间	系统试运转记录	值班人	备注
01	2009.7.5 上午 8：00	正常	××	系统运行栏中，注明正常/不正常，并每班至少填写一次；不正常的在此要说明情况（包括修复日期）
02	2009.7.5 下午 16：00	正常	××	
03	2009.7.5 夜 24：00	正常	××	

检测结论：住宅智能环境试运行正常，各项指标均符合设计和质量验收规范规定要求。

签字栏			技术负责人	专业质检员	施工员
	施工单位	×××建筑公司	×××	×××	×××
	监理（建设）单位	×××监理公司		专业工程师	×××

注：本表由施工单位填写。

智能系统试运行记录 表 C6-80			资料编号	
工程名称		××工程	系统名称	电源与接地
施工单元		××建设安装合同	试运行部位	住宅智能
序号	日期/时间	系统试运转记录	值班人	备注
01	2009.7.5 上午 8：00	正常	××	系统运行栏中，注明正常/不正常，并每班至少填写一次；不正常的在此要说明情况（包括修复日期）。
02	2009.7.5 下午 16：00	正常	××	
03	2009.7.5 夜 24：00	正常	××	
结论：住宅智能电源与接地试运行正常，各项指标均符合设计和质量验收规范规定要求。				

签字栏	施工单位	×××建筑公司	技术负责人	专业质检员	施工员
			×××	×××	×××
	监理（建设）单位	×××监理公司		专业工程师	×××

注：本表由施工单位填写。

智能系统试运行记录 表 C6-80			资料编号	
工程名称		××工程	系统名称	综合布线
施工单元		××建设安装合同	试运行部位	住宅智能
序号	日期/时间	系统试运转记录	值班人	备注
01	2009.7.5 上午 8：00	正常	×××	系统运行栏中，注明正常/不正常，并每班至少填写一次；不正常的在此要说明情况（包括修复日期）。
02	2009.7.5 下午 16：00	正常	×××	
03	2009.7.5 夜 24：00	正常	×××	
结论：住宅智能综合布线系统试运行正常，各项指标均符合设计和质量验收规范规定要求。				

签字栏					
签字栏	施工单位	×××建筑公司	技术负责人	专业质检员	施工员
			×××	×××	×××
	监理（建设）单位	×××监理公司		专业工程师	×××

注：本表由施工单位填写。

<table>
<tr><td colspan="3">智能系统试运行记录
表 C6-80</td><td>资料编号</td><td></td></tr>
<tr><td colspan="2">工程名称</td><td>××工程</td><td>系统名称</td><td>家庭控制器</td></tr>
<tr><td colspan="2">施工单元</td><td>××建设安装合同</td><td>试运行部位</td><td>住宅智能</td></tr>
<tr><td>序号</td><td>日期/时间</td><td>系统试运转记录</td><td>值班人</td><td>备注</td></tr>
<tr><td>01</td><td>2009.7.5 上午 8：00</td><td>正常</td><td>×××</td><td rowspan="16">系统运行栏中，注明正常/不正常，并每班至少填写一次；不正常的在此要说明情况（包括修复日期）。</td></tr>
<tr><td>02</td><td>2009.7.5 下午 16：00</td><td>正常</td><td>×××</td></tr>
<tr><td>03</td><td>2009.7.5 夜 24：00</td><td>正常</td><td>×××</td></tr>
<tr><td></td><td></td><td></td><td></td></tr>
<tr><td></td><td></td><td></td><td></td></tr>
<tr><td></td><td></td><td></td><td></td></tr>
<tr><td></td><td></td><td></td><td></td></tr>
<tr><td></td><td></td><td></td><td></td></tr>
<tr><td></td><td></td><td></td><td></td></tr>
<tr><td></td><td></td><td></td><td></td></tr>
<tr><td></td><td></td><td></td><td></td></tr>
<tr><td></td><td></td><td></td><td></td></tr>
<tr><td></td><td></td><td></td><td></td></tr>
<tr><td></td><td></td><td></td><td></td></tr>
<tr><td></td><td></td><td></td><td></td></tr>
<tr><td></td><td></td><td></td><td></td></tr>
<tr><td colspan="5">结论：住宅智能家庭控制器试运行正常，各项指标均符合设计和质量验收规范规定要求。</td></tr>
</table>

<table>
<tr><td rowspan="3">签字栏</td><td rowspan="2">施工单位</td><td rowspan="2">×××建筑公司</td><td>技术负责人</td><td>专业质检员</td><td>施工员</td></tr>
<tr><td>×××</td><td>×××</td><td>×××</td></tr>
<tr><td>监理（建设）单位</td><td colspan="2">×××监理公司</td><td>专业工程师</td><td>×××</td></tr>
</table>

注：本表由施工单位填写。

<table>
<tr><td colspan="3">智能系统试运行记录
表 C6-80</td><td>资料编号</td><td></td></tr>
<tr><td colspan="2">工程名称</td><td>××工程</td><td>系统名称</td><td>监控与管理系统</td></tr>
<tr><td colspan="2">施工单元</td><td>××建设安装合同</td><td>试运行部位</td><td>住宅智能</td></tr>
<tr><td>序号</td><td>日期/时间</td><td>系统试运转记录</td><td>值班人</td><td>备注</td></tr>
<tr><td>01</td><td>2009.7.5 上午 8：00</td><td>正常</td><td>××</td><td rowspan="16">系统运行栏中，注明正常/不正常，并每班至少填写一次；不正常的在此要说明情况（包括修复日期）。</td></tr>
<tr><td>02</td><td>2009.7.5 下午 16：00</td><td>正常</td><td>××</td></tr>
<tr><td>03</td><td>2009.7.5 夜 24：00</td><td>正常</td><td>××</td></tr>
<tr><td></td><td></td><td></td><td></td></tr>
<tr><td></td><td></td><td></td><td></td></tr>
<tr><td></td><td></td><td></td><td></td></tr>
<tr><td></td><td></td><td></td><td></td></tr>
<tr><td></td><td></td><td></td><td></td></tr>
<tr><td></td><td></td><td></td><td></td></tr>
<tr><td></td><td></td><td></td><td></td></tr>
<tr><td></td><td></td><td></td><td></td></tr>
<tr><td></td><td></td><td></td><td></td></tr>
<tr><td></td><td></td><td></td><td></td></tr>
<tr><td></td><td></td><td></td><td></td></tr>
<tr><td></td><td></td><td></td><td></td></tr>
<tr><td></td><td></td><td></td><td></td></tr>
<tr><td colspan="5">结论：住宅智能监控与管理系统试运行正常，各项指标均符合设计和质量验收规范规定要求。</td></tr>
</table>

<table>
<tr><td rowspan="3">签字栏</td><td rowspan="2">施工单位</td><td rowspan="2">×××建筑公司</td><td>技术负责人</td><td>专业质检员</td><td>施工员</td></tr>
<tr><td>×××</td><td>×××</td><td>×××</td></tr>
<tr><td>监理（建设）单位</td><td colspan="2">×××监理公司</td><td>专业工程师</td><td>×××</td></tr>
</table>

注：本表由施工单位填写。

<table>
<tr><td colspan="3">智能系统试运行记录
表C6-80</td><td>资料编号</td><td></td></tr>
<tr><td colspan="2">工程名称</td><td>××工程</td><td>系统名称</td><td>信息网络系统</td></tr>
<tr><td colspan="2">施工单元</td><td>××建设安装合同</td><td>试运行部位</td><td>住宅智能</td></tr>
<tr><td>序号</td><td>日期/时间</td><td>系统试运转记录</td><td>值班人</td><td>备注</td></tr>
<tr><td>01</td><td>2009.7.5上午8：00</td><td>正常</td><td>××</td><td rowspan="16">系统运行栏中，注明正常/不正常，并每班至少填写一次；不正常的在此要说明情况（包括修复日期）。</td></tr>
<tr><td>02</td><td>2009.7.5下午16：00</td><td>正常</td><td>××</td></tr>
<tr><td>03</td><td>2009.7.5夜24：00</td><td>正常</td><td>××</td></tr>
<tr><td></td><td></td><td></td><td></td></tr>
<tr><td></td><td></td><td></td><td></td></tr>
<tr><td></td><td></td><td></td><td></td></tr>
<tr><td></td><td></td><td></td><td></td></tr>
<tr><td></td><td></td><td></td><td></td></tr>
<tr><td></td><td></td><td></td><td></td></tr>
<tr><td></td><td></td><td></td><td></td></tr>
<tr><td></td><td></td><td></td><td></td></tr>
<tr><td></td><td></td><td></td><td></td></tr>
<tr><td></td><td></td><td></td><td></td></tr>
<tr><td></td><td></td><td></td><td></td></tr>
<tr><td></td><td></td><td></td><td></td></tr>
<tr><td></td><td></td><td></td><td></td></tr>
<tr><td colspan="5">结论：住宅智能信息网络系统试运行正常，各项指标均符合设计和质量验收规范规定要求。</td></tr>
</table>

<table>
<tr><td rowspan="4">签字栏</td><td rowspan="2">施工单位</td><td rowspan="2">×××建筑公司</td><td>技术负责人</td><td>专业质检员</td><td>施工员</td></tr>
<tr><td>×××</td><td>×××</td><td>×××</td></tr>
<tr><td rowspan="2">监理（建设）单位</td><td colspan="2" rowspan="2">×××监理公司</td><td rowspan="2">专业工程师</td><td rowspan="2">×××</td></tr>
<tr></tr>
</table>

注：本表由施工单位填写。

<table>
<tr><td colspan="3">智能系统试运行记录
表 C6-80</td><td>资料编号</td><td></td></tr>
<tr><td colspan="2">工程名称</td><td>××工程</td><td>系统名称</td><td>通信网络系统</td></tr>
<tr><td colspan="2">施工单元</td><td>××建设安装合同</td><td>试运行部位</td><td>住宅智能</td></tr>
<tr><td>序号</td><td>日期/时间</td><td>系统试运转记录</td><td>值班人</td><td>备注</td></tr>
<tr><td>01</td><td>2009.7.5 上午 8：00</td><td>正常</td><td>××</td><td rowspan="16">系统运行栏中，注明正常/不正常，并每班至少填写一次；不正常的在此要说明情况（包括修复日期）。</td></tr>
<tr><td>02</td><td>2009.7.5 下午 16：00</td><td>正常</td><td>××</td></tr>
<tr><td>03</td><td>2009.7.5 夜晚 24：00</td><td>正常</td><td>××</td></tr>
<tr><td></td><td></td><td></td><td></td></tr>
<tr><td></td><td></td><td></td><td></td></tr>
<tr><td></td><td></td><td></td><td></td></tr>
<tr><td></td><td></td><td></td><td></td></tr>
<tr><td></td><td></td><td></td><td></td></tr>
<tr><td></td><td></td><td></td><td></td></tr>
<tr><td></td><td></td><td></td><td></td></tr>
<tr><td></td><td></td><td></td><td></td></tr>
<tr><td></td><td></td><td></td><td></td></tr>
<tr><td></td><td></td><td></td><td></td></tr>
<tr><td></td><td></td><td></td><td></td></tr>
<tr><td></td><td></td><td></td><td></td></tr>
<tr><td></td><td></td><td></td><td></td></tr>
<tr><td colspan="5">结论：住宅智能通信网络系统试运行正常，各项指标均符合设计和质量验收规范规定要求。</td></tr>
</table>

<table>
<tr><td rowspan="4">签字栏</td><td rowspan="2">施工单位</td><td rowspan="2">×××建筑公司</td><td>技术负责人</td><td>专业质检员</td><td>施工员</td></tr>
<tr><td>×××</td><td>×××</td><td>×××</td></tr>
<tr><td>监理（建设）单位</td><td colspan="2">×××监理公司</td><td>专业工程师</td><td>×××</td></tr>
</table>

注：本表由施工单位填写。

智能系统试运行记录 表 C6-80			资料编号	
工程名称		××工程	系统名称	火灾自动报警及消防联动系统
施工单元		××建设安装合同	试运行部位	住宅智能
序号	日期/时间	系统试运转记录	值班人	备注
01	2009.7.5 上午 8：00	正常	××	系统运行栏中，注明正常/不正常，并每班至少填写一次；不正常的在此要说明情况（包括修复日期）。
02	2009.7.5 下午 16：00	正常	××	
03	2009.7.5 夜晚 24：00	正常	××	
结论：住宅智能火灾自动报警及消防联运系统试运行正常，各项指标均符合设计和质量验收规范规定要求。				

签字栏	施工单位	×××建筑公司	技术负责人	专业质检员	施工员
			×××	×××	×××
	监理（建设）单位	×××监理公司		专业工程师	×××

注：本表由施工单位填写。

智能系统试运行记录 表 C6-80			资料编号	
工程名称		××工程	系统名称	室外设备及管网
施工单元		××建设安装合同	试运行部位	住宅智能
序号	日期/时间	系统试运转记录	值班人	备注
01	2009.7.5 上午 8：00	正常	××	系统运行栏中，注明正常/不正常，并每班至少填写一次；不正常的在此要说明情况（包括修复日期）。
02	2009.7.5 下午 16：00	正常	××	
03	2009.7.5 夜晚 24：00	正常	××	
结论：住宅智能室外设备及管网试运行正常，各项指标均符合设计和质量验收规范规定要求。				

签字栏					
签字栏	施工单位	×××建筑公司	技术负责人	专业质检员	施工员
			×××	×××	×××
	监理（建设）单位	×××监理公司		专业工程师	×××

注：本表由施工单位填写。

<table>
<tr><td colspan="3">风管漏光检测记录
表 C6-81</td><td>资料编号</td><td colspan="2"></td></tr>
<tr><td>工程名称</td><td colspan="2">××工程</td><td>试验日期</td><td colspan="2">200×年×月×日</td></tr>
<tr><td>系统名称</td><td colspan="2">通风系统</td><td>工作压力
(Pa)</td><td colspan="2">560</td></tr>
<tr><td>系统接缝总长度
(m)</td><td colspan="2">62.4</td><td>每 10m 接缝为一
检测段的分段数</td><td colspan="2">6</td></tr>
<tr><td>检测光源</td><td colspan="5"></td></tr>
<tr><td>分段序号</td><td>实测漏光点数
(个)</td><td colspan="2">每 10m 接缝的允许漏光点数
(个/10m)</td><td colspan="2">结论</td></tr>
<tr><td>1</td><td>0</td><td colspan="2">小于 2</td><td colspan="2">合格</td></tr>
<tr><td>2</td><td>0</td><td colspan="2">小于 2</td><td colspan="2">合格</td></tr>
<tr><td>3</td><td>0</td><td colspan="2">小于 2</td><td colspan="2">合格</td></tr>
<tr><td>4</td><td>1</td><td colspan="2">小于 2</td><td colspan="2">合格</td></tr>
<tr><td>5</td><td>1</td><td colspan="2">小于 2</td><td colspan="2">合格</td></tr>
<tr><td>6</td><td>1</td><td colspan="2">小于 2</td><td colspan="2">合格</td></tr>
<tr><td>7</td><td></td><td colspan="2"></td><td colspan="2"></td></tr>
<tr><td>8</td><td></td><td colspan="2"></td><td colspan="2"></td></tr>
<tr><td>9</td><td></td><td colspan="2"></td><td colspan="2"></td></tr>
<tr><td>10</td><td></td><td colspan="2"></td><td colspan="2"></td></tr>
<tr><td>11</td><td></td><td colspan="2"></td><td colspan="2"></td></tr>
<tr><td>12</td><td></td><td colspan="2"></td><td colspan="2"></td></tr>
<tr><td>13</td><td></td><td colspan="2"></td><td colspan="2"></td></tr>
<tr><td rowspan="2">合　计</td><td>总漏光点数
(个)</td><td colspan="2">每 100m 接缝的允许漏光点数
(个/100m)</td><td colspan="2">结论</td></tr>
<tr><td>3</td><td colspan="2">6</td><td colspan="2">合格</td></tr>
<tr><td colspan="6">检测结论：
按施工验收规范要求测试的 6 段中各段漏光点均未超标，评定结论合格。
(已测出的漏光处用密封胶堵严)</td></tr>
</table>

<table>
<tr><td rowspan="4">签字栏</td><td rowspan="2">施工单位</td><td rowspan="2">×××建筑公司</td><td>专业技术负责人</td><td>专业质检员</td><td>专业工长</td></tr>
<tr><td>×××</td><td>×××</td><td>×××</td></tr>
<tr><td>监理（建设）
单位</td><td colspan="2">×××监理公司</td><td>专业工程师</td><td>×××</td></tr>
</table>

注：本表由施工单位填写。

风管漏风检测记录 表 C6-82		资料编号	
工程名称	××工程	试验日期	200×年×月×日
系统名称	通风系统	工作压力（Pa）	560
系统总面积（m^2）	232.9	试验压力（Pa）	900
试验总面积（m^2）	185.2	系统检测分段数	2个段

检测区段图示：

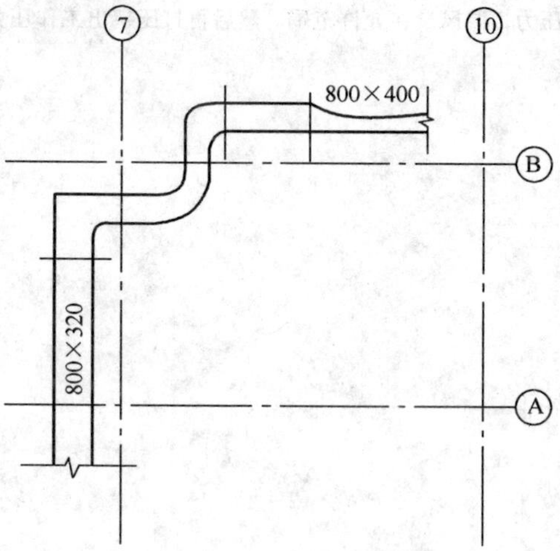

分段实测数值

序号	分段表面积（m^2）	试验压力（Pa）	实际漏风量（m^3/h）
1	98	900	2.4
2	87.2	900	1.96
3			
4			
5			
6			
7			
8			
9			
10			
11			
12			
13			
14			

系统允许漏风量（$m^3/m^2 \cdot h$）	$Q_1 \leqslant 0.1056P0.65$ 5.99	实测系统漏风量（$m^3/m^2 \cdot h$）	2.18（各段平均值）

检测结论：

各段用漏风检测仪所测漏风量低于规范要求，检测评定合格

签字栏					
签字栏	施工单位	×××建筑公司	专业技术负责人	专业质检员	专业工长
			×××	×××	×××
	监理（建设）单位	×××监理公司		专业工程师	×××

注：本表由施工单位填写。

<table>
<tr><td colspan="2">现场组装除尘器、空调机漏风检测记录
表 C6-83</td><td>资料编号</td><td></td></tr>
<tr><td>工程名称</td><td>××工程</td><td>分部工程</td><td>通风空调</td></tr>
<tr><td>分项工程</td><td>除尘系统设备系统</td><td>检测日期</td><td>200×年×月×日</td></tr>
<tr><td>设备名称</td><td>组合式脉冲扁袋除尘器</td><td>型号规格</td><td>ZH-4/32</td></tr>
<tr><td>总风量（m^3/h）</td><td>7000</td><td>允许漏风率（%）</td><td>5</td></tr>
<tr><td>工作压力（Pa）</td><td>800</td><td>测试压力（Pa）</td><td>1000</td></tr>
<tr><td>允许漏风量（m^3/h）</td><td>小于 350</td><td>实测漏风量（m^3/h）</td><td>240</td></tr>
<tr><td colspan="4">检测记录：
除尘器组装后，经采用 Q80 漏风检测设备测试，先打压至工作压力，漏风量在允许范围。然后再打压超出工作压力值，观看读数在允许范围内，证明安装严密。</td></tr>
<tr><td colspan="4">检测结论：
符合设计要求及《通风与空调工程施工质量验收规范》（GB 50243—2002）规定，组装合格。</td></tr>
</table>

<table>
<tr><td rowspan="4">签字栏</td><td rowspan="2">施工单位</td><td rowspan="2">×××建筑公司</td><td>技术负责人</td><td>专业质检员</td><td>专业工长</td></tr>
<tr><td>×××</td><td>×××</td><td>×××</td></tr>
<tr><td>监理（建设）单位</td><td colspan="2">×××监理公司</td><td>专业工程师</td><td>×××</td></tr>
</table>

注：本表由施工单位填写。

<table>
<tr><td colspan="4">各房间室内风量温度测量记录
表 C6-84</td><td colspan="2">资料编号</td><td></td></tr>
<tr><td>工程名称</td><td colspan="3">××工程</td><td colspan="2">测量日期</td><td>200×年××月××日</td></tr>
<tr><td>系统名称</td><td colspan="3">新风系统</td><td colspan="2">系统位置</td><td>地下一层</td></tr>
<tr><td rowspan="2">项目
房间(测点)编号</td><td colspan="5">风量（m^3/h）</td><td rowspan="2">所在房间室内温度
（℃）</td></tr>
<tr><td>设计风量
（$Q_{设}$）</td><td colspan="2">实际风量
（$Q_{实}$）</td><td colspan="2">相对差
$\delta=(Q_{设}-Q_{实})/Q_{设}$</td></tr>
<tr><td>1</td><td>770</td><td colspan="2">840</td><td colspan="2">−0.09</td><td>14</td></tr>
<tr><td>2</td><td>770</td><td colspan="2">790</td><td colspan="2">−0.03</td><td>15</td></tr>
<tr><td>3</td><td>100</td><td colspan="2">104.5</td><td colspan="2">−0.04</td><td>18</td></tr>
<tr><td>4</td><td>200</td><td colspan="2">206</td><td colspan="2">−0.03</td><td>16</td></tr>
<tr><td>5</td><td>770</td><td colspan="2">787</td><td colspan="2">−0.02</td><td>15</td></tr>
<tr><td>6</td><td>100</td><td colspan="2">107</td><td colspan="2">−0.07</td><td>19</td></tr>
<tr><td>7</td><td>100</td><td colspan="2">98</td><td colspan="2">0.92</td><td>20</td></tr>
<tr><td colspan="2">施工单位</td><td colspan="5">××建筑工程公司</td></tr>
<tr><td colspan="2">测量人</td><td colspan="2">记录人</td><td colspan="3">审核人</td></tr>
<tr><td colspan="2">×××</td><td colspan="2">×××</td><td colspan="3">×××</td></tr>
</table>

注：本表由施工单位填写。

管网风量平衡记录 表 C6-85		资料编号	
工程名称	××工程	测试日期	200×年×月×日
系统名称	新风系统	系统位置	地下一层

测点编号	风管规格（mm×mm）	断面积（m^2）	平均风压（Pa）			风速（m/s）	风量（m^3/h）		相对差	使用仪器编号
			动压	静压	全压		实际	设计		
1	240×240	0.6				2.72	597.8	770	0.22	
2	240×240	0.6				2.76	605.4	770	0.21	
3	240×240	0.6				2.64	588	600	0.02	
4	240×240	0.6				2.88	610.3	600	−0.02	
5	240×240	0.6				2.93	615.6	600	−0.03	
6	240×240	0.6				2.7	591.5	580	−0.02	
							3608.6	3920	−0.08	=8%

施工单位	××建筑工程公司	
审核人	测定人	记录人
×××	×××	×××

注：本表由施工单位填写。

<table>
<tr><td colspan="2">空调系统试运转调试记录
表 C6-86</td><td>资料编号</td><td colspan="3"></td></tr>
<tr><td>工程名称</td><td>××工程</td><td>试运转
调试日期</td><td colspan="3">200×年×月×日</td></tr>
<tr><td>系统名称</td><td>新风系统</td><td>系统所在位置</td><td colspan="3">地下一层</td></tr>
<tr><td>实测总风量（m^3/h）</td><td>3998m^3/h</td><td>设计总风量
（m^3/h）</td><td colspan="3">400m^3/h</td></tr>
<tr><td>风机全压
（Pa）</td><td>560Pa</td><td>实测风机全压
（Pa）</td><td colspan="3">559Pa</td></tr>
<tr><td colspan="6">试运转、调试内容：
本次调试共有一个新风系统，空调系统联动试运转中，设备及主要部件的联动必须符合设计要求。动作协调、正确，无异常现象。系统经过各支路调节阀调节平衡后，各风口的风量与设计风量的相符，满足设计要求。</td></tr>
<tr><td colspan="6">试运转、调试结论：
机组运转正常，阀门启闭灵活，整个系统运行动作协调。噪声符合设计要求。系统各风口风量平衡，达到设计要求。</td></tr>
<tr><td rowspan="3">签字栏</td><td rowspan="2">施工单位</td><td rowspan="2">×××建筑公司</td><td>技术负责人</td><td>专业质检员</td><td>专业工长</td></tr>
<tr><td>×××</td><td>×××</td><td>×××</td></tr>
<tr><td>监理（建设）单位</td><td colspan="2">×××监理公司</td><td>专业工程师</td><td>×××</td></tr>
</table>

注：本表由施工单位填写。

<table>
<tr><td colspan="2">空调水系统试运转调试记录
表 C6-87</td><td>资料编号</td><td></td></tr>
<tr><td>工程名称</td><td>××工程</td><td>试运转调试日期</td><td>200×年×月×日</td></tr>
<tr><td>设计空调冷(热)水总流量($Q_{设}$)
(m^3/h)</td><td>110</td><td rowspan="2">相对差
$\delta=(Q_{设}-Q_{实})/Q_{设}$</td><td rowspan="2">6%</td></tr>
<tr><td>实际空调冷(热)水总流量($Q_{实}$)
(m^3/h)</td><td>103.6</td></tr>
<tr><td>空调冷(热)水供水温度
(℃)</td><td></td><td>空调冷(热)水回水温度
(℃)</td><td></td></tr>
<tr><td>设计冷却水总流量($Q_{设}$)
(m^3/h)</td><td>130</td><td rowspan="2">相对差
$\delta=(Q_{设}-Q_{实})/Q_{设}$</td><td rowspan="2">3%</td></tr>
<tr><td>实际冷却水总流量($Q_{实}$)
(m^3/h)</td><td>126.4</td></tr>
<tr><td>冷却水供水温度
(℃)</td><td>37</td><td>冷却水回水温度
(℃)</td><td>30</td></tr>
<tr><td colspan="4">试运转、调试内容：
本工程空调水系统 K6～K1114 为带风机盘管系统，调试时按开机顺序冷却水泵→冷却塔→冷冻水泵→冷水机组进行调试运行。</td></tr>
<tr><td colspan="4">试运转、调试结论：
系统联动试运转时，设备及主要部件联动中协调，运作正确，无异常现象，所测数值均达到设计和规范标准。</td></tr>
</table>

<table>
<tr><td rowspan="3">签字栏</td><td rowspan="2">施工单位</td><td rowspan="2">×××建筑公司</td><td>技术负责人</td><td>专业质检员</td><td>专业工长</td></tr>
<tr><td>×××</td><td>×××</td><td>×××</td></tr>
<tr><td>监理（建设）单位</td><td colspan="2">×××监理公司</td><td>专业工程师</td><td>×××</td></tr>
</table>

注：本表由施工单位填写。

<table>
<tr><td colspan="3">制冷系统气密性试验记录
表 C6-88</td><td>资料编号</td><td colspan="2"></td></tr>
<tr><td>工程名称</td><td colspan="2">××工程</td><td>试验时间</td><td colspan="2">200×年×月×日</td></tr>
<tr><td>试验项目</td><td colspan="2">制冷设备系统安装</td><td>试验部位</td><td colspan="2">1号机房　1号冷冻机组</td></tr>
<tr><td rowspan="2">管道编号</td><td colspan="5">气 密 性 试 验</td></tr>
<tr><td>试验介质</td><td>试验压力（MPa）</td><td colspan="2">停压时间</td><td>试验结果</td></tr>
<tr><td>1</td><td>氮气</td><td>1.6</td><td colspan="2">×日×时×分</td><td>压降不大于 0.03MPa</td></tr>
<tr><td></td><td></td><td></td><td colspan="2"></td><td></td></tr>
<tr><td></td><td></td><td></td><td colspan="2"></td><td></td></tr>
<tr><td rowspan="2">管道编号</td><td colspan="5">真 空 试 验</td></tr>
<tr><td>设计真空度（kPa）</td><td>试验真空度（kPa）</td><td colspan="2">试验时间</td><td>试验结果</td></tr>
<tr><td>1</td><td>760mmHg（101.3kPa）</td><td>720mmHg（963kPa）</td><td colspan="2">24h</td><td>剩余压力小于 5.3kPa</td></tr>
<tr><td></td><td></td><td></td><td colspan="2"></td><td></td></tr>
<tr><td></td><td></td><td></td><td colspan="2"></td><td></td></tr>
<tr><td></td><td></td><td></td><td colspan="2"></td><td></td></tr>
<tr><td rowspan="2">管道编号</td><td colspan="5">充 制 制 冷 试 验</td></tr>
<tr><td>充注制冷剂压力（MPa）</td><td>检漏仪器</td><td colspan="2">补漏位置</td><td>试验结果</td></tr>
<tr><td></td><td></td><td></td><td colspan="2"></td><td></td></tr>
<tr><td></td><td></td><td></td><td colspan="2"></td><td></td></tr>
<tr><td></td><td></td><td></td><td colspan="2"></td><td></td></tr>
<tr><td colspan="6">试验结论：
符合厂家技术文件要求和《通风与空调工程施工质量验收规范》（GB 50243—2002）规定，试验结果合格。</td></tr>
<tr><td rowspan="4">签字栏</td><td rowspan="2">施工单位</td><td rowspan="2">×××建筑公司</td><td>技术负责人</td><td>专业质检员</td><td>专业工长</td></tr>
<tr><td>×××</td><td>×××</td><td>×××</td></tr>
<tr><td colspan="1" rowspan="2">监理（建设）单位</td><td colspan="2" rowspan="2">×××监理公司</td><td rowspan="2">专业工程师</td><td rowspan="2">×××</td></tr>
<tr></tr>
</table>

注：本表由施工单位填写。

<table>
<tr><td colspan="3">净化空调系统测试记录
表 C6-89</td><td>资料编号</td><td></td></tr>
<tr><td>工程名称</td><td colspan="2">××工程</td><td>试验日期</td><td>200×年×月×日</td></tr>
<tr><td>系统名称</td><td colspan="2">净化空调系统</td><td>洁净室级别</td><td>3 级和 4 级</td></tr>
<tr><td>仪器型号</td><td colspan="2">光学粒子计数器　1L/min</td><td>仪器编号</td><td>×××</td></tr>
<tr><td rowspan="2">高效过滤器</td><td>型　号</td><td>D 类</td><td>数量</td><td>4 台</td></tr>
<tr><td>检测内容</td><td colspan="3">首先测试高效过滤器的风口处的出风量是否符合设计要求，然后用扫描法在过滤器下风侧用粒子计数器动力采样头，对高效过滤器表面边框、封头胶处移动扫描测出泄漏率是否超出设计参数。</td></tr>
<tr><td>室内洁净度</td><td>检测内容</td><td colspan="3">根据检测数据（静态下）悬浮粒子浓度达到 3 级洁净度
根据检测数据（空态下）悬浮粒子浓度达到 4 级洁净度</td></tr>
<tr><td colspan="5">测试结论：
通过以上检测记录及数据符合设计与规范要求，检测结果为合格。</td></tr>
<tr><td rowspan="3">签字栏</td><td rowspan="2">施工单位</td><td rowspan="2">×××建筑公司</td><td>专业技术负责人</td><td>专业质检员</td><td>专业工长</td></tr>
<tr><td>×××</td><td>×××</td><td>×××</td></tr>
<tr><td>监理（建设）单位</td><td colspan="2">×××监理公司</td><td>专业工程师</td><td>×××</td></tr>
</table>

注：本表由施工单位填写。

防排烟系统联合试运行记录 表 C6-90				资料编号	
工程名称	××工程			试运行时间	200×年×月×日
试运行项目	排烟风口排风量			试运行楼层	地下一层
风道类别	钢板 PY-3			风机类别型号	BFK-20

试验风口位置	风口尺寸 (mm)	风速 (m/s)	风量 (m^3/h)		相对差	风压 (Pa)
			设计风量（$Q_设$）	实际风量（$Q_实$）	$\delta=（Q_设-Q_实）/Q_设$	
1	800×320	5.5	4600	4750	−0.03	
2	800×320	5.2	4600	4680	−0.02	
3	800×250	5.4	3700	3812	−0.03	
4	800×250	5.3	3600	3716	−0.03	
5	800×240	5.5	3500	3662	−0.05	

系统设计风量 (m^3/h)	20000	系统实际风量 (m^3/h)	20620	相对差 δ	3%

试运行结论：

经运行，前端风口调节阀关小，末端风口调节阀开至最大，经实测各风口风量值基本相同，相对偏差不超过 5%，符合设计规范要求，运转合格。

签字栏					
签字栏	施工单位	×××建筑公司	专业技术负责人	专业质检员	专业工长
			×××	×××	×××
	监理（建设）单位	×××监理公司		专业工程师	×××

注：本表由施工单位填写。

设备单机试运转记录 表 C6-91			资料编号	
工程名称	××工程		试运转时间	200×年×月×日
设备名称	水泵		设备编号	H-002
规格型号	80DL50B		额定数据	$Q=43.5m^3/h$，$H=38m$
生产厂家	×××厂		设备所在系统	给水（高区）

序号	试验项目	试验记录	试验结论
1	轴承温升	最高温度 68℃	符合产品说明书的规定
2	泵体减振效果	泵的减振装置工作正常	符合设计和施工规范要求
3	泵体内部杂音	泵内部无异常杂音	符合产品说明书的要求
4			
5			
6			
7			
8			
9			
10			
11			
12			
13			
14			

试运转结论：

符合设计和施工规范规定及产品说明书的要求，合格。

签字栏					
签字栏	施工单位	×××建筑公司	专业技术负责人	专业质检员	专业工长
			×××	×××	×××
	监理（建设）单位	×××监理公司		专业工程师	×××

注：本表由施工单位填写。

<table>
<tr><td colspan="2">系统试运转调试记录
表 C6-92</td><td>资料编号</td><td></td></tr>
<tr><td>工程名称</td><td>××工程</td><td>试运转
调试时间</td><td>××年×月×日—
××年×月×日</td></tr>
<tr><td>试运转
调试项目</td><td>采暖系统管道、设备</td><td>试运转
调试部位</td><td>全 楼</td></tr>
<tr><td colspan="4">试运转、调试内容：
本工程采暖系统为上供下回单管异程供暖系统。供回水干管分别设于顶层和地下一层，末端高点设有自动排气阀。系统管道采用焊接钢管，散热器采用铜管铝翅片，热源为小区锅炉房供热。
全楼于××月××日上午8点开始正式通暖，至×月××日下午3点，全楼管道散热器受热情况基本均匀一致，各种阀门开启灵活，管道、设备及接口均不渗不漏。经1～2日两天检查测量室温，实测温度与设计温度差为0～2℃。</td></tr>
<tr><td colspan="4">试运转、调试结论：
调试结果符合设计和施工规范要求，合格。</td></tr>
<tr><td rowspan="2">签字栏</td><td>建设单位</td><td>监理单位</td><td>施工单位</td></tr>
<tr><td>×××</td><td>×××</td><td>×××</td></tr>
</table>

注：本表由施工单位填写。

<table>
<tr><td colspan="2" rowspan="3">施工试验记录（通用）
表 C6-93</td><td>资料编号</td><td></td></tr>
<tr><td>试验编号</td><td>×××—200×</td></tr>
<tr><td>委托编号</td><td>×××—200×</td></tr>
<tr><td>工程名称及部位</td><td colspan="3">×××工程风机盘管单体通电试验</td></tr>
<tr><td>规格、材质</td><td>YGF（03、04、06）</td><td>试验日期</td><td>×年×月×日</td></tr>
<tr><td colspan="4">试验项目：风机盘管机组安装前，宜进行单机三速运转试验。</td></tr>
<tr><td colspan="4">试验内容：本工程风机盘管机组全数到场后，逐台进行临时通电试验，通电后观察 2min，观察风机部位是否有阻滞与卡碰现象。</td></tr>
<tr><td colspan="4">结论：机组运转合格。</td></tr>
</table>

批准	×××	审核	×××	试验	×××
试验单位	×××机电工程公司				
报告日期	×年×月×日				

注：本表由施工单位填写。

结构实体混凝土强度验收记录 表 C7-1											资料编号	
工程名称	××工程										结构类型	框架
施工单位	××建筑工程公司										验收日期	200×年×月×日
强度等级	试件强度代表值（MPa）										强度评定结果	监理（建设）单位验收结果
C30	45.2	47.8									合格	符合设计及施工质量验收规范要求，同意验收
	51.2	52.6										
C25	36.7	36.2	59.2	36.2	37.3	35.8	35.2	33.8			合格	
	34.9	34.11	56.2	34.4	35.2	34	33.6	32.5				

结论：C30、C25混凝土结构全部合格，符合设计及施工质量验收规范要求。

依据《混凝土结构工程施工质量验收规范》（GB 50204—2002）、《混凝土强度检验评定标准》（GB/T 50107—2010）及设计要求，同意验收。

签字栏	项目专业技术负责人	专业监理工程师 （建设单位项目专业技术负责人）
	×××	×××

注：表中某一强度等级对应的试件强度代表值，上一行填写根据GB/T 50107—2010确定的数值，下一行填写乘以折算系数后的数值。

本表应附以下附件：

1. 同条件养护试件的取样部位应由监理（建设）、施工单位共同选定，有相应文字记录；
2. 混凝土结构工程的各混凝土强度等级均应留置同条件养护试件；施工过程中同条件养护试件留置位置、取样组数和养护方法应符合GB 50204—2002中第10.2节和附录D的规定，有相应文字记录；
3. 如采用"温度-时间累计法（600℃·d）"确定同条件混凝土试件等效养护龄期的，应有相应温度测量记录；
4. 同条件试件取样应实行有见证取样和送检，有相应混凝土抗压强度报告。

<table>
<tr><td colspan="9">结构实体钢筋保护层厚度验收记录
表 C7-2</td><td colspan="3">资料编号</td></tr>
<tr><td colspan="2">工程名称</td><td colspan="7">××工程</td><td>结构类型</td><td colspan="2">框架</td></tr>
<tr><td colspan="2">施工单位</td><td colspan="7">××建筑工程公司</td><td>验收日期</td><td colspan="2">××年×月×日</td></tr>
<tr><td rowspan="2">构件类别</td><td rowspan="2">序号</td><td colspan="7">钢筋保护层厚度（mm）</td><td rowspan="2">合格点率</td><td rowspan="2">评定结果</td><td rowspan="2">监理（建设）单位验收结果</td></tr>
<tr><td>设计值</td><td colspan="6">实测值</td></tr>
<tr><td rowspan="6">梁</td><td>1</td><td>25</td><td>25</td><td>27</td><td>30</td><td>28</td><td>27</td><td>26</td><td rowspan="6">100%</td><td rowspan="6">符合设计及施工质量验收规范要求，合格</td><td rowspan="6">符合设计及施工质量验收规范要求，同意验收</td></tr>
<tr><td></td><td></td><td></td><td></td><td></td><td></td><td></td><td></td></tr>
<tr><td></td><td></td><td></td><td></td><td></td><td></td><td></td><td></td></tr>
<tr><td></td><td></td><td></td><td></td><td></td><td></td><td></td><td></td></tr>
<tr><td></td><td></td><td></td><td></td><td></td><td></td><td></td><td></td></tr>
<tr><td></td><td></td><td></td><td></td><td></td><td></td><td></td><td></td></tr>
<tr><td rowspan="6">板</td><td>1</td><td>15</td><td>15</td><td>16</td><td>17</td><td>16</td><td>17</td><td>20</td><td rowspan="6">100%</td><td rowspan="6">符合设计及施工质量验收规范要求，同意验收</td><td rowspan="6">符合设计及施工质量验收规范要求，同意验收</td></tr>
<tr><td></td><td></td><td></td><td></td><td></td><td></td><td></td><td></td></tr>
<tr><td></td><td></td><td></td><td></td><td></td><td></td><td></td><td></td></tr>
<tr><td></td><td></td><td></td><td></td><td></td><td></td><td></td><td></td></tr>
<tr><td></td><td></td><td></td><td></td><td></td><td></td><td></td><td></td></tr>
<tr><td></td><td></td><td></td><td></td><td></td><td></td><td></td><td></td></tr>
<tr><td colspan="12">结论：梁板结构钢筋保护层厚度检测全部合格，符合设计及施工质量验收规范要求。</td></tr>
<tr><td rowspan="2">签字栏</td><td colspan="6">项目专业技术负责人</td><td colspan="5">专业监理工程师
（建设单位项目专业技术负责人）</td></tr>
<tr><td colspan="6">×××</td><td colspan="5">×××</td></tr>
</table>

注：本表中对每一构件可填写 6 根钢筋的保护层厚度实测值，应检验的钢筋的具体数量须根据规范要求和实际情况确定。

本表应有以下附件：

1. 钢筋保护层厚度检验的结构部位应由监理（建设）、施工单位共同规定，有相应文字记录（计划）；
2. 钢筋保护层厚度检验的结构部位、构件类别、构件数量、检验钢筋数量和位置应符合 GB 50204—2002 中第 10.2 节和附录 E 的规定，附《钢筋保护层厚度试验记录》（表 C7-3）。

钢筋保护层厚度试验报告 表 C7-3	资料编号	
	试验编号	200×—0213
	委托编号	200×—3148

工程名称及部位	××工程　地上一层		
委托单位	××建筑工程公司		
试验委托人	×××	见证人	×××
构件名称	⑥—⑦/Ⓓ—Ⓔ轴顶板		

测试点编号	1	2	3	4	5	6	
保护层厚度设计值（mm）							
保护层厚度实测值（mm）	15	16	17	16	17	20	

测试位置示意图：

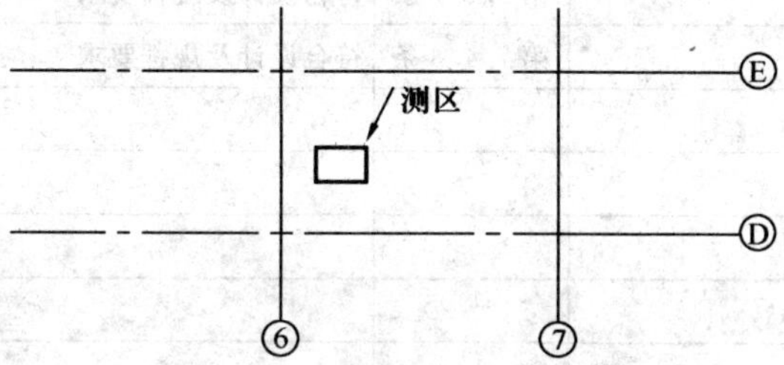

测试结论：符合设计要求及《混凝土结构工程施工质量验收规范》（GB 50204—2002）要求，此板共检测 6 个点，测试点钢筋保护层厚度偏差 β_2 在允许范围内，全部合格。

批准	×××	审核	×××	试验	×××
试验单位	×××试验室				
报告日期	200×年×月×日				

注：本表由检测机构提供。

混凝土检验批质量验收记录表 **表 C7-4**

<table>
<tr><td colspan="4">单位（子单位）工程名称</td><td colspan="3">×××工程</td></tr>
<tr><td colspan="4">分部、子分部（分项）工程名称</td><td>混凝土基础</td><td>验收部位</td><td>基础底板</td></tr>
<tr><td colspan="2">施工单位</td><td colspan="3">×××建筑公司</td><td>项目经理</td><td>×××</td></tr>
<tr><td colspan="2">分包单位</td><td colspan="3"></td><td>分包
项目经理</td><td></td></tr>
<tr><td colspan="4">施工执行标准名称及编号</td><td colspan="3">《混凝土结构工程施工质量验收规程》DBJ 01—82—2004</td></tr>
<tr><td colspan="4">施工质量验收规范的规定</td><td colspan="2">施工单位检查
评定记录</td><td>监理（建设）单位
验收记录</td></tr>
<tr><td rowspan="9">主
控
项
目</td><td>1</td><td>混凝土强度等级及试件的取样和留置</td><td>第 7.4.1 条</td><td colspan="2">试块试验结果合格，评定合格</td><td rowspan="9">符合要求</td></tr>
<tr><td>2</td><td>混凝土抗渗及试件取样和留置</td><td>第 7.4.2 条</td><td colspan="2">随机取样，试验结果合格</td></tr>
<tr><td>3</td><td>初凝时间控制</td><td>第 7.4.4 条</td><td colspan="2">符合规程要求</td></tr>
<tr><td></td><td></td><td></td><td colspan="2"></td></tr>
<tr><td></td><td></td><td></td><td colspan="2"></td></tr>
<tr><td></td><td></td><td></td><td colspan="2"></td></tr>
<tr><td></td><td></td><td></td><td colspan="2"></td></tr>
<tr><td></td><td></td><td></td><td colspan="2"></td></tr>
<tr><td></td><td></td><td></td><td colspan="2"></td></tr>
<tr><td rowspan="9">一
般
项
目</td><td>1</td><td>施工缝的位置和处理</td><td>第 7.4.5 条</td><td colspan="2">符合设计及规定要求</td><td rowspan="9">符合要求</td></tr>
<tr><td>2</td><td>后浇带的位置和浇筑</td><td>第 7.4.6 条</td><td colspan="2">符合设计及规程要求</td></tr>
<tr><td>3</td><td>混凝土浇筑层的厚度</td><td>第 7.4.7 条</td><td colspan="2">符合设计及规程要求</td></tr>
<tr><td>4</td><td>混凝土养护</td><td>第 7.4.8 条</td><td colspan="2">符合设计及规程要求</td></tr>
<tr><td></td><td></td><td></td><td colspan="2"></td></tr>
<tr><td></td><td></td><td></td><td colspan="2"></td></tr>
<tr><td></td><td></td><td></td><td colspan="2"></td></tr>
<tr><td></td><td></td><td></td><td colspan="2"></td></tr>
<tr><td></td><td></td><td></td><td colspan="2"></td></tr>
<tr><td colspan="3" rowspan="2">施工单位检查
评定结果</td><td>专业工长
（施工员）</td><td>×××</td><td>施工班组长</td><td>×××</td></tr>
<tr><td colspan="4">主控项目全部合格，一般项目满足设计及规程要求
项目专业质量检查员：××× ×年×月×日</td></tr>
<tr><td colspan="3">监理（建设）单位
验收结论</td><td colspan="4">同意验收
专业监理工程师：×××
（建设单位项目专业技术负责人）：××× ×年×月×日</td></tr>
</table>

注：地基基础、主体结构工程的检验批质量验收不填写“分包单位”和“分包项目经理”。

钢筋 分项工程质量验收记录表 表 C7-5

<table>
<tr><td colspan="2">单位（子单位）工程名称</td><td>×××工程</td><td>结构类型</td><td>框架</td></tr>
<tr><td colspan="2">分部（子分部）工程名称</td><td>主体结构</td><td>检验批数</td><td>19</td></tr>
<tr><td>施工单位</td><td colspan="2">×××建筑公司</td><td>项目经理</td><td>×××</td></tr>
<tr><td>分包单位</td><td colspan="2"></td><td>分包项目经理</td><td>×××</td></tr>
<tr><td>序号</td><td>检验批名称及部位、区段</td><td>施工单位检查评定结果</td><td colspan="2">监理（建设）单位验收意见</td></tr>
<tr><td>1</td><td>地上一层框架柱①—⑪/Ⓐ—Ⓖ轴</td><td>√</td><td colspan="2" rowspan="20">验收合格</td></tr>
<tr><td>2</td><td>地上二层框架柱①—⑪/Ⓐ—Ⓖ轴</td><td>√</td></tr>
<tr><td>3</td><td>地上三层框架柱①—⑪/Ⓐ—Ⓖ轴</td><td>√</td></tr>
<tr><td>4</td><td>地上四层框架柱①—⑪/Ⓐ—Ⓖ轴</td><td>√</td></tr>
<tr><td>5</td><td>地上五层框架柱①—⑪/Ⓐ—Ⓖ轴</td><td>√</td></tr>
<tr><td>6</td><td>地上六层框架柱①—⑪/Ⓐ—Ⓖ轴</td><td>√</td></tr>
<tr><td>7</td><td>地上七层框架柱①—⑪/Ⓐ—Ⓖ轴</td><td>√</td></tr>
<tr><td>8</td><td>地上八层框架柱①—⑪/Ⓐ—Ⓖ轴</td><td>√</td></tr>
<tr><td>9</td><td>地上九层框架柱①—⑪/Ⓐ—Ⓖ轴</td><td>√</td></tr>
<tr><td>10</td><td>地上十层框架柱①—⑪/Ⓐ—Ⓖ轴</td><td>√</td></tr>
<tr><td>11</td><td>地上十一层框架柱①—⑪/Ⓐ—Ⓖ轴</td><td>√</td></tr>
<tr><td>12</td><td>地上十二层框架柱①—⑪/Ⓐ—Ⓖ轴</td><td>√</td></tr>
<tr><td>13</td><td>地上十三层框架柱①—⑪/Ⓐ—Ⓖ轴</td><td>√</td></tr>
<tr><td>14</td><td>地上十四层框架柱①—⑪/Ⓐ—Ⓖ轴</td><td>√</td></tr>
<tr><td>15</td><td>地上十五层框架柱①—⑪/Ⓐ—Ⓖ轴</td><td>√</td></tr>
<tr><td>16</td><td>地上十六层框架柱①—⑪/Ⓐ—Ⓖ轴</td><td>√</td></tr>
<tr><td>17</td><td>地上十七层框架柱①—⑪/Ⓐ—Ⓖ轴</td><td>√</td></tr>
<tr><td>18</td><td>地上十八层框架柱①—⑪/Ⓐ—Ⓖ轴</td><td>√</td></tr>
<tr><td>19</td><td>地上十九层框架柱①—⑪/Ⓐ—Ⓖ轴</td><td>√</td></tr>
<tr><td></td><td></td><td></td></tr>
<tr><td colspan="5">说明：</td></tr>
<tr><td>检查结论</td><td colspan="2">主体钢筋分项合格
项目、专业技术负责人：×××
×年×月×日</td><td>验收结论</td><td>验收合格
监理工程师：×××
（建设单位项目专业技术负责人）
×年×月×日</td></tr>
</table>

注：1. 地基基础、主体结构工程的分项工程质量验收不填写“分包单位”和“分包项目经理”。
2. 当同一分项工程存在多项检验批时，应填写检验批名称。

主体分部（子分部）工程质量验收记录表 表 C7-6

<table>
<tr><td colspan="2">单位（子单位）工程名称</td><td colspan="2">×××工程</td><td>结构类型及层数</td><td colspan="2">框架 19/3</td></tr>
<tr><td colspan="2">施工单位</td><td colspan="2">北京××建筑公司</td><td>技术部门负责人</td><td>×××</td><td>质量部门负责人</td><td>×××</td></tr>
<tr><td colspan="2">分包单位</td><td colspan="2">—</td><td>分包单位负责人</td><td>—</td><td>分包技术负责人</td><td>—</td></tr>
<tr><td>序号</td><td colspan="2">子分部（分项）工程名称</td><td>分项工程（检验批）数</td><td colspan="2">施工单位检查评定</td><td colspan="2">验收意见</td></tr>
<tr><td rowspan="8">1</td><td>1</td><td>混凝土</td><td>14</td><td colspan="2">✓</td><td rowspan="8" colspan="2">验收合格</td></tr>
<tr><td>2</td><td>砌体</td><td>14</td><td colspan="2">✓</td></tr>
<tr><td></td><td></td><td></td><td colspan="2"></td></tr>
<tr><td></td><td></td><td></td><td colspan="2"></td></tr>
<tr><td></td><td></td><td></td><td colspan="2"></td></tr>
<tr><td></td><td></td><td></td><td colspan="2"></td></tr>
<tr><td></td><td></td><td></td><td colspan="2"></td></tr>
<tr><td></td><td></td><td></td><td colspan="2"></td></tr>
<tr><td>2</td><td colspan="2">质量控制资料</td><td colspan="3">各子分部工程质量控制资料齐全有效</td><td colspan="2"></td></tr>
<tr><td>3</td><td colspan="2">安全和功能检验（检测）报告</td><td colspan="3">结构实体检验和沉降观测记录齐全有效</td><td colspan="2"></td></tr>
<tr><td>4</td><td colspan="2">观感质量验收</td><td colspan="3">观感质量好</td><td colspan="2"></td></tr>
<tr><td rowspan="5">验收单位</td><td colspan="2">分包单位</td><td colspan="3">项目经理 ×××</td><td colspan="2">×年×月×日</td></tr>
<tr><td colspan="2">施工单位</td><td colspan="3">项目经理 ×××</td><td colspan="2">×年×月×日</td></tr>
<tr><td colspan="2">勘察单位</td><td colspan="3">项目负责人 ×××</td><td colspan="2">×年×月×日</td></tr>
<tr><td colspan="2">设计单位</td><td colspan="3">项目负责人 ×××</td><td colspan="2">×年×月×日</td></tr>
<tr><td colspan="2">监理（建设）单位</td><td colspan="3">总监理工程师 ×××
（建设单位项目专业负责人）</td><td colspan="2">×年×月×日</td></tr>
</table>

注：地基基础、主体结构分部工程质量验收不填写“分包单位”、“分包单位负责人”和“分包技术负责人”。地基基础、主体结构分部工程验收勘察单位应签认，其他分部工程验收勘察单位可不签认。

单位（子单位）工程质量竣工验收记录 **表 C8-1**

工程名称	×××工程	结构类型	框架	层数/ 建筑面积	19/3 34526m^2
施工单位	×××建筑公司	技术负责人	×××	开工日期	×年×月×日
项目经理	×××	项目技术 负责人	×××	竣工日期	×年×月×日

序号	项目	验收记录	验收结论
1	分部工程	共9分部，经查9分部 符合标准及设计要求9分部	各专业分部工程经验收，各分部工程质量符合验收标准
2	质量控制资料核查	共46项，经审查符合要求46项， 经核定符合规范要求46项	质量控制资料共46项，经检查符合有关规范要求
3	安全和主要使用功能核查及抽查结果	共核查26项，符合要求26项， 共抽查9项，符合要求9项， 经返工处理符合要求0项	安全和主要使用功能共核查26项，抽查其中9项使用功能均满足要求
4	观感质量验收	共抽查25项，符合要求25项， 不符合要求0项	观感质量验收为好
5	综合验收结论	经对本工程综合验收，各分项分部工程符合设计要求施工质量均满足有关验收规范和规程要求，单位工程竣工验收合格。	

参加验收单位	建设单位 （公章）	监理单位 （公章）	施工单位 （公章）	设计单位 （公章）
	单位（项目）负责人：××× ×年×月×日	总监理工程师：××× ×年×月×日	单位负责人：××× ×年×月×日	单位(项目)负责人：××× ×年×月×日

单位（子单位）工程质量控制资料核查记录 **表 C8-2**

工程名称		×××工程		施工单位	×××建筑公司
序号	项目	资料名称	份数	核查意见	核查人
1	建筑与结构	图纸会审、设计变更、洽商记录	28	齐全	×××
2		工程定位测量、放线记录	58	定位测量放线准确	
3		原材料出厂合格证书及进场检（试）验报告	386	有水泥、钢筋、防水等出厂合格证及复试报告	
4		施工试验报告及见证检测报告	188	试验报告全、承重部位按100%进行见证取样	
5		隐蔽工程验收记录	126	隐检记录齐全	
6		施工记录	136	地基验槽钎探记录、预检全	
7		预制构件、预拌混凝土合格证	222	商混凝土合格证齐全	
8		地基、基础、主体结构检验及抽样检测资料	12	符合要求	
9		分项、分部工程质量验收记录	56	符合规范规定	
10		工程质量事故及事故调查处理资料	56	无质量事故	
11		新材料、新工艺施工记录	6	施工记录全	
12					
1	给排水与采暖	图纸会审、设计变更、洽商记录	8	洽商齐全、清楚	×××
2		材料、配件出厂合格证书及进场检（试）验报告	32	合格证全、检验报告全	
3		管道、设备强度试验、严密性试验记录	6	齐全、符合要求	
4		隐蔽工程验收记录	26	隐检记录全	
5		系统清洗、灌水、通水、通球试验记录	38	齐全	
6		施工记录	20	预检记录全	
7		分项、分部工程质量验收记录	10	符合规范要求	
8					
1	建筑电气	图纸会审、设计变更、洽商记录	4	洽商齐全、清楚	×××
2		材料、设备出厂合格证书及进场检（试）验报告	22	材料、设备出厂合格证、检验报告全	
3		设备调试记录	56	齐全	
4		接地、绝缘电阻测试记录	70	齐全、符合要求	
5		隐蔽工程验收记录	10	齐全	
6		施工记录	7	预检记录齐全	
7		分项、分部工程质量验收记录	8	符合规范规定	
8					

续表

工程名称		×××工程		施工单位	×××建筑公司
序号	项目	资料名称	份数	核查意见	核查人
1	通风与空调	图纸会审、设计变更、洽商记录	2	洽商齐全、清楚	×××
2		材料、设备出厂合格证书及进场检(试)验报告	18	合格证、检验报告全	
3		制冷、空调、水管道强度试验、严密性试验记录	22	记录齐全	
4		隐蔽工程验收记录	14	记录齐全	
5		制冷设备运行调试记录	10	符合要求	
6		通风、空调系统调试记录	10	符合要求	
7		施工记录	8	预检记录齐全	
8		分项、分部工程质量验收记录	8	符合规范规定	
9					
1	电梯	图纸会审、设计变更、洽商记录	—	无设计变更	×××
2		设备出厂合格证书及开箱检验记录	10	合格证齐全、开箱记录全	
3		隐蔽工程验收记录	18	记录齐全	
4		施工记录	16	施工记录全	
5		接地、绝缘电阻测试记录	2	电阻值符合要求	
6		负荷试验、安全装置检查记录	2	符合要求	
7		分项、分部工程质量验收记录	10	符合规范规定	
8					
1	建筑智能化	图纸会审、设计变更、洽商记录、竣工图及设计说明	4	齐全、清楚	×××
2		材料、设备出厂合格证书及技术文件及进场检(试)验报告	10	报告齐全	
3		隐蔽工程验收记录	16	记录齐全	
4		系统功能测定及设备调试记录	10	记录齐全	
5		系统技术、操作和维护手册	1	有手册	
6		系统管理、操作人员培训记录	4	培训记录全	
7		系统检测报告	6	符合要求	
8		分项、分部工程质量验收记录	6	符合规范规定	

结论：通过质量控制资料核查，该工程资料齐全、有效、各种试验、调试记录符合规范规定，同意竣工验收。

施工单位项目经理：×××　　×年×月×日

总监理工程师：（建设单位项目负责人）×××　　×年×月×日

注：抽查项目由验收组协商确定。

单位(子单位)工程安全和功能检验资料核查及主要功能抽查记录

表 C8-3

工程名称		×××工程	施工单位	×××建筑公司		
序号	项目	安全和功能检查项目	份数	核查意见	抽查结果	核查（抽查）人
1	建筑与结构	屋面淋水试验记录	2	完整有效、符合要求		×××
2		地下室防水效果检查记录	3	完整有效、符合要求		
3		有防水要求的地面蓄水试验记录	12	完整有效、符合要求	抽查 10 间	
4		建筑物垂直度、标高、全高测量记录	2	完整有效、符合要求		
5		抽气(风)道检查记录	10	完整有效、符合要求		
6		幕墙及外窗气密性、水密性、耐风压检测报告	10	完整有效、符合要求		
7		建筑物沉降观测测量记录	16	完整有效、符合要求		
8		节能、保温测试记录	5	完整有效、符合要求	抽查合格	
9		室内环境检测报告	18	完整有效、符合要求		
10						
1	给排水与采暖	给水管道通水试验记录	6	完整有效、符合要求		×××
2		暖气管道、散热器压力试验记录	20	完整有效、符合要求		
3		卫生器具满水试验记录	14	完整有效、符合要求		
4		消防管道、燃气管道压力试验记录	22	完整有效、符合要求		
5		排水干管通球试验记录	15	完整有效、符合要求	抽查合格	
6						
1	电气	照明全负荷试验记录	2	完整有效、符合要求		×××
2		大型灯具牢固性试验记录	2	完整有效、符合要求	抽查合格	
3		避雷接地电阻测试记录	2	完整有效、符合要求	抽查合格	
4		线路、插座、开关接地检验记录	33	完整有效、符合要求		
5						
1	通风与空调	通风、空调系统试运行记录	6	完整有效、符合要求		×××
2		风量、温度测试记录	32	完整有效、符合要求		
3		洁净室洁净度测试记录	6	完整有效、符合要求	抽查合格	
4		制冷机组试运行调试记录	6	完整有效、符合要求		
5						
1	电梯	电梯运行记录	10	完整有效、符合要求		×××
2		电梯安全装置检测报告	25	完整有效、符合要求	抽查合格	
1	智能建筑	系统试运行记录	12	完整有效、符合要求		×××
2		系统电源及接地检测报告	23	完整有效、符合要求		
3						

结论：安全和功能检验资料核查，符合规范规定和设计要求，主要功能抽查均合格，检查通过。

施工单位项目经理：×××　　　　总监理工程师：（建设单位项目负责人）×××

×年×月×日　　　　×年×月×日

注：抽查项目由验收组协商确定。

单位(子单位)工程观感质量检查记录表　　**表 C8-4**

工程名称		×××工程								施工单位		×××建筑公司			
序号		项　目	抽查质量状况										质量评价		
													好	一般	差
1	建筑与结构	室外墙面	✓	✓	○	✓	✓	✓	○	✓	✓	✓	✓		
2		变形缝	✓	✓	✓	✓	✓	✓	✓	✓	✓	✓	✓		
3		水落管、屋面	✓	✓	✓	✓	○	✓	✓	✓	✓	✓	✓		
4		室内墙面	✓	✓	○	✓	✓	✓	✓	✓	✓	○	✓		
5		室内顶棚	✓	✓	✓	✓	○	✓	○	✓	✓	✓	✓		
6		室内地面	✓	○	✓	○	✓	✓	✓	✓	✓	○	✓		
7		楼梯、踏步、护栏	✓	✓	✓	✓	○	✓	✓	✓	✓	✓	✓		
8		门窗	✓	✓	✓	✓	✓	✓	○	✓	✓	✓	✓		
1	给排水与采暖	管道接口、坡度、支架	✓	✓	✓	✓	✓	✓	✓	✓	✓	○	✓		
2		卫生器具、支架、阀门	✓	✓	○	✓	✓	✓	✓	✓	✓	✓	✓		
3		检查口、扫除口、地漏	○	✓	✓	✓	✓	✓	✓	✓	✓	✓	✓		
4		散热器、支架	✓	✓	✓	✓	○	✓	✓	✓	○	✓		✓	
1	建筑电气	配电箱、盘、板、接线盒	✓	✓	○	✓	✓	✓	✓	✓	✓	✓	✓		
2		设备器具、开关、插座	✓	✓	✓	✓	✓	✓	○	✓	✓	✓	✓		
3		防雷、接地	✓	✓	○	✓	✓	✓	✓	✓	✓	✓	✓		
1	通风与空调	风管、支架	✓	○	✓	✓	✓	✓	✓	✓	✓	✓	✓		
2		风口、风阀	✓	✓	✓	✓	○	✓	✓	✓	✓	✓	✓		
3		风机、空调设备	✓	✓	✓	✓	✓	✓	✓	✓	✓	○	✓		
4		阀门、支架	✓	✓	✓	✓	✓	✓	✓	○	✓	✓	✓		
5		水泵、冷却塔	✓	✓	✓	✓	✓	✓	✓	✓	✓	✓	✓		
6		绝热	✓	✓	○	✓	✓	✓	✓	✓	✓	✓	✓		
1	电梯	运行、平层、开关门	✓	✓	✓	✓	✓	○	✓	✓	✓	✓	✓		
2		层门、信号系统	✓	✓	✓	✓	✓	✓	✓	✓	○	✓	✓		
3		机房	○	✓	✓	✓	✓	✓	✓	✓	✓	✓		✓	
1	智能建筑	机房设备安装及布局	✓	✓	○	✓	✓	✓	✓	✓	○	✓		✓	
2		现场设备安装	✓	✓	✓	○	✓	✓	✓	✓	✓	✓	✓		
3															
观感质量综合评价			好												

检查结论：该工程观感质量综合评价为好，验收合格。

施工单位项目经理：×××　　　　总监理工程师：（建设单位项目负责人）×××

×年×月×日　　　　×年×月×日

注：质量评价为差的项目，应进行返修。

<table>
<tr><td colspan="2">单位工程竣工预验收报验表
表 C8-5</td><td>资料编号</td><td></td></tr>
<tr><td>工程名称</td><td>×××工程</td><td>日 期</td><td>×年×月×日</td></tr>
<tr><td colspan="4">致___×××监理公司___(监理单位)：
我方已按合同要求完成了___×××___工程，经自检合格，请予以检查和验收。
附件：单位工程竣工资料

施工单位名称：×××建筑公司　　　项目经理(签字)：×××</td></tr>
<tr><td colspan="4">审查意见：
经预验收，该工程：
1.☑符合　□不符合　我国现行法律、法规要求；
2.☑符合　□不符合　我国现行工程建设标准；
3.☑符合　□不符合　设计文件要求；
4.☑符合　□不符合　施工合同要求。
综上所述，该工程预验收结论：　☑合格　□不合格；
可否组织正式验收：　☑可　□否。

监理单位名称：×××监理公司　　总监理工程师(签字)：×××　　日期：×年×月×日</td></tr>
</table>

注：本表由施工单位填写。

<table>
<tr><td colspan="3">工 程 概 况 表
表 C8-6</td><td>资料编号</td><td></td></tr>
<tr><td rowspan="9">一般情况</td><td>工程名称</td><td>×××工程</td><td>建设单位</td><td>×××建设开发公司</td></tr>
<tr><td>建设用途</td><td>商业和住宅</td><td>设计单位</td><td>×××设计院</td></tr>
<tr><td>建设地点</td><td>×市×区×路×号</td><td>监理单位</td><td>×××监理公司</td></tr>
<tr><td>总建筑面积</td><td>34526m^2</td><td>施工单位</td><td>×××建筑公司</td></tr>
<tr><td>开工日期</td><td>×年×月×日</td><td>竣工日期</td><td>×年×月×日</td></tr>
<tr><td>结构类型</td><td>框架</td><td>基础类型</td><td>筏板式基础</td></tr>
<tr><td>层数</td><td>地下 3 层，地上 19 层</td><td>建筑檐高</td><td>××、××m</td></tr>
<tr><td>地上面积</td><td>××××、××m^2</td><td>地下室面积</td><td>××××、××m^2</td></tr>
<tr><td>人防等级</td><td>6 级</td><td>抗震等级</td><td>框架柱、梁二极，墙一级</td></tr>
<tr><td rowspan="10">构造特征</td><td>地基与基础</td><td colspan="3">地基：持力层土质为粉质黏土，地基承载力为 160kPa；筏板式基础底板厚 400mm。</td></tr>
<tr><td>柱、内外墙</td><td colspan="3">地下室柱 C50、1—12 层柱 C40、13—19 层为 C30；核心筒墙厚度为 300mm、强度同柱，填充墙外墙为 250mm、内墙为 200mm。</td></tr>
<tr><td>梁、板、楼盖</td><td colspan="3">框梁断面尺寸：300×500、300×600、300×650，楼板厚度：150mm、120mm、100mm。</td></tr>
<tr><td>外墙装饰</td><td colspan="3">檐口：浅褐色面砖墙面：乳白色面砖，层间－蓝色面砖分格：东、西、南立面首层干挂石材。</td></tr>
<tr><td>内墙装饰</td><td colspan="3">内墙以乳胶漆为主，会议室为壁布吸声墙面和软包墙面。</td></tr>
<tr><td>楼地面装饰</td><td colspan="3">地面大厅为花岗石，商业为树脂类腐蚀面层，住宅为水泥地面。</td></tr>
<tr><td>屋面构造</td><td colspan="3">保温层、找平层、SBS 改性沥青卷材防水层、防水保护层。</td></tr>
<tr><td>防火设备</td><td colspan="3">一级防火等级，各防火分区以钢制防火门隔开。</td></tr>
<tr><td></td><td colspan="3"></td></tr>
<tr><td colspan="2">机电系统名称</td><td colspan="3">建筑给水、排水及采暖，建筑电气，智能建筑，通风与空调，电梯</td></tr>
<tr><td>其他</td><td colspan="4"></td></tr>
</table>

注：本表由施工单位填写。